Als Österreich isoliert war

AF813024

POLITIK UND DEMOKRATIE

Herausgegeben von Helmut Kramer und Eva Kreisky

Band 7

PETER LANG
Frankfurt am Main · Berlin · Bern · Bruxelles · New York · Oxford · Wien

Philipp Kainz

Als Österreich isoliert war

Eine Untersuchung zum politischen Diskurs während der EU-14-Sanktionen

PETER LANG
Europäischer Verlag der Wissenschaften

Bibliografische Information Der Deutschen Bibliothek
Die Deutsche Bibliothek verzeichnet diese Publikation in der Deutschen Nationalbibliografie; detaillierte bibliografische Daten sind im Internet über <http://dnb.ddb.de> abrufbar.

Gedruckt mit Unterstützung des Bundesministeriums für Bildung, Wissenschaft und Kultur in Wien.

ISSN 1613-706X
ISBN 3-631-53051-X

© Peter Lang GmbH
Europäischer Verlag der Wissenschaften
Frankfurt am Main 2006
Alle Rechte vorbehalten.

Das Werk einschließlich aller seiner Teile ist urheberrechtlich geschützt. Jede Verwertung außerhalb der engen Grenzen des Urheberrechtsgesetzes ist ohne Zustimmung des Verlages unzulässig und strafbar. Das gilt insbesondere für Vervielfältigungen, Übersetzungen, Mikroverfilmungen und die Einspeicherung und Verarbeitung in elektronischen Systemen.

www.peterlang.de

Vorwort

Die österreichische Republik befand sich in den ersten neun Monaten des Jahres 2000 in einer tiefen innenpolitischen und außenpolitischen Krise. Die Angelobung der schwarz-blauen Regierung am 4. Februar führte zu einem ernsten Zerwürfnis zwischen Bundespräsident Klestil, der die erste Ministerliste zurückwies und die beiden Regierungsparteien zwang, eine Präambel mit einem Bekenntnis zu Demokratie und Rechtstaat zu unterschreiben. In weiterer Folge verstärkte sich die innenpolitische Polarisierung. Fast täglich wurden Demonstrationen gegen die Regierung durchgeführt, mit dem Höhepunkt am 19. Februar, als sich am Wiener Heldenplatz weit über 100 000 Menschen versammelten. Österreich wurde mit dem Antritt der ÖVP-FPÖ-Regierung in eine für eine westliche Demokratie und einen EU-Mitgliedstaat beispiellose außenpolitische Isolation gestürzt, als die übrigen 14 EU-Staaten gegen Österreich Sanktionen verhängten, ihre diplomatischen bilateralen Beziehungen einfroren und die österreichischen Vertreter in Brüssel ausgrenzten. Es dauerte bis zum September 2000, bis nach einem Bericht eines EU-„Weisenrates" bestehend aus zwei früheren EU-Spitzenpolitikern und einem Völkerrechtsprofessor diese in der Geschichte der EU noch nie da gewesenen Maßnahmen gegen ein Mitgliedsland aufgehoben wurden.

Der Arbeit von Philipp Kainz gelingt es eindrucksvoll, den außerordentlich komplexen Untersuchungsgegenstand, die innenpolitischen Dimensionen der Auseinandersetzung zwischen der österreichischen Bundesregierung und den EU-14 im Jahre 2000 die Konflikt-Positionen der wichtigsten politischen Akteure, der im Parlament vertretenen Parteien und des Bundespräsidenten, nicht nur umfassend darzustellen, sondern darüber hinaus die im Parlament und in der Öffentlichkeit geäußerten Argumente zu den verschiedenen Aspekten dieses Konfliktes auch im Zusammenhang der politischen Programmatik der Parteien und ihrer Vorstellungen über demokratische politische Kultur zu interpretieren. Die vom Autor durchgeführte minutiöse und systematische Analyse von vier zentralen „Diskurssträngen", der „Natur" der FPÖ, des Charakters und der Legitimität der Sanktionen gegen Österreich, der Frage der österreichischen nationalen Identität und der Einschätzung der EU bzw. der Vor- und Nachteile der österreichischen EU-Mitgliedschaft erbringt ein außerordentlich interessantes und informatives Bild des österreichischen Krisenjahres 2000, in dem das grundlegende Dilemma der österreichischen Regierungs- und Oppositionspolitik seit dem EU-Beitritt im Jänner 1995 deutlich wird, dass Österreich nämlich „noch immer nicht in der Europäischen Union angekommen ist" (Erhard Busek).

Die Bedeutung und der Vorzug der Diplomarbeit von Philipp Kainz liegen neben der sehr gelungenen inhaltlichen Darstellung der innenpolitischen Diskussion um die EU-Sanktionen vor allem auch in der äußerst reflektierten und innovativen Methodik. Der vom Autor gewählte Ansatz der Diskursanalyse wird in einer sorgfältig elaborierten und (sprach)theoretisch fundierten Art und Weise vorgestellt und hierauf in einer sehr transparenten und souveränen Manier auf die Untersuchungsthematik angewendet. Die konstruktivistische wissenschaftstheoretische Position, dass wir als Menschen keinen direkten Zugang zu dem haben, was Wirklichkeit genannt wird, dass dies nur über Sprache und Begrifflichkeiten möglich ist und die darauf aufbauende Sprachanalyse führt in der Untersuchung von Philipp Kainz in keiner Weise dazu, dass die „Methode über die Sache gestellt wird" (Theodor Adorno). Das offene, dem Untersuchungs-Gegenstand schöpferisch angepasste theoretisch-methodische Visier ermöglicht eine überzeugende Real- und Widerspruchsanalyse, die bewusst macht, dass unsere empirischen Erkenntnisse nicht nur im wissenschaftsinternen Zusammenhang diskutiert und interpretiert werden dürfen und können, sondern – um aus der Conclusio des Autors zu zitieren – dass „es letztlich um die Frage (geht), welche politische Gesellschaft wir wollen, welche politische Kultur wir anstreben."

HELMUT KRAMER

Inhaltsverzeichnis

I. Einleitung

Das Jahr 2000 war das Jahr der Wende oder das Jahr der Katastrophe, je nach dem, welchen Blickwinkel man einnimmt: Wer den Regierungswechsel und die Ablöse der Großen Koalition begrüßt, wird den 4. Februar – an dem Tag wurde die erste schwarz-blaue Regierung der Zweiten Republik angelobt – gut in Erinnerung behalten. Für die anderen ist dieser Tag ein schwarzer Tag, da zum ersten Mal die umstrittene Haider-FPÖ Platz am Regierungstisch nehmen durfte. Es war jedenfalls ein Jahr der Krise für Österreich: Begonnen hatte diese Krise schon mit langwierigen, zähen Regierungsverhandlungen nach den Nationalratswahlen im Oktober 1999; der Bundespräsident konnte erst spät einen Regierungsauftrag erteilen, da nicht klar war, mit wem die mandatsstärkste Partei, die SPÖ, koalieren sollte, da der langjährige Partner ÖVP sich auf den Gang in die Opposition festgelegt hatte. Die ÖVP hatte vor den Wahlen angekündigt, in Opposition gehen zu wollen, sollte sie nur drittstärkste politische Kraft werden, was stimmenmäßig tatsächlich dann zutraf. Nach langen Sondierungsgesprächen zeigte sich die ÖVP wieder verhandlungsbereit, eine Neuauflage der alten Großen Koalition schien möglich. Allerdings einigten sich nicht SPÖ und ÖVP auf ein Koalitionsprogramm, sondern ÖVP und FPÖ fanden eine Vereinbarung. Beide Parteien pflegten seit den Sondierungsgesprächen regen Kontakt und trafen sich parallel zu den offiziellen Koalitionsverhandlungen zwischen SPÖ und ÖVP. Der Bundespräsident konnte auf Grund der soliden Parlamentsmehrheit von FPÖ und ÖVP nichts anderes tun, als diese Regierung anzugeloben, auch wenn er nie einen Regierungsauftrag erteilte.

Verstärkt wurde die innenpolitische Krise durch eine außenpolitische: Am 31. Jänner 2000 veröffentlichte die portugiesische Ratspräsidentschaft der EU ein Kommuniqué, welches im Falle einer Regierungsbeteiligung der FPÖ die gemeinsame Reaktion der restlichen 14 Mitgliedsstaaten festlegte:

> „Die Regierungen von 14 Mitgliedsstaaten werden keine bilateralen offiziellen Kontakte auf politischer Ebene mit einer österreichischen Regierung unter Einbeziehung der FPÖ fördern oder akzeptieren; österreichische Kandidaten für Positionen in internationalen Organisationen werden nicht unterstützt; österreichische Botschafter in EU-Hauptstädten werden nur auf tech-

nischer Ebene empfangen" (PORTUGIESISCHE PRÄSIDENTSCHAFT, 31. 01. 2000).

Diese in der Geschichte der Europäischen Union einmalige Vorgehensweise gegen ein Mitgliedsland löste in großen Teilen Österreichs eine Welle des Protestes und der Empörung aus. Heftig wurde über die Rechtmäßigkeit der Maßnahmen, aber auch über deren politische Legitimation diskutiert: Kann man eine demokratisch gewählte Regierung mit Sanktionen belegen? Gibt es in den EU-Verträgen ein Reglement, welches den Beschluss der Vierzehn rechtfertigen würde? Sind solche Maßnahmen überhaupt sinnvoll, um das zu erreichen, was man damit bezweckt, nämlich eine Regierungsbildung unter Einbeziehung der FPÖ zu verhindern? Antonio Guterres, zum damaligen Zeitpunkt Ratspräsident der Union, erklärte, dass die EU nicht bloß aus einem gemeinsamen Markt und einer gemeinsamen Währung bestehe, sondern auch auf gemeinsamen Werten gründet. Auch in Österreich gab es zahlreiche Stimmen, die von einem Tabubruch des demokratischen Selbstverständnisses durch den Regierungseintritt der Freiheitlichen sprachen. Der Riss durch die Gesellschaft wurde immer deutlicher.

Diese vorliegende Untersuchung beschäftigt sich mit der innenpolitischen Dimension des Konflikts zwischen der österreichischen Bundesregierung und den EU-14, der sieben Monate dauerte. Die Debatte um die Sanktionen führte zu einer Reihe von weiteren Diskussionen und Auseinandersetzungen. Dieser „Dominoeffekt" ist unmittelbar einsichtig, wenn man sich vergegenwärtigt, gegen wen die Sanktionen gerichtet waren: Anlass für die Reaktion der 14 Mitgliedsstaaten war der Eintritt der FPÖ in die Regierung. Die Diskussionen drehten sich in Österreich daher auch um die FPÖ und deren ideologischer Ausrichtung. Die Maßnahmen betrafen aber auch Österreich insgesamt, u. z. vor dem Hintergrund, dass Österreich wieder international vor allem negative Schlagzeilen machte. Österreich musste sich angesichts von Überzeichnungen wie „Naziland" wieder der Frage nach der eigenen Identität stellen: Was macht Österreich aus? Welche Prinzipien sind das „Wesen" von Österreich? Und schließlich wurden die Maßnahmen von 14 Mitgliedsstaaten der EU beschlossen; und durch die im Laufe der fortschreitenden Debatte häufig verwendete Verkürzung „EU-Sanktionen" wurde auch die EU zu einem zentralen Thema der Innenpolitik während der Sanktionszeit.

Alle juristischen Aspekte und internationalen Implikationen der EU-14-Sanktionen werden beiseite gelassen, stattdessen rückt die sprachliche Konstruktion von bestimmten politischen Themen in den Mittelpunkt des Forschungsinteresses. Diese sind die oben vier genannten: die Sanktionen, die FPÖ, Österreich und die EU. Wie wurde mit den unterschiedlichen Themen umgegangen? Wie und auf welche Weise äußerten sich politische Akteure über die FPÖ oder die EU? Welche Strategien stecken hinter einer bestimmten Begriffswahl? Wer spricht von „Maßnahmen der 14", wer von „EU-Sanktionen" und wieso? Diese sprachliche Seite von Politik soll anhand der vier ausgewählten Themen zur Zeit der Sanktionen untersucht werden. Die innenpolitischen Akteure, die sich zu dem einen oder anderen Thema äußerten sind vielfältig; der Beschluss der EU-14 beschäftigte weite Teile der österreichischen Gesellschaft. In dieser Arbeit wird die Anzahl der politischen Akteure begrenzt: Untersucht werden soll der Diskurs der im Nationalrat vertretenen Parteien und des Bundespräsidenten.

Da Sprache somit zum Untersuchungsgegenstand gemacht wird, geht es im ersten Kapitel um die Frage nach der Funktion und den Stellenwert der Sprache in der Politik. Dabei wird politische Sprache nicht als ein Subsystem von Sprache überhaupt angesehen, sondern Sprache soll als zentral und konstitutiv für Politik verstanden werden: Sprache ist oft politisch, Politik ist oft sprachliches Handeln. Die Bedeutung von Sprache für die Politik kommt auch in der folgenden Warnung des Bundespräsidenten zum Ausdruck: „Es erfüllt mich (...) mit Sorge, dass auch bei uns die Sprache in der Politik rauer, härter und verletzender geworden ist. Wir brauchen dringend eine ‚Abrüstung der Sprache', denn Worte können auch töten" (Klestil, Rede vom 13. März 2000).

Darin klingt auch an, welche Machtwirkung Sprache haben kann. Sprache übt insofern Macht aus, als sie eine bestimmte Perspektive auf die Dinge formt, verstärkt oder verändert. Der Diskursbegriff nach Michel Foucault führt diese konstruktivistische These von der sprachlich verfertigten Wirklichkeit weiter; sein wissenschaftliches Werk liefert wichtige Einsichten, was die Frage nach der Macht von Diskursen und die Frage nach der Wahrheit betrifft. Alle diese theoretischen Überlegungen über Sprache und Politik verfolgen ein Ziel: Es soll klar gemacht werden, dass die politischen Akteure durch ihre Diskursbeiträge eine Perspektive auf die

Dinge in einer von ihnen gewollten Weise prägen. Sie konstruieren über Sprache ihre Sicht auf die Sanktionen, die FPÖ, die EU und auf Österreich. Diese Sichtweisen sind stets eine mögliche unter vielen; eine Sichtweise durchzusetzen, bedeutet Zustimmung für seine Politik zu bekommen; Zustimmung zu bekommen, schließlich bedeutet WählerInnenstimmen zu gewinnen.

Im letzten Abschnitt des ersten Kapitels geht es um die methodische Herangehensweise an das Material „Sprache". Wie soll ein Diskurs untersucht werden? Wo fängt man an? Dabei greife ich auf Siegfried Jäger (1993) zurück, der aufbauend auf Foucault seine Methode einer Diskursanalyse in der praktischen Tätigkeit entwickelt hat. Zunächst müssen noch einige methodologische Fragen geklärt werden, wie etwa jene nach dem Untersuchungsgegenstand einer Diskursanalyse. Diskursanalyse untersucht Diskurse, das scheint logisch zu sein, aber: Was ist eigentlich ein Diskurs? Anschließend wird die konkrete Methode nach Jäger vorgestellt werden. Da Jäger seine Diskursanalyse bei Texten ansetzt, gilt es zu klären, wie Text und Diskurs zusammenhängen, bzw. wie man von der Text- zur Diskursanalyse gelangt.

Das zweite Kapitel der Arbeit gibt zunächst einen skizzenhaften Überblick über die wichtigsten Ereignisse nach der Nationalratswahl vom 3. Oktober 1999: über die Schwierigkeiten einer Regierungsbildung auf Grund des Oppositionskurses der ÖVP; über die nahezu parallelen Koalitionsverhandlungen zwischen SPÖ und ÖVP, bzw. ÖVP und FPÖ; über den Entschluss der EU-14, bilaterale Maßnahmen wegen der Regierungsbeteiligung der FPÖ zu ergreifen und die Reaktionen in Österreich; und schließlich über die verschiedenen Versuche politischer Akteure, die Sanktionen wegzubekommen und über das Ende der Sanktionen durch den Weisenbericht. Dieser Kontext ist für das Verständnis der zahlreichen Debatten wesentlich, weil Diskurse stets zeit- und ortsgebunden sind. Die Diskursbeiträge beziehen sich auf solche Ereignisse und gewinnen durch ein bestimmtes Ereignis auch an Dynamik.

Bevor dann das Ergebnis der diskursanalytischen Untersuchung präsentiert wird, sind noch einige Bemerkungen bezüglich des Analysematerials notwendig: Welche Texte wurden für die Analyse herangezogen? Was charakterisiert eine „klassische" Rede? Welche Besonderheiten weist etwa eine Parlamentsdebatte auf? Auch die

Kategorien der Analyse bedürfen einer definitorischen Klärung: Auf welche inhaltlichen Aspekte wurde bei der Untersuchung besonders geachtet? Was ist eine Strategie, was ein Argument?

Der dritte Teil des Buches, und somit der Hauptteil, widmet sich der Diskursanalyse der ausgewählten Themen zur Zeit der Sanktionen, u. z. unter den Aspekten der Inhalte, der Strategien und der Argumente. Die Darstellung eines diskursiven Themas folgt immer demselben Schema: Zunächst soll mit Hilfe von Sekundärliteratur die jeweilige Problemstellung eines Themas erläutert werden: Warum ist die FPÖ so umstritten? Was bewirken Sanktionen in der Regel? Warum wird so oft über die österreichische Identität gesprochen? Welche Rolle spielt die EU in der österreichischen Innenpolitik? Anschließend folgt eine analytische Darstellung des Diskurses der Parteien und des Bundespräsidenten zum jeweiligen Thema, d. h. es wird nicht eine bestimmte Parlamentsdebatte oder ein Interview analysiert, sondern die untersuchten Diskursbeiträge der Akteure werden dem jeweiligen Thema zugeordnet. Dadurch ergibt sich eine systematische Darstellung, die nach Thema und Akteuren geordnet ist.

Abgerundet werden soll die Diskursanalyse durch eine Zusammenfassung der Ergebnisse und durch den Versuch, Erklärungen für das eine oder andere Akteursverhalten zu finden. Es wird u. a. darum gehen, die Debatte um das Thema „Sanktionen" im Lichte der Diskussionen während der Waldheimaffäre zu rekapitulieren und zu vergleichen, die Folgen für ein bestimmtes Tun aufzuzeigen oder auch auf Kontinuitäten im Verhalten der Akteure hinzuweisen. Dieser interpretierende Aspekt im letzten Kapitel ist deshalb wichtig, um von einer Momentaufnahme (die Debatten zur Zeit der Sanktionen der EU) zu einer umfassenderen Perspektive in Bezug auf die vier Themen zu gelangen.

II. Theorie und Methode

1. Sprache und Politik

1.1 Politik als sprachliches Handeln

In der Alltagswahrnehmung hinterlassen politische Debatten oft einen schlechten Eindruck, die Politik und die politischen Akteure geraten dabei in Misskredit: Die politische Bühne wird in den Augen vieler zu einem unpolitischen Theater herabgestuft, bei dem es nicht um die Lösung anstehender gesellschaftlicher Probleme, sondern um persönliche Profilierung und Machtgier geht. Das Vertrauen in die politischen Institutionen und Verantwortlichen schwindet, die Folgen können politisches Desinteresse, Rückzug in die Privatsphäre und sogar Wunsch nach Veränderung der politischen Verhältnisse sein, hin zu einer autoritären Staatsstruktur, wo gehandelt und nicht bloß geredet wird.[1]

Selbstverständlich verkommt die Politik oft zu einem bedenklichen Schauspiel, aber sind die teilweise heftigen Wortgefechte grundsätzlich überflüssig, unpolitisch und nur um ihrer selbstwillen da? „Es gibt die" (aristotelische, K. P.) „Empfehlung, nicht um Worte zu streiten. (...) Gemeint ist natürlich, dass man vermeiden sollte, statt um die Sache um Worte zu streiten. Dabei hat Aristoteles selbstverständlich nicht übersehen, dass gelegentlich die Worte die Sache sind, um die verständigerweise gestritten wird" (LÜBBE 1967, 7).

Politik und Sprache sind zwei Seiten einer Medaille: Politik zeichnet sich gerade durch sprachliche Interaktion aus, Miteinander Sprechen ist das Wesen von Politik. Für Hannah Arendt – die vom aristotelischen Denken beeinflusst wurde – findet

1 Dabei wird übersehen, dass die Trennung zwischen Reden und Handeln, zwischen Denken und Tun selbst historisch entstanden ist; „und (...) von der (...) so verbreiteten Annahme eines Gegensatzes zwischen Reden und Tun" (WHORF 1963, 19) müssen wir uns freimachen. Auch Foucaults Diskursbegriff hebt diese Trennlinie auf: „Es gibt keinen Gegensatz zwischen dem, was getan und dem, was gesagt wird" (FOUCAULT 1976, 118).

Politik an einem Ort statt, an dem das gesamte Ensemble an Meinungsaustausch, Diskussion und Verhandlung stattfinden kann[2] (vgl. BREIER 1992, 95-107).

Politik ist also sprachliches Handeln und „(...) nur so lange politisches Handeln, als es sprachliches Handeln ist. Wo Politik sprachlos wird, hört Politik auf. Der Kriegszustand als Fortsetzung der Politik mit nichtsprachlichen Mitteln steht dann außerhalb des Politischen (...)" (DIECKMANN 1975, 29).

Gewaltanwendung zur Lösung von Problemen steht – ganz in Arendt'scher Tradition – somit außerhalb des Politischen. Politik zeichnet sich dadurch aus, dass gesellschaftlich relevante Fragen friedlich – in Form sprachlichen Austausches – gelöst werden sollen. Daraus den Schluss zu ziehen, es könne alles konfliktfrei geregelt werden, ist trügerisch und idealistisch. Auch Dissens und das Nichtlösen von Problemen können Ergebnis des politischen Prozesses sein. Mehr noch: Wenn sprachliches Handeln Politik kennzeichnet, dann wird Sprache zum wichtigsten Schauplatz der Auseinandersetzungen zwischen den politischen Akteuren. Sprache ist somit nicht nur Mittel der Politik, sondern auch der einzig legitime Gebrauch einer Waffe (vgl. FUX 1991, 211-214.)

Der intrinsische Zusammenhang zwischen Politik und Sprache wird auch durch die Tatsache unterstrichen, dass heutzutage ein ganzes Team von Kommunikationsexperten für eine Partei unerlässlich ist, um Wahlen zu gewinnen. Und wer Wahlen gewinnen will, muss seine Sicht der Dinge, seine Konzepte und Vorstellungen durchbringen. „Die Auseinandersetzung geht darum, welche (...)" (Partei, K. P.) „ihr Verständnis der begrifflichen politischen Grundorientierungen dieser Gesellschaft, Freiheit, Solidarität, Gerechtigkeit und Demokratie als allgemeinen Konsens durchsetzen kann" (HOMBACH 1991, 38).

Der Streit um Worte ist daher politisch sinnvoll, der Vorwurf, Politiker würden bloß „Worthülsen" (HOMBACH, ebd.) benützen ist bereits Ergebnis politischer Auseinandersetzung: „Uns ist dieses Wort so geläufig, dass wir kaum noch das Bewusstsein haben, etwas Politisches zu tun, wenn wir es gebrauchen. Gerade darin besteht die

2 Arendts republikanisches Freiheitsdenken orientiert sich an der griechischen agora, dem Versammlungsort der polis.

politische Leistung derjenigen, die das Wort (...) erfolgreich durchgesetzt haben" (LÜBBE 1967, 23). Die Diskreditierung der Weimarer Republik oder der Ersten Republik in Österreich durch die Nationalsozialisten bzw. die Deutschnationalen und Heimwehren sind historische Beispiele, wie gefährlich das Infragestellen des Wortstreits für eine Demokratie sein kann.

1.2 Symbolische Politik

„Die politische Koordination und Konfliktregulierung als ein spezifisch begrenzter und friedlicher, d. h. ohne physische Gewaltsamkeit ablaufender Prozess ist in seinem Kern auf die semiotische Dimension angewiesen, gleich ob es eher um Erhaltung oder Veränderung bestehender Ordnungsmuster geht" (DÖRNER 1995, 51).

Politik als sprachliches Handeln ist immer zugleich symbolische Politik. Das Konzept der symbolischen Politik darf aber keineswegs auf ein öffentliches Theater reduziert werden, welches für die breite Masse bestimmt ist (z. B. die Festlichkeiten zum Nationalfeiertag) und die „reale" Politik sich hinter der Bühne und unter Ausschluss der Bevölkerung abspielt. Andreas Dörner kritisiert diese Zweiteilung – „Brot und Spiele" für das Volk als Ablenkungsmanöver –, weil ein solches Konzept symbolischer Politik zu kurz greift. Politik ist geradezu von Symbolen durchzogen und hat die Funktion der Sinnvermittlung, welche für ein politisches Gemeinwesen notwendig ist. So kann ein bestimmtes Ritual (Parlamentsdebatte) oder Fest (Nationalfeiertag) gesellschaftliche Selbstverständlichkeiten bekräftigen oder in Frage stellen (vgl. DÖRNER 1995, 52-57). Zur semiotischen Dimension des Politischen gehören aber neben Ritualen und Festen, auch Kunstwerke, Denkmäler, Gebäude (z. B. das österreichische Parlament, durchzogen von Allegorien und Metaphern) und eben auch die politische Sprache in allen möglichen Ausprägungen.

Die semiotische Dimension des Politischen ist auf die grundsätzliche Zeichenbezogenheit der Welt zurückzuführen, d. h. wir erfahren die Welt über Zeichen oder anders ausgedrückt: Erst Zeichen, Symbole ermöglichen uns, die Welt wahrzunehmen (vgl. DÖRNER 1995, 44-46).

Diese These von der Zeichenbezogenheit der Welt gilt es näher zu untersuchen, da sie wesentlich für die weitere Arbeit ist.

1.2.1 Konstruktivismus

Die Kernaussage konstruktivistischen Denkens[3] lautet folgendermaßen: Wir haben als Menschen keinen direkten Zugang zu dem, was wir Wirklichkeit nennen. Die Welt wird von uns erst erschaffen, konstruiert. Unsere Umwelt erfahren wir nicht unmittelbar, sondern erst durch unsere Begriffe, Vorstellungen und Konzepte sind wir in der Lage, die Phänomene zu interpretieren; die Begriffe entspringen allerdings unserem Denken. In erkenntnisphilosophischer Terminologie gefasst heißt das, dass eine ontologische, von uns unabhängige - also objektive - Wirklichkeit für uns verschlossen bleibt (vgl. von GLASERSFELD 1985, 9-18).

Der Konstruktivismus schlägt in Anlehnung an die Evolutionstheorie vor, die Umwelt als Raum von Störungen zu sehen, die wir wahrnehmen und interpretieren; erst dadurch bekommen die Störungen für uns einen Sinn. Unser Weltbild soll die Phänomene erklären können und solange es viabel ist, d. h. uns ein Zurechtkommen in der Welt ermöglicht, solange ist dieses Weltbild gültig. Passen unsere Vorstellungen mit der äußeren Umwelt nicht mehr zusammen, kommt es zu Änderungen in unserem Weltbild. Das Ziel der Erkenntnis (und der Wissenschaft) ist somit nicht, zur ontologischen Wirklichkeit vorzudringen, sondern ein Mittel bereitzustellen, uns in der komplexen Welt zurechtzufinden[4] (vgl. von GLASERSFELD 1985, 20-28).

---

3 Die Vertreter des Konstrukitivismus können auf eine lange Tradition solcher Ansätze in der Philosophiegeschichte zurückblicken. Erwähnt sei nur die in der Neuzeit vorgenommene Neubewertung der Kausalität: dass zwei aufeinander folgende Phänomene miteinander verknüpft werden, und das erstere als Ursache des zweiteren gesehen wird, liegt nicht in den Dingen selbst, sondern ist ein schöpferisches Produkt unseres Denkens. Kant nennt die Kausalität eine synthetisch apriorische Kategorie (vgl. von GLASERSFELD 1997, 72ff.).

4 Auch in der Systemtheorie von Talcott Parsons und Niklas Luhmann geht es um das Auflösen der Umweltstörungen: Die komplexe Umwelt wird abgebaut, indem systeminterne Komplexität

Drei unterschiedliche Beispiele sollen nun den Zusammenhang zwischen Erfahrung, Wirklichkeit und Wissen in konstruktivistischer Leseart verdeutlichen.

1.2.1.1 Revolution in den Naturwissenschaften

Was oft als kopernikanische Wende oder revolutionär bezeichnet wird, könnte leicht zu Missverständnissen führen: Denn dadurch ist der Mensch den „Dingen an sich" keineswegs näher gekommen. Was war also geschehen? War das alte geozentrische Weltbild falsch?[5]

Das alte mechanische Weltbild passte einfach nicht mehr auf die Phänomene, die es zu erklären versuchte; zu viele Ungereimtheiten, zu viele Widersprüche hatte diese Theorie zu verkraften – das die Antwort eines Konstruktivisten. Die moderne Naturwissenschaft, wie von Kopernikus und Galilei vertreten, lieferte einfach die besseren Erklärungsmodelle, um Vorgänge in unserer Welt zu erklären. Die neue Theorie wurde in Experimenten auf ihre Tauglichkeit hin geprüft. Das ist der Test für ein Weltbild oder eine Theorie: Ist es/sie brauchbar, um Phänomene zu erklären[6] (vgl. von GLASERSFELD 1997, 63-65)?

1.2.1.2 Schnee ist nicht gleich Schnee

Benjamin Lee Whorf, der die Kultur und Sprache der Inuit studierte, zeigt aus kulturanthropologischer Sicht, wie unterschiedlich Erfahrungen sein können und welche verschiedenen Weltansichten sich daraus ergeben:

---

zunimmt. Jedes System verfügt über Codes (Symbole), um die Umwelt wahrzunehmen (vgl. NÖTH 2000, 210-211).

5 Zum Problem der Wahrheit siehe auch S. 23ff.

6 Eine Anekdote liefert einen weiteren Beleg für den Konstruktivismus: Zur Verteidigung Galileis vor der katholischen Inquisition wurde angeführt, dass er ja nicht behaupte, die Welt sei wirklich so, wie er sie beschreibt, sondern seine Theorie liefere nur die plausibleren Modelle für bestimmte Phänomene – ist also nur ein Denkmodell. Die wirkliche Schöpfung Gottes bleibt davon unberührt (vgl. von GLASERSFELD ebd.).

„Wir haben nur ein Wort für fallenden Schnee, Schnee auf dem Boden, Schnee der zu eisartiger Masse zusammengedrückt ist (...). Für einen Eskimo wäre dieses allumfassende Wort nahezu undenkbar. Er würde sagen, fallender Schnee, wässriger Schnee etc. sind wahrnehmungsmäßig und verhaltensmäßig verschieden, d. h. sie stellen verschiedene Anforderungen an unser Umgehen mit ihnen" (WHORF 1963, 15).

Dasselbe Phänomen Schnee wird unterschiedlich interpretiert, da es nicht dieselbe Bedeutung für beide Kulturkreise hat: Für Eskimos ist die Unterteilung des Schnees in unterschiedliche Arten auch eine Frage des Überlebens und Sich-Auskennens in der Umwelt.

1.2.1.3 Ludwig XIV-Projekt: Sonnenkönig

Der Historiker Peter Burke rekonstruiert in seinem Buch die Puzzleteile, wie es zu dem Bild Ludwig XIV kam, so wie wir ihn kennen und wie er sich schon damals präsentierte. „Mir ging es hier aber nicht um den ‚wahren' Ludwig im Gegensatz zur Mythosfigur. Mich beschäftigt vielmehr genau die Realität dieses Mythos (...)" (BURKE 1993, 15). Und an anderer Stelle heißt es: „Der Begriff ‚Fabrication' soll nicht implizieren, dass Ludwig etwas Künstliches war, während andere Menschen natürlich sind (...). ‚Fabrication' weist auf etwas Prozesshaftes hin (...)" (BURKE 1993, 20).

Burke untersucht die Genese, sowie Veränderungen des Konstrukts Ludwig XIV, und achtet dabei auch auf die Vielfalt der beteiligten Konstrukteure – Bildhauer, Maler, Architekten, Chronisten etc. – einerseits; andererseits stehen auch Motive und politische Strategien zur Diskussion. Dabei ist die Selbstinszenierung keine Eigenart des französischen Königs allein, sondern ist lediglich zur Perfektion zugespitzt. „Die Aufgabe des Bildes bestand im Allgemeinen nicht darin, eine erkennbare Kopie der Gesichtszüge des Königs oder eine nüchterne Beschreibung seiner Handlungen zu liefern. Im Gegenteil, er sollte gerühmt, verherrlicht werden, Betrachter, Hörer und Leser sollten von seiner Größe überzeugt werden" (BURKE 1993, 31).

Alle drei Beispiele sollen aus unterschiedlichen Blickwinkeln zeigen, dass Wirklichkeit nicht bloß beschreiben, sondern erzeugt wird. Ob wissenschaftliche Theorie, Alltagsbegriffe oder Selbstbild: Alles ist Resultat einer Konstruktions-, nicht Kopierarbeit.

1.2.2 Symbolische Politik und Konstruktivismus

Die Konsequenzen aus der These von der Realitätskonstruktion für das politische Feld ergeben sich dann, wenn wir einen entscheidenden Faktor politischer Beziehungen einführen: Macht. Burkes Auseinandersetzung mit Ludwig XIV zeigt exemplarisch, wie der König die Künste einsetzte, um ein Bild des absoluten Herrschers zu erzeugen und zu vermitteln, noch bevor er tatsächlich dieses unumschränkte Königtum durchsetzen konnte.

Aus erkenntnistheoretischer Sicht sind alle Entwürfe, Modelle und Interpretationen der Phänomene gleichermaßen gültig, solange sie dem Kriterium der Viabilität entsprechen. Allerdings konkurrieren in der Politik unterschiedliche Konzepte, Selbst- und Fremdbilder miteinander um die Gunst der WählerInnen. Macht wird zu einem entscheidenden Faktor, um die je eigene Perspektive durchzusetzen. Wenn es um institutionell-rechtliche Macht geht, ist das nebeneinander differenter Weltanschauungen ein Hindernis, um dieses Ziel zu erreichen (vgl. HEJL 1985, 109-111; 141-142).

Dörners symbolische Politik umfasst drei Arten von „Kämpfen"; es geht darum:

- die Benennungsmacht – die eigene Sicht der Dinge – zu steigern;
- symbolische Bedürfnisse in der Gesellschaft (oder einem Teil davon) nach Orientierung, Sinn und Identität etc. zu bedienen;
- politische Macht zu erhalten und so eine Legitimation oder Delegitimation bestehender Verhältnisse herbeizuführen (vgl. DÖRNER 1995, 57).

1.2.1 Die semiotische Dimension des Politischen[7]

Die Welt als einen komplexen Entwurf zu denken, bedeutet nichts anderes als Zeichen und Symbole als Wesenszug der menschlichen Erfahrung zu sehen. Ernst Cassierer spricht daher vom Menschen als *aninaml symbolicum* (vgl. NÖTH 2000, 40). Charles Sanders Peirce kommt in seiner Semiotikforschung zum Schluss, dass alles zum Zeichen werden kann, jeder Gedanke verweist auf einen anderen (früheren) Gedanken. Seine pansemiotische Sichtweise sieht das Universum von Zeichen durchzogen (vgl. NÖTH 2000, 61).

Was aber ist ein Zeichen? Peirce geht von einer triadischen Zeichenrelation aus: Ein Zeichen besteht demnach aus einem Repräsentamen (Zeichenträger), einem Interpretant (Bedeutung) und einem (Referenz-)objekt. Ein Zeichen ist ein Repräsentamen, welches für ein bestimmtes Objekt steht und eine Bedeutung hat. „Mit Objekt meint Peirce nicht einfach ein außersemiotisches Refernzobjekt oder einen ‚Gegenstand' der etwas anderes als ein Zeichen ist, denn da für Peirce die Opposition zwischen Zeichen und Nichtzeichen nicht gilt, ist für ihn auch das Objekt des Zeichens letztendlich ein Zeichen, allerdings ein von dem Repräsentamen unterschiedliches Zeichen" (NÖTH 2000, 63). Das Referenzobjekt ist also kein der semiotischen Sphäre entgegengesetztes und der ontologischen Welt zugehöriges Objekt. Dies wird besonders dann deutlich, wenn das Objekt ein bloß imaginäres Konstrukt oder ein komplexes Ganzes (wie z. B. die Gesellschaft) ist. Das Objekt muss nur bereits bekannt sein, damit es zum Zeichen werden kann – es geht dem Repräsentamen voraus.

Der Interpretant (oder die Bedeutung) wird durch das Repräsentamen ausgelöst und kann seinerseits wiederum zum Zeichen werden, so dass die Kette von aufeinander folgenden Zeichen theoretisch unendlich ist (vgl. NÖTH 2000, 62-64). Damit ist der Prozess der Semiose angesprochen, ein Prozess „(...) in dem Zeichen durch

---

7 Die Semiotik als allgemeine Lehre von den Zeichen umfaßt auch sprachliche Zeichen, obwohl es über die Beziehung zwischen Linguistik und Semiotik in der Frage, welche Wissenschaft der anderen übergeordnet sei, unterschiedliche Auffassungen gibt (vgl. NÖTH 2000 323-326).

Verweise auf andere Zeichen mit Zeichen verbunden sind und aus Zeichen (Repräsentamen) neue Zeichen (Interpretanten) entstehen (...)" (NÖTH 2000, 227).

Diesen Aspekt findet Dörner auch in der Politik wieder: „Es ist unmittelbar plausibel, dass auch politische Prozesse – von der Gesetzesformulierung bis zur Unterbezirksversammlung, von der Demonstration bis zur Aushandlung internationaler Resolutionen – ohne diese semiotische Dimension nicht zu denken sind" (DÖRNER 1995, 46).

1.2.1.1 Exkurs: Zeichentheoretische Aspekte des „Begriffe-Besetzens"

Im Anschluss an die Peirce'sche Semiotik lässt sich auch der „Streit um Worte" genauer differenzieren, nämlich danach, an welchen zeichentheoretischen Aspekten (Repräsentamen, Interpretant, Objekt) der politische Kampf um Wörter ansetzt. Josef Klein unterscheidet fünf Typen der „Begriffsbesetzung":

a) *Begriffsprägung*: Dieser Typus des Begriffe-Besetzens umfasst alle Aspekte des Zeichens, d. h. auch das Referenzobjekt ist davon betroffen, u. z. in dem Maße, als es nur Existenz gewinnt, wenn darüber gesprochen wird, auch wenn dies niemals hinreichende Bedingung wäre. Ein Beispiel wäre der Begriff „soziale Marktwirtschaft" Ende der 40er Jahre, geprägt von der CDU: Damit war ein neues Wirtschaftsmodell angesprochen, welches in der politischen Realität erst geschaffen werden musste (vgl. KLEIN 1991, 51-54).

b) *Bezeichnungskonkurrenz*: Anders als bei der Begriffsprägung geht der Sachverhalt der Artikulation schon voraus, nur muss noch eine geeignete Bezeichnung dafür gefunden werden. Die Entscheidung fällt auf einen Begriff, der bestimmte Aspekte in gewünschter Weise hervorhebt. So konkurrierten in den 70er Jahren die Begriffe „Baader-Meinhof-Bande" und „Baader-Meinhof-Gruppe" untereinander (vgl. ebd., 55-56). In der Zeit der Sanktionen der EU-14 gegen die österreichische Bundesregierung sprachen die einen von „Sanktionen", die anderen bevorzugten den auch von der EU offiziell verwendeten Terminus „Maßnahmen".

c) *Deskriptive Bedeutungskonkurrenz*: Hier ist nur mehr der Aspekt des Interpretanten (der Bedeutung) betroffen, das Repräsentamen (der Ausdruck/Begriff) bleibt dasselbe. Das Referenzobjekt ist insofern betroffen, als man durch die unterschiedliche Interpretation auf andere Sachverhalte Bezug nimmt. Es geht also um sogenannte „semantische Kämpfe", Dieckmann spricht von „ideologischer Polysemie" (DIECKMANN 1975, 70ff.), d. i. Mehrdeutigkeit. Dasselbe Wort kann unterschiedliche Bedeutungen haben: Demokratie, Gerechtigkeit, Solidarität, Freiheit, Gleichheit etc. sind solche umkämpften Begriffe.

   Dabei kann dasselbe Wort nicht nur für die Parteien eine unterschiedliche Bedeutung haben, sondern auch innerhalb einer Partei kann Polysemie vorherrschen. Dieser Fall tritt besonders dann ein, wenn unterschiedliche WählerInnengruppen angesprochen werden sollen. (vgl. ebd. 57-60) Auch in Österreich wurde viel über Demokratie gesprochen, nur war damit nicht immer dasselbe gemeint.[8]

Die beiden letzten Typen nach Klein beziehen sich nicht auf die Zeichentriade per se, sondern auf die mit den Begriffen einhergehenden (d) Bewertungen und (e) Assoziationen:

d) *Umwerten-deontische Bedeutungskonkurrenz:* Die meisten Wörter beziehen ihre Bewertung erst in Verwendungskontexten, so z. B. das Wort „konservativ". Eine negative Bewertung verbindet damit Engstirnigkeit, Verkrustung etc. ; aus positiver Sichtweise ist „konservativ" gleichzusetzen mit Zuverlässigkeit, Ordnung etc. „Gekämpft" wird darum, ob sich eine positive oder negative Bewertung durchsetzt. Allerdings ist diese Bewertung von den Einstellungen der Menschen abhängig, die längerfristig stabil und schwer zu ändern sind (vgl. ebd. 61-64). Eng verbunden damit ist die

8 vgl. die exemplarisch angeführte Intellektuellendebatte zwischen Charim/Rabinovici und Menasse, S. 59

e) *Konnotationskonkurrenz:* Dabei geht es um die „emotive Bedeutung" (DIECKMANN 1975, 75ff.) eines Begriffes, d. h. der verwendete Begriff soll bestimmte Assoziationen (Emotionen) wecken. Operationell geschieht dies durch die Verknüpfung des Begriffes mit anderen positiven bzw. negativen Begriffen, z. B. Europa als „gemeinsames Haus" zu bezeichnen oder als „bürokratischen Apparat."

Eine eindeutige Klassifizierung ist in der Praxis natürlich nicht immer möglich, da die verschiedenen Ebenen ineinander übergreifen – besonders die Bedeutungs- und Konnotationskonkurrenz sind beim „Begriffe-Besetzen" ständig präsent. Aber die Semiotik erlaubt einen präziseren Blick und kann ihn dort hinlenken, wo der „Kampf" geführt wird.

1.2.4 Weitere Schlussfolgerungen: Kontext und Kontrolle

Wichtig in einer Zeichentheorie zu erwähnen ist noch der Begriff der Arbitrarität[9], wobei der arbiträre Charakter sich auf zwei Aspekte der Zeichenrelation beziehen kann:

- Arbiträr ist die Korrelation zwischen Repräsentamen und Interpretant. Dieser Einsicht lässt sich ohne weiteres zustimmen, denn für die Bedeutung „Schwester" haben unterschiedliche Sprachen verschiedene Ausdrücke.
- Arbiträr ist aber auch die Korrelation zwischen Repräsentamen und Referenzobjekt: Dieser Aspekt ist deshalb so wichtig, weil damit „(...) jede mythische und magische Sprachtheorie zurückgewiesen (wird), die zwischen Wort und Ding eine vorgegebene Beziehung annimmt" (DIECKMANN 1975, 15). Ein Begriff hat also keine „wahre" Bedeutung nach der man suchen müsste (auch die Ety-

9 Arbitrarität (wörtlich: Willkürlichkeit): „Die Arbitrarität des Sprachzeichens bedeutet" (in der Linguistik, K. P.) „nicht dessen Willkürlichkeit oder gar Beliebigkeit" (NÖTH 2000, 338f.). Arbitrarität in der Linguistik bedeutet, dass eine logische Beziehung zwischen dem Zeichenträger und dessen Bedeutung verneint wird; vielmehr beruht diese Beziehung auf gesellschaftliche Konvention.

mologie[10] ist keine Hilfe), sondern dessen Bedeutung ergibt sich erst im Kontext des semiotischen Prozesses.

In der linguistischen Pragmatik[11] steht diese Handlungsrelevanz und Kontextbezogenheit im Mittelpunkt des Interesses der Sprachanalyse, wobei nach Intentionen und Zielen der Zeichensender und Wirkungen auf die Zeichenempfänger gefragt wird. Austin unterscheidet in seiner Theorie der Sprechakte zwischen bloß konstativen, also feststellenden Sprechakten und solchen, die performativer Art sind und auf Handlungen abzielen (versprechen, drohen, etc.) (vgl. NÖTH 2000, 157).

In der Politik allerdings haben Sätze „(...) nicht erst als performative, sondern schon als behauptende Sätze Aktionscharakter. Für ihr Verständnis reicht es niemals aus, sie als Texte im Kontext von Texten zu lesen. Sie haben ihren Ort im Kontext von Handlungen. Sie haben stets ihren Bezug auf politische Lagen, in der durch ihre bloße Verlautbarung bereits eingegriffen wird, und nach solchen Wirkungen bemessen sie sich“ (LÜBBE 1967, 14).

Fragt man in dieser pragmatischen Linie der Linguistik nach der Sprachfunktion in der Politik, so meint Dieckmann, sei die wichtigste davon, die politische Kontrolle sicherzustellen. Dabei unterscheidet sich die Symbolmethode politischen Sprechens (welches, wie gesagt, immer auf Handeln abzielt), von der Zwangsmethode, welche im Wesentlichen die polizeilichen Tätigkeiten umfasst. Allerdings bedeutet dies nicht, dass dort, wo Zwang zur Anwendung kommt auf symbolische Mittel verzichtet wird (dabei denke man an die Informationspolitik in Zeiten von Krieg). Der direkte demokratische Zwang bleibt in demokratischen Gesellschaften allerdings

---

10 Die Etymologie ist die Lehre von der Herkunft der Wörter; wörtlich übersetzt bedeutet Etymologie die Lehre vom Wahren. Diese Definition macht bereits klar, worin der „etymologische Holzweg“ (GAUGER 1995, 62ff.) besteht. Erstens: Man hält die ursprüngliche Bedeutung eines Wortes für die wahre. Zweitens: „Eine Sache ist in ihrem Wesen, was das Wort, das diese Sache benennt, ursprünglich bedeutet hat“ (ebd., 70).

11 Bei der Pragmatik „(. . .) geht es um Bedeutungen in Funktionen der Intentionen und Handlungsziele der Zeichensender und um Bedeutungen als Wirkung auf die Zeichenempfänger, also um Zeichengebrauch und Zeicheneffekte in bestimmten Situationen“ (NÖTH 2000, 156). Nicht die Bedeutung des Zeichens an sich, sondern die Bedeutung in bestimmten Kontexten steht im Mittelpunkt der Pragmatik.

die Ausnahme und die Symbolmethode (also Politik im eigentlichen Sinn) kommt zum Einsatz (vgl. DIECKMANN 1975, 28-36). Ein Beispiel dieser Symbolmethode hat auch Dörner erwähnt: Politische Selbstverständlichkeiten werden zu besonderen nationalen Anlässen bekräftigt und erneuert; es kann aber auch zu Akzentverschiebungen kommen.[12]

Der Befehl, als streng codierter Satz, um Handlungen auszulösen, ist ein weiteres Beispiel, aber dennoch zu spezifisch auf bestimmte politische Institutionen beschränkt. Viel allgemeiner gilt, dass auch der reine Aussagesatz, der oberflächlich betrachtet nur zur Information dient, Mittel gesellschaftlicher Kontrolle ist. Dies deshalb, weil die Information immer auch anders sein kann. Oder: Entscheidend ist auch, was nicht gesagt wird. So hat jeder Diskussionsbeitrag im Parlament, jede öffentliche Erklärung, jede Wahlveranstaltung den Zweck, „(...) Handlungsbereitschaften anzulegen und Entscheidungen vorzubereiten, auch wenn der Akt des Handelns zeitlich fern liegt“ (DIECKMANN 1975, 35).

Dabei kann die gesamte Palette rhetorischer Sprachkunst zum Zuge kommen: Empfehlen, Warnen, Kritisieren, Loben, Anklagen, ...

Gesellschaftliche Kontrolle steht auch im Mittelpunkt von Michel Foucaults Diskurstheorie. „Niemand hat den elementaren Zusammenhang zwischen Zeichenprozessen und Wissensformen einerseits, sowie Macht, Herrschaft und Ordnung andererseits so radikal beschrieben wie Michel Foucault“ (DÖRNER 1995, 47).

Michel Foucaults Diskurstheorie soll in einem ersten Schritt zu einer Erweiterung des Konstruktivismus von einer bloß epistemologischen hin zu einer politischen Theorie führen. Bisher wurden die politischen Konsequenzen des Konstruktivismus nur beiläufig erwähnt, nun sollen diese mit Hilfe Foucault'scher Begrifflichkeiten zu einer elaborierteren Perspektive beitragen. Zentrale Termini wie Macht, Kontingenz und Wahrheit sollen anhand des Diskursbegriffes erklärt werden.

---

12 In Österreich etwa im Zuge der Feierlichkeiten zum 50. Jahrestag der Zweiten Republik: Während die SPÖ die Bedeutung der Neutralität auch nach dem Ende des Ost-West-Konflikts betont, versucht die ÖVP diese als Produkt und Relikt des Kalten Krieges darzustellen. Vgl. dazu WODAK u. a. 1998

In einem zweiten Schritt soll geprüft werden, ob Foucaults Diskursbegriff sich auch für einen methodischen Ansatz operationalisierbar machen lässt.

„Vielmehr wird die Frage gestellt, auf welche Art die ‚Sager' ‚Realität' konstruieren oder welche Art von ‚Realität' damit erzeugt wird"

CHARIM 2000, 90

1.3 Was ist ein Diskurs? (Foucault)

Der Diskursbegriff erfährt in den verschiedenen Werken Foucaults unterschiedliche Formulierungen, vor allem in Bezug auf das Verhältnis Macht-Diskurs. Ganz allgemein lässt sich aber sagen, dass mit Diskurs eine „Praxis von regulierten Aussagen"[13] gemeint ist, also eine „Ordnung des Diskurses"[14]. So legt z. B. die Definition bestimmter wissenschaftlicher Standards eine Praxis fest, innerhalb derer wahre von falschen Aussagen unterschieden werden können. Diese wissenschaftlichen Regeln entstehen aber selbst diskursiv und können auch verändert werden. Der (in dem Fall wissenschaftliche) Diskurs schließt dadurch aber auch andere Aussagen aus, die nicht den etablierten Regeln entsprechen. Ein erster Aspekt der Machtwirkung von Diskursen ist damit schon aufgezeigt[15] (vgl. JÄGER 1993, 173-174).

Für den konstruktivistischen Zugang von Bedeutung ist, dass die Gegenstände der Diskurse nicht ihnen vorausgehen, also prädiskursiv sind, sondern dass der Diskurs

---

13 FOUCAULT, Michel: Archäologie des Wissens, zitiert in BUBLITZ 1999, 23

14 So lautet der Titel eines Werkes von Michel Foucault.

15 „Jedes Sprachsystem ist immer ein Mittel des Ausdrucks, aber zugleich auch ein Mittel der Zensur. Paradoxerweise besteht eine Sprache immer aus jenen Dingen, die sie auszusprechen erlaubt, aber auch aus jenen, die sie auszusprechen und zu denken verbietet" (BOURDIEU 1992, 19).

seine Gegenstände erst hervorbringt (vgl. BUBLITZ 1999, 23). „Das heißt, vom Diskurs geht insofern eine machtvolle Wirkung aus, als er ein spezifisches Wissen *produziert*, indem er Gegenstände auf eine bestimmte Weise erfahrbar macht und in diesem Sinne soziale Wirklichkeit erst *schafft* (Hervorhebung, K. P.)" (SEIER 1999, 77).

Foucault zeigt in „Wahnsinn und Gesellschaft", wie durch die Entstehung der Disziplin Psychologie erst der spezifische Gegenstand „Wahnsinn" geschaffen wurde, weil durch eine bestimmte regulierte Praxis ein bestimmtes Wissen hervorgebracht wurde, welches für das Objekt konstitutiv war (vgl. VISKER 1991, 20ff.).

Ebenso wird der diffuse Bereich der Sexualität dadurch reguliert und geordnet, dass durch eine bestimmte Art des Sprechens ein Wissen angehäuft wird, welches die Objekte mit unverwechselbaren Merkmalen konnotiert. „Aus dem undifferenzierten Knäuel körperlicher Verhaltensweisen und Genüsse, scheidet die Macht bestimmte Segmente heraus und gibt ihnen einen Namen. Aber diese Segmente entstehen erst durch diesen Einschnitt und erhalten erst danach ihren internen Charakter: Sie gehen der Isolation nicht voraus, sondern haben in dieser ihre Existenzberechtigung" (VISKER 1991, 101).

Weil ein Diskurs eine bestimmte Art des Sprechens privilegiert, konstruiert er diesen Gegenstand in einer spezifischen Weise, ein anderer Diskurs würde diesen vielleicht auf eine andere Weise produzieren.

Das Verhältnis zwischen Diskurs und Macht verläuft also über das Wissen:

- das Wissen wird diskursiv erzeugt, d. h. nach bestimmten Regeln;
- Wissen ist das, was eine Gesellschaft (oder Suborganisation der Gesellschaft) als wahr gelten lässt;
- Wahrheit beruht demnach auf einem System von Ein- und Ausschließungen (vgl. SEIER 1999, 76-78).

In „Die Ordnung des Diskurses" (1974) versteht Foucault die Macht noch als negative Kraft, d. h. sie operiert vor allem mit Ausschließungen, Verboten und Grenzziehungen. In dieser Leseweise erscheint Macht als ein Gegenüber des Diskurses, der unkontrolliert abläuft und durch die Macht in geordnete Bahnen gelenkt wird. Macht wirkt hier von außen[16] (vgl. SEIER ebd.).

In „Der Wille zum Wissen“ (1977) kommt ein anderes Machtverständnis zum Ausdruck. Demnach ist Macht den Diskursen immanent, Macht ist in jeglichen Beziehungen Macht anzutreffen: „Die Macht wird nicht besessen, sie wirkt (...) auf der ganzen Oberfläche des sozialen Feldes gemäß einem System von Relais, Konnexionen, Transmissionen, Distributionen etc. Die Macht wirkt durch kleinste Elemente: die Familie, die sexuellen Beziehungen, aber auch: Wohnverhältnisse, Nachbarschaft etc. So weit man auch geht im sozialen Netz, immer findet man die Macht als etwas das durchläuft, das wirkt, das bewirkt“ (FOUCAULT 1976, 114).

Ein außerhalb der Macht gibt es also nicht, weil wir alle stets in sozialen Beziehungen eingebettet sind. Auch Diskurse finden stets in „machtgeladenen“ Kräfteverhältnissen statt. Diskurse sind Ergebnis von Machtauseinandersetzungen, aber – wie gesehen – auch Machtinstrument, da sie ein bestimmtes Wissen hervorbringen. Dies ist die produktive Macht, welche anders als die negativ-juridische Macht nicht bloß zensuriert und verbietet, sondern hervorbringend (Konstituierung von Gegenständen) wirkt[17] (vgl. LOREY 1999, 92-95).

Macht verläuft nicht nur in eine Richtung, von unten nach oben, sondern ist beziehungsimmanent. Peter Burke bringt diesen relationalen Charakter der Macht in seinem Buch über den Sonnenkönig Ludwig XIV zum Ausdruck: Die Bildnisse und Chroniken über Ludwig XIV waren nicht bloß Abbild, sondern Konstruktionen – das wurde schon gesagt; allerdings konnten diese zugleich Idealcharakter haben, d. h. „eine Lobrede war nicht unbedingt nur Lob, sondern zumindest gelegentlich eine Form taktvoller Empfehlung, etwa dann, wenn der Fürst nicht beschrieben wurde, wie er war, sondern wie man sich ihn erhoffte“ (BURKE 1993, 52).

---

16 Foucault geht in „Die Ordnung des Diskurses“ von der Hypothese aus, „(. . .) dass in jeder Gesellschaft die Produktion des Diskurses zugleich kontrolliert, selektiert, organisiert und kanalisiert wird“ (FOUCAULT 1974, 7).

17 „Es gilt herauszufinden, warum das Abendland die von ihr ausgeübte Macht so lange Zeit nur juridisch-negativ sehen wollte, anstatt sie technisch positiv zu begreifen“ (FOUCAULT 1978, 37).

Auch Widerstand ist innerhalb dieser Machtverhältnisse zu verorten, und nicht außerhalb davon. Weil Macht niemanden Besitzes allein ist, kann sie strategisch auch von anderen genutzt werden. „Es gibt keine Macht ohne die Möglichkeit, sich ihr zu widersetzen und dieser Widerstand wird durch die Freiheit, die in jeder Machtbeziehung anwesend ist, garantiert" (VISKER 1991, 121). Macht und Freiheit schließen einander nicht aus. Mehr noch: Wo es keine Freiheit gibt, da gibt es auch keine Macht, sondern nur Gewalt. „Macht hingegen setzt voraus, dass derjenige, über den sie ausgeübt wird, als eine handelnde Person anerkannt wird: eine Wirkung auf Handlungen" (ebd.).

Diese Widerstandsmöglichkeit hat mit der funktionalen Verzahnung von Macht und Diskurs zu tun. Im Kräftefeld der Machtbeziehungen ergeben sich auch Widerstandspunkte. Dabei ist die Unterteilung in Macht und Gegenmacht, Diskurs und Gegendiskurs eher irreführend als hilfreich, obwohl sie häufig auch von Foucault verwendet wird. Denn wesentlicher ist, dass derselbe Diskurs oder einzelne Diskurselemente strategisch auch anders eingesetzt werden können. So hat z. B. der Diskurs der Homosexualität zu einer „Produktion" (im oben verwendeten Sinn) des Homosexuellen und somit zu einer Stigmatisierung geführt. Andererseits erlaubt diese Festschreibung als homosexuelle Subjekte auch, sich sichtbarer für andere zu machen und bestimmte Rechte einzufordern. Derselbe Diskurs dient einem anderen Zweck. Foucault nennt dies die „taktische Polyvalenz" der Diskurse (vgl. FOUCAULT 1983, 122-124).[18] Auch die Kabarettisten übernehmen in ihren Programmen manchmal Diskursteile und verwenden daher Worte und Begriffe, die dem von ihnen kritisierten Diskurs entstammen.

---

18 In seiner Spätphilosophie entwickelt Foucault anhand des Begriffs „parrhesia" (Freimütigkeit) eine besondere Art des Widerstandes. Parrhesia ist „eine Form des Widerstandes, der aktiv mit den herrschenden Konventionen bricht und sich der Macht widersetzt, indem er sich im Augenblick einer Riskanz mit seinem ganzen Überzeugtsein in die Waagschale der Politik wirft, ohne im Einzelnen Rechenschaft von der Legitimität seiner Überzeugungen abzulegen." (MERSCH 1999, 174) Derjenige, der parrhesia gebraucht, glaubt, dass er die Wahrheit spricht, und daher riskiert er notfalls auch sein Leben, um die Wahrheit auszusprechen, auch wenn die Mehrheit anderer Meinung ist. Im „parrhesiastischen Spiel" wird das Gegenüber (die Mehrheit) kritisiert. Parrhesia ist ein Ausdruck von Freiheit: Es wird ersichtlich, dass Parrhesia eng mit Demokratie verbunden ist, weil jede/r BürgerIn Parrhesia ausüben kann. (vgl. FOUCAULT 1996, 10-24).

Mit dem Begriff der Strategie führt Foucault einen Begriff ein, der in seiner Konzeption eine gewisse unaufgelöste Ambivalenz hinterlässt. Denn Machtbeziehungen sind für ihn zwar intentional, aber nicht subjektiv. Die handelnden Subjekte kontrollieren den Diskurs nicht; wer entwickelt dann den Plan, die Strategie? Von Strategien spricht Foucault im Zusammenhang von Dispositiven. Ein Dispositiv ist „(...) wesentlich strategischer Natur (...), vorausgesetzt, dass es sich dabei um eine bestimmte Manipulation von Kräfteverhältnissen handelt, um ein rationelles und abgestimmtes Eingreifen in diese Kräfteverhältnisse, sei es, um sie in diese oder jene Richtung auszubauen, sei es, um sie zu blockieren oder zu stabilisieren oder auch nutzbar zu machen usw." (FOUCAULT 1978, 122-123).

Ein Dispositiv ist mehr als ein Diskurs, weil es auch nicht-diskursive Praktiken – „Institutionen, architekturale Einrichtungen, reglementierende Entscheidungen (...)" (FOUCUALT 1978, 119) – beinhaltet und diese heterogenen Elemente strategisch zusammenführt. Aber Foucault sieht Dispositive und Strategien losgelöst von Individuen, obwohl in den Diskursen manipuliert und eingegriffen wird. Auch wenn Foucaults Interesse der Konstituierung und „Produktion" des neuzeitlichen Subjekts – und nicht dem Handeln der Subjekte[19] – gilt, so bleibt dieser strategische, subjektlose Charakter der Macht doch ein ungelöstes Problem in seinem Denken. „Freilich läuft bei Foucault der von ihm selbst verwendete Begriff der ‚Strategie' eigentümlich ins Leere, wenn letztlich der Diskurs sich aus sich selbst heraus bewegt und derart zum historischen Agens hypostatisiert, wie ein entteleologisierter Weltgeist die Wirklichkeit zu seinen Bedingungen formt" (DÖRNER 1995, 47).

---

19 Foucault umschreibt sein Vorhaben an einer Stelle so: „Man muss sich vom konstituierenden Subjekt, vom Subjekt selbst befreien, d. h. zu einer Geschichtsanalyse gelangen, die die Konstitution des Subjekts im geschichtlichen Zusammenhang zu klären vermag. Und genau das würde ich Genealogie nennen, d. h. eine Form der Geschichte, die von der Konstitution vom Wissen, von Diskursen, von Gegenstandsfeldern usw. berichtet, ohne sich auf ein Subjekt beziehen zu müssen (...)" (FOUCAULT 1978, 32).

1.3.1 Kontigenz[20]

Neben der zentralen Frage „Was ist Macht?" interessiert Foucault auch die Frage nach der Wahrheit. Um dieses Problem zu verstehen, ist nochmals der Zusammenhang zwischen Wissen und Macht in Erinnerung zu rufen. Wissen(schaft) findet nicht außerhalb von Macht statt, sondern Macht bringt erst Wissen hervor. Die Annahme, dass das Wissen (und die Wahrheit) nicht zur Ordnung der Macht, sondern Ausdruck von Freiheit sind, ist eine Hoffnung der Aufklärung; allerdings wird Macht dabei im juridisch-negativen Sinn und vor allem als staatlich agierendes Machtsystem verstanden.[21]

Diskurse sind in Machtkämpfen eingebettet, und Diskurse geben sich selbst – wie weiter oben ausgeführt – die Regeln, die den Bereich des Wahren vom Nicht-Wahren festlegen. „Die Wahrheit ist von dieser Welt; in dieser wird sie aufgrund vielfältiger Zwänge produziert, verfügt sie über geregelte Machtwirkungen. Jede Gesellschaft hat ihre eigene Ordnung der Wahrheit, ihre ‚allgemeine Politik' der Wahrheit: d. h. sie akzeptiert bestimmte Diskurse, die sie als wahre Diskurse funktionieren läßt (...)" (FOUCAULT 1978, 51).

Die Wahrheit ist also kontingent, abhängig von der Definition des Wahren, welche ein Diskurs festlegt. Sich auf eine (ontologische) Wahrheit zu berufen, die außerhalb von Machtverhältnissen zu verorten wäre, ist nicht mehr möglich. Denn jede Wahrheit ist Produkt der Macht der Diskurse. Damit ist Wahrheit zu einer politischen Frage geworden[22] (vgl. VISKER 1991, 132-135). „Foucault stellt jegliche his-

---

20 vgl. auch RORTY 1989, insbesondere S. 21-51 über die Kontingenz der Sprache

21 Dazu Foucault: „Einer Tradition des Humanismus entsprechend meint man, dass das Wissen aufhört, wo die Macht anfängt: die Macht macht irre, die Regierenden sind blind. Und nur diejenigen, die von der Macht weit weg sind, die mit der Tyrannei nichts zu tun haben, die in ihre Gelehrtenstube und ihre Meditationen eingeschlossen sind, können die Wahrheit entdecken (FOUCAULT 1976, 44f.).

22 Das Beispiel der Veränderungen in den Naturwissenschaften wurde schon angeführt; aus Foucault'scher Sicht stellen sich diese folgendermaßen dar: „Es handelt sich also nicht um eine inhaltliche Veränderung (*Widerlegung alter Irrtümer, Entdeckung neuer Wahrheiten*), nicht einmal um eine Veränderung der theoretischen Form (...); was zur Debatte steht, ist vielmehr die Frage,

torische Formation unter Kontingenzverdacht (...) Diskurse bilden keine rationalen Strukturen, sondern sie gründen in selbst grundlosen Ermächtigungen, die ihre Gültigkeit in den Körper der Zeit einschreiben. Darin liegt eine andere Form von Skepsis als die des totalen Ideologieverdachts, wie er von neomarxistischen Sozialphilosophen oder der ‚Kritischen Theorie' der Frankfurter Schule vertreten wurde" (ebd., 168). Das, was ist, was als normal bzw. „wahr" gilt, ist Ergebnis von Machtauseinandersetzungen. Im Grunde könnte es auch eine andere Ordnung (der Wahrheit) geben; die akzeptierte Wahrheit hatte aber mehr „Kraft" in diesem Machtkampf. Hinter dem Ideologievorwurf allerdings verbirgt sich die Hoffnung, doch noch „die" Wahrheit zu entdecken, welche bloß durch ideologische Chimäre verschleiert wird[23] (vgl. MERSCH 1999, 167-172).

Das Ziel von Foucaults wissenschaftlicher Arbeit kann man als „kritische Ontologie der Gegenwart" definieren: die Willkür (es gibt keine objektiv richtigen Gründe für eine Wahrheit), Kontigenz (alles wäre auch anders möglich) und Zufälligkeit (das „Mehr" an Kraft) des Gewordenen aufzuzeigen. Dieser Blickwinkel macht den Weg frei, für andere Möglichkeiten, für andere Gesellschaftsordnungen (vgl. BÜHRMANN 1999, 58).

Allerdings besteht dadurch die Gefahr, dem Dezisionismus in die Arme zu laufen, denn jede Ordnung, jeder Diskurs schließt eine andere Ordnung bzw. einen anderen Diskurs aus. Die Entscheidung für die eine oder andere Wahrheit könnte beliebig ausfallen. Diese Schlussfolgerung wäre sicher nicht im Sinne von Foucaults politischem Interesse[24] gewesen. Foucault begreift nämlich seine Bücher „(...) als kleine

---

was die Aussagen bestimmt und die Art, in der sie sich zueinander verhalten und einen Komplex wissenschaftlich gültiger und infolgedessen mittels wissenschaftlicher Verfahren verifizierbarer oder falsifizierbarer Sätze bilden. Es ist letzten Endes ein Problem der Ordnung, der ‚Politik' der wissenschaftlichen Aussage. Auf dieser Ebene geht es darum herauszufinden, nicht welche Macht von außen auf der Wissenschaft lastet, sondern *welche Machtwirkungen unter den wissenschaftlichen Aussagen zirkulieren.* (...)" (Hervorhebungen, K. P.) (FOUCAULT 1978, 26).

23 Jäger ergänzt allerdings richtigerweise: „Das heißt nicht, dass die Diskurse i. R. nicht inhuman und imaginär-ideologisch befrachtet sein können" (JÄGER 1993, 168).

24 Foucault verstand sich als politischer Intellektueller: So schrieb er nicht nur Bücher über das Gefängnis, sondern organisierte und beteiligte sich an Demonstrationen und Aktionen gegen das

Werkzeugkisten. Wenn die Leute sie aufmachen wollen und (...) diese oder jene Idee oder Analyse als Schraubenzieher verwenden, um Machtsysteme kurzzuschließen, zu demontieren oder zu sprengen (...) – nun gut, umso besser" (FOUCAULT 1976, 53).

Es ist durchaus sein Anliegen, zu zeigen, warum eine bestimmte Gesellschaftsordnung der anderen vorzuziehen ist, etwa deshalb, weil die Machtverteilung in der einen asymmetrisch institutionalisiert wurde (was er Herrschaft nennt), in der anderen hingegen demokratischere Formen existieren (vgl. VISKER 1991, 118f., 148f.). Siegfried Jäger führt, um dieses Problem der Beliebigkeit zu umgehen, eine ethisch – moralische Kategorie ein: Die Entscheidung hängt mit der Frage nach dem Wohl des Menschen zusammen; welche Gesellschaftsordnung ist für den Menschen besser? Welcher Diskurs respektiert den Menschen als solchen? Allein von der Beantwortung dieser Fragen ist die Entscheidung abhängig zu machen (vgl. JÄGER 1993, 220ff.).

1.3.2 Foucault als Konstruktivist

Die Gegenstände des Wissens liegen nicht objektiv vor, um darauf zu warten, „entdeckt" zu werden. Erst die Diskurse bringen ihre Gegenstände hervor. Allerdings gilt diese Behauptung auch für Foucault selbst, d. h. seine Theorie und Methode der Diskursanalyse erarbeitet er selbst diskursiv, als ein Diskurs über Diskurse. „Daraus folgt, dass jeder Diskurs auf eine konstruktivistische Theorie von Gesellschaft verweist. Der Diskursbegriff ist also sowohl begriffliches Element der Theorie als auch methodisches Instrument der Analyse von Diskursen, und zugleich wird die Theorie durch historisch und kritisch verfahrende Diskursanalyse generiert, deren Gegenstand historisch situierte Diskurse sind" (BUBLITZ 1999, 30).

Auch Foucault kann die Grenzen der Erkenntnis nicht überschreiten, auch für ihn gilt, dass Diskurse nicht einfach vorliegen, sondern dass erst seine Diskursanalyse Diskurse zu solchen macht. Auch er ist ein Schöpfer, kein Entdecker: Foucault

---

Häftlingswesen in Frankreich.

fasst bestimmte Aussagen zu Diskursen zusammen, die vor seiner Analyse nicht da waren, d. h. nicht als ein Diskurs wahrgenommen wurden (vgl. BÜHRMANN 1999, 56-59). „Diskurse sind symbolische Ordnungen, die wieder auf symbolische Ordnungen verweisen.[25] Realität erscheint hier immer als symbolische Ordnung, als Diskurs" (BUBLITZ 1999, 29).

Wenn Foucault sich als „glücklichen Positivisten"[26], bezeichnet so ist diese Aussage nicht dahingehend zu verstehen, dass er Diskurse bloß beschreibt (er konstruiert sie zu Diskursen), sondern als Ablehnung der Hermeneutik. Foucault sucht nicht nach dem verborgenen Sinn oder Inhalt einer Aussage: „Was gesagt wurde, interessiert ihn (...), weil es gesagt wurde und weil nichts anderes anstelle seiner gesagt wurde" (VISKER 1991, 139).

„Sinnvoll erscheinen seine Diskurse" (daher, K. P.) „nur in Bezug auf die Effekte, die sie erzielen, die Kräfteverschiebungen, die sie auslösen oder die lokalen und temporären Energien, die sie im Denken, der Machtkonstellation und dem Verhalten der Gegenwart freisetzen" (MERSCH 1999, 171). Als „Positivist" will er klären, mit welchen Absichten und Wirkungen eine Aussage gemacht wurde, also im Hinblick auf ihre Performativität untersuchen. Aber Foucault macht sich selbstverständlich keine Illusionen darüber, dass auch er nicht die Realität so beschreibt, wie sie „wirklich" ist, sondern seine Diskurse sind Fabrikationen seiner genealogischen Analyse (vgl. BÜHRMANN ebd.).

Darüber hinaus hat Foucault schon ein gewisses Vorverständnis von einem Diskurs, bevor er die Analyse beginnt: Daher kann er verstreute Aussagen zu einem Diskurs zusammenfassen. „Es wird von gewissen Vorannahmen bezüglich Inhalt und Struktur eines bestimmten Diskurses ausgegangen, als ‚Suchraster' werden bestimmte Themenfelder erstellt, die eine Rolle hinsichtlich des zu beschreibenden Diskurses spielen können, ausgegangen wird von bestimmten Gegenstands-, Begriffs-, Äußerungsmodalitäts- und Strategieformationen" (HANKE 1999, 112).

---

25 vgl. dazu die Ausführungen über Peirce und den Prozess der Semiose S. 24

26 Zitat in BÜHRMANN 1999, 57

Foucaults Diskursanalyse ist Konstruktionsarbeit; erst die praktische Analyse definiert einen Diskurs als solchen, erst durch die Diskursanalyse werden Aussagen zu einem kohärenten Diskurs zusammengefügt. Diese Konstruktion eines Diskurses ist natürlich nur möglich, weil Foucault immer schon ein Vorwissen über den zu untersuchenden Diskurs mitbringt und daher weiß, welche Aussagen zu einem bestimmten Diskurs gehören.[27]

2. Methodik der Diskursanalyse

Die Frage nach (der Möglichkeit) der Operationalisierung der Foucault'schen Diskursanalyse ist nicht leicht zu beantworten[28]: Zum einen hat Foucault keinen definierten Methodenkanon geliefert, sondern seine Arbeiten über den „Wahnsinn", die „Sexualität" oder das „Gefängnis" sind in seiner wissenschaftlichen Tätigkeit (diskursiv) entstanden. Theorie und Methode fließen ineinander über. „Wer fragt, wie Foucault vorgegangen ist, woher er wusste, wonach er suchen muss, wie er die Auswahl seiner Texte durchgeführt hat, wie sich die Hypothesen konstruiert haben, die seine rekonstruktive Analyse geleitet haben etc., wird die Antwort nicht ohne weiteres finden" (DIAZ-BONE 1999, 120).

Zum anderen stehen in Foucaults Diskursanalysen die großen Umbrüche und die Subjektwerdung seit der Neuzeit im Mittelpunkt des Forschungsinteresses, also Themen und Zeiträume, die nicht Vorbild für meine Untersuchung sein können. Und zudem erschwert seine offene Terminologie eine Ableitung methodisch geleiteter Vorgangsweisen (vgl. TITSCHER/WODAK u. a. 1998, 43). „Schließlich glaube

---

27 Nochmals in anderen Worten: „Der Begriff der (Re-) Konstruktion verweist darauf, dass ausgehend von einem bestimmten Vorverständnis bzw. Vorwissen eine Arbeitshypothese in Bezug auf einen bestimmten Diskurs konstruiert wird, die über eine ‚reine Oberflächenbeschreibung' ‚relevanter Aussagen' rekonstruiert wird und im Rahmen einer Diskursanalyse als Konstruktion (re-)konstruiert wird" (BÜHRMANN 1999, 60).

28 vgl. dazu die Beiträge von Rainer Diaz-Bone, Siegfried Jäger und Jürgen Link in BUBLITZ (u. a.) 1999, die entscheidende Denkanstöße für dieses Kapitel bereitstellen.

ich, dass ich statt die allmählich schwimmende Bedeutung des Wortes ‚Diskurs' verengt zu haben, seine Bedeutung vervielfacht habe" (Zitat Foucault in ebd.).

Ein möglicher Ausgangsweg wäre, die aktuellen Diskursanalysen in der Sozialwissenschaft der letzten 10 bis 20 Jahre zu durchforsten und nach ihren Methoden zu fragen. Aber auch da zeigt sich ein unglaubliches Gewimmel und Durcheinander, sowohl in der Terminologie als auch in den jeweils angewendeten Methoden (vgl. ebd. und LINK 1999, 148f.). „Bei den verschiedenen Ausprägungen der Diskursanalyse lassen sich zwar gemeinsame theoretische Annahmen ausmachen, der Ansatz verfügt aber über keinen Methodenkanon; der Diskursanalyse verpflichtete ForscherInnen verfahren nicht nur höchst unterschiedlich, sondern lehnen auch verbindliche Methoden ab" (TITSCHER/WODAK u. a. 1998, 29).

Die verschiedenen Diskursanalysen gehen zwar von gemeinsamen oder ähnlichen theoretischen Annahmen oder Prämissen aus (auch Foucault wird zur Theoriebildung herangezogen), greifen aber bei der Operationalisierung auf andere Methoden zurück, lassen sich davon inspirieren oder entwickeln diese in der wissenschaftlichen Praxis zu selbständigen Ansätzen[29] weiter. Zudem besagt obiges Zitat, dass Diskursanalysen nicht ein streng kanonisiertes Vorgehen, wie andere linguistisch-sozialwissenschaftliche Methoden beinhalten, sondern (generell) wenige Verfahren, Instrumente und Regeln bereitstellen, nach denen genau vorgegangen werden könnte. Die konkrete Anwendung seitens Dritter bleibt somit offener (vgl. TITSCHER/WODAK u. a. 1998, 50-51, 22-29).[30]

Ausgehend von diesen einleitenden Überlegungen – die vorab bestimmte Grenzen markieren – soll die Auseinandersetzung mit Foucault in dieser Arbeit rückblickend ebenfalls so gelesen werden: Das Foucault'sche Denken liefert wertvolle

29 Beispiele dafür sind die entwickelten diskursanalytischen Ansätze von Utz Maas 1984, Siegfried Jäger 1993, Wodak (u. a.) 1990, 1998

30 Titscher/Wodak rezipieren die wichtigsten Schritte methodischen Vorgehens: Von der Theorie, kommt man zur Forschungsstrategie hin zu Methoden und über Verfahren, Regeln und wissenschaftlichen Instrumenten gelangt man schließlich zur Analyse. Die Autoren sind der Meinung, dass Diskursanalysen von einer Theorie geleitet und nur mit wenigen Regeln ausgestattet sofort zur Analyse übergehen.

theoretische Einsichten in Bezug auf Fragen der Macht, des Wissens und der Wahrheit-Schlüsselbegiff ist dabei der Diskurs. Um jedoch zu einer eigenen Anwendung zu gelangen, ist eine Präzisierung der Begriffe und daraus resultierend auch der Methodik unerlässlich.

2.1 Was ist ein Diskurs? (methodischer Begriff)

Rainer Diaz-Bone folgend soll zunächst die Triade Theoriekern, Methodologie und Methode geklärt und präzisiert werden. Die erste Frage, die es zu beantworten gilt ist also nochmals: Was ist ein Diskurs? Der Diskurs ist ein „(...) prozessuales Regel- und Formationssystem, das der Aussagenproduktion anliegt, sich in ihr ‚materialisiert' und erfahrene Wirklichkeit strukturiert (diskursive Praxis)" (DIAZ-BONE 1999, 125). Der Diskurs folgt demnach (a) bestimmten Regeln, welche (c) die Erfahrung durch Kategorien- und Wahrnehmungsschemata strukturieren und (b) die nicht von außen auferlegt werden, sondern in einem Diskurs entstehen und konkret sichtbar sind. Diskursanalyse soll diese Regelhaftigkeit beschreiben. Dieses Regel- und Formationssytem ordnet und formiert Objekte, Begriffe, Äußerungsmodalitäten und Strategien (vgl. ebd., 123-125).

Wie lässt sich die Strukturierung des Diskurses begreifen? Von welcher Art sind diese Regeln? Es handelt sich dabei nicht um grammatikalische, sondern um semantische Regeln. In Erinnerung zu rufen ist die These von der Wissensformation eines Diskurses, d. h. ein Diskurs bringt spezifisches Wissen hervor. Ein Diskurs setzt in regelhafter Weise Begriffe, Objekte, Äußerungsmodalitäten und Strategien miteinander in Beziehung (vgl. auch JÄGER 1993 208f.). Diese „auffällige" Anordnung der genannten Elemente – welche schließlich eine Sichtweise prägen – soll diskursanalytisch erfasst werden.

Das methodologische Grundproblem dreht sich um die Frage, wie ein Diskurs überhaupt erfasst werden kann. Ziel verschiedenster Diskursanalysen ist es, die Regelhaftigkeit von Diskursen aufzuzeigen; allerdings lässt sich diese nicht einfach „beobachten", denn damit wäre bereits das Ziel der Analyse erreicht. Es geht um das Identifikationsproblem eines Diskurses, welches auch Foucault beschäftigte.[31] Wie lässt sich ein Diskurs abgrenzen, identifizieren? Schon weiter oben wurde festgestellt, dass ohne ein Vorwissen und Hypothesen eine solche Abgrenzung nicht möglich ist. Einen Diskurs kann man nur mit Hilfe eines gewissen Vorverständnisses erkennen (vgl. DIAZ-BONE 1999, 126-129). Auch TITSCHER/WODAK nehmen zum Problem der Diskurseinheit Stellung: „Dazu sei nur bemerkt, dass es prinzipiell – aufgrund der Intertextualität[32] – keinen objektiven Anfang und kein klares Ende gibt, denn jeder Diskurs ist mit vielen anderen verbunden und nur aufgrund anderer zu verstehen. Diese Eingrenzung der Untersuchungseinheit hängt damit von einer subjektiven Entscheidung des Forschers, von der untersuchungsleitenden Fragestellung ab" (TITSCHER/WODAK u. a. 1998, 44f.).

Die Methode wird nun von Theoriekern und Methodologie angeleitet: Diskursanalyse soll semantische Regelmäßigkeiten eines festzulegenden Diskurses untersuchen. Daraus ergibt sich die Forderung, verstehende Verfahren[33] in Bezug auf das zu untersuchende semantische Material anzuwenden (vgl. DIAZ-BONE 1999, 130f.).

---

31 Vgl. dazu Kapitel Foucault als Konstruktivist S. 37ff.

32 Intertextualität meint, dass „Diskurse immer mit den vorher, gleichzeitig und nachfolgend produzierten verbunden (sind) (. . .)" (ebd., 182). Daher ist die Abgrenzung eines Diskurses schwierig.

33 In der politischen Sprachwissenschaft hat es auch Versuche einer quantitativen Methode gegeben. So untersucht etwa die quantitative Semantik nach Harold Lasswell so genannte Schlüsselwörter (key words) in politischen Texten. Gefragt wird nach Häufigkeit, Wertung und Intensität solcher Schlüsselwörter (vgl. DIECKMANN 1975, 19ff.). Die Kritik – wie so oft bei quantitativen Methoden – ist auch hier, dass „die wesentlichen Entscheidungen qualitativer Art (. . .) schon vor dem Auszählen gefällt" (werden), „wenn es darum geht, die Schlüsselwörter zu bestimmen, die erfasst werden sollen" (ebd., 20).

2.2 Kritische Diskursanalyse (Jäger)

Siegfried Jäger und seine Forschergruppe am Duisburger Institut für Sprach- und Sozialforschung haben in ihrer Arbeit eine Methode kritischer Diskursanalyse entwickelt.[34] Ruth Wodak nennt acht grundlegende Prinzipien, denen eine kritische Diskursanalyse genügen muss (vgl. TITSCHER/WODAK u. a. 1998, 180f.):

1. Kritische Diskursanalyse untersucht nicht den Sprachgebrauch per se, sondern bettet ihn in den sozialen Kontext ein. Texte sollen im Kontext von Handlungen gelesen werden. (vgl. JÄGER 1993, 150f.)

   „Während in ‚rein' textlinguistisch orientierten Ansätzen v. a. die Untersuchung und Modellierung von Kohäsion und Kohärenz (syntaktische und semantische Einheit des Textes, K. P.) in Texten im Vordergrund steht und alle textexternen Faktoren (...) im Hintergrund stehen, so spielen gerade in der Diskursanalyse die externen Faktoren eine wesentliche Rolle (...)" (TITSCHER/WODAK u. a. 1998, 42).

2. Im Anschluss an Foucault gilt, dass Machtbeziehungen diskursiv sind; dabei ist die Doppelseite des Diskurses als Machteffekt und Machtinstrument zu berücksichtigen.

3. Daraus folgt, dass Gesellschaft und Kultur diskursiv konstruiert werden (Diskurs als Machtinstrument), aber auch den Diskurs konstituieren (Diskurs als Machteffekt).

   „Hier wird sichtbar, dass Diskurse (...) Realität determinieren, natürlich immer nur über die dazwischentretenden tätigen Subjekte in ihren gesellschaftlichen Kontexten als Co-Produzenten und Mit-Agenten der Diskurse und der Veränderung der Wirklichkeit" (JÄGER 1993, 168).

4. Sprache kann ideologisch aufgeladen sein, auch wenn „(...) der Diskurs nicht auf verzerrte Wirklichkeitssicht oder Ideologie zu reduzieren (ist) – wie dies

34 dargelegt in: JÄGER, Siegfried (1993): Kritische Diskursanalyse; eine Methode, die er im Anschluss an Foucault und unter Bezugnahme auf Maas (1984) entwickelt.

beim Konzept ‚Ideologiekritik‘ klassisch marxistischer Ansätze häufig zu beobachten ist“ (ebd.).[35]

5. Diskurse sind sowohl historisch entstanden als auch mit anderen Diskursen verbunden – diese sozio-historische Kontextualität ist zu berücksichtigen. „Diskursanalyse ist in der Lage (...) ihre Genese und normative Verfestigung darzustellen. Sie kann darüberhinaus das Zusammenwirken, die Verflechtungen und Verschlingungen der verschiedenen Diskurse (...) aufzeigen“ (JÄGER 1993, 224).

6. „Die Verbindung zwischen Text und Gesellschaft erfolgt nicht direkt, sondern über eine Vermittlungsinstanz (...)“ (ebd.). Damit ist das Individuum und sein Verhältnis zur Gesellschaft, zum Diskurs angesprochen. Foucault interessierte sich bekanntlich mehr für die Subjektwerdung als für das konstituierende Subjekt. Wir folgen Jäger und seiner Interpretation, dass „(...) der Diskurs (...) überindividuell (ist) (...) und nicht von einem Individuum kontrolliert werden kann“ (JÄGER 1963, 169). Trotzdem sind individuelle Artikulationen möglich und notwendig, da diese den Diskurs bilden.[36] Wesentlich ist aber auch, dass Äußerungen ihre eigene Wirksamkeit im Diskurs entfalten können, unabhängig vom Subjekt der Aussage, obwohl die Aussagen „(...) Personen als quasi semiotischen Fixpunkten im Koordinatensystem des Polit-Diskurses zugeordnet (werden)“ (JANUSCHEK 1992, 5f.).

7. Diskursanalyse ist gleichzeitig interpretative und erklärende Methode.

8. Der Diskurs ist eine Form von sozialer Handlung: Wir müssen „ (...) jedoch menschliches Sprechen (und menschliche Tätigkeit generell) als Tätigkeit im Rahmen gesellschaftlicher Tätigkeit begreifen, als eingebunden in den historischen Diskurs, nach dessen Maßgabe Gesellschaften ihre Praxis organisieren und wirkliche Wirklichkeit in Auseinandersetzung mit dem ‚Rohstoff‘ der Wirklichkeit (Materie) entstanden und entstehen begreifen (...)“ (ebd. 171).

---

35 vgl. dazu Kapitel Kontingenz, S. 35ff.

36 „Der Diskurs wird zwar von der Gesamtheit aller Individuen gemacht, bei unterschiedlicher Beteiligung der Individuen an jeweiligen Mengen von diskursiven Strängen und unterschiedlicher Nutzung der Spielräume, die die gesellschaftlich vorgegebenen Diskurse erlauben. Aber keines der Individuen determiniert den Diskurs“ (JÄGER 1993, 169f.).

Nach dem Vergleich des Jäger'schen Ansatzes mit den ausgearbeiteten Kriterien für eine kritische Diskursanalyse nach Wodak[37], soll nun der methodische Ansatz für diese Arbeit präsentiert werden.

2.3 Methodischer Ansatz

2.3.1 Das Gewimmel entwirren

Jäger unterscheidet zwischen dem Gesamtdiskurs einer Gesellschaft, den Diskurssträngen und den Diskursfragmenten. Der gesellschaftliche Gesamtdiskurs setzt sich aus zwei Diskursbereichen – den Spezialdiskursen der Wissenschaften und dem „Interdiskurs" (alle nicht-wissenschaftlichen Diskurse) – zusammen, die sich wechselseitig beeinflussen.

Im Gesamtdiskurs findet man ein Gewimmel von Diskurssträngen vor; einen Diskursstrang setzt Jäger mit einem bestimmten Thema in Verbindung (z. B. Rassismus), wobei sich dieser wiederum aus einer Menge von Diskursfragmenten zu eben diesem Thema zusammensetzt. Ein Diskursfragment schließlich ist die kleinste diskursive Einheit und meint einen Text(-teil) (vgl. JÄGER 1993, 180f.). Text ist in diesem Zusammenhang im weitesten Sinne zu verstehen und reicht von einem Essay bis zu einer politischen Rede, einer Parlamentsdebatte genauso wie einem Interview oder einem wissenschaftlichen Artikel. Alle diese Texttypen sind Texte, weil sie dem Kriterium der Textualität[38] entsprechen.

---

37 Diese Einschätzung stimmt mit jener von Wodak überein, da sie die Diskursanalyse Jägers als Anknüpfung an die von Utz Maas entwickelte Methode sieht, welche sie selbst wiederum der Kritischen Diskursanalyse zuordnet (vgl. TITSCHER/WODAK (u. a.) 1998, 219ff.). Die persönliche Bevorzugung des Ansatzes von Jäger ergibt sich aus der – meiner Meinung nach – besseren und expliziteren Integrierung von Michel Foucault in seine Theorie, und kommt so meinem eigenen Theoriekapitel entgegen.

38 Zur Frage „Was ist ein Text?" vgl. beispielsweise BRINKER 1997, 10ff. ; JÄGER 1993, 143f. oder auch TITSCHER/WODAK 1998, 37ff. Die wichtigsten Kriterien für einen Text sind generell: Kohärenz, Kohäsion, Intentionalität (kommunikative Funktion), und Akzeptabilität (Hörer akzeptieren erkennen etwas als Text)

Textanalyse wird also zu einem notwendigen Bestandteil der Diskursanalyse, wobei Diskursanalyse über die textimmanente Betrachtung hinausgeht: „Einen Text zu analysieren, zum Zwecke ihn zu verstehen, seine Wirkung (...) einschätzen zu können, ihn als Bestandteil(e) eines (...) oder mehrerer Diskursstränge begreifen zu können, (...) erfordert es, ihn als ganzen in diesem (... politischen) Zusammenhang zu sehen" (JÄGER 1993, 145).[39]

Die einzelnen Diskursstränge können sich verschlingen und gegenseitig bestärken (z. B. wird in unserem Fall der FPÖ-Diskurs auch mit dem Diskurs über die Sanktionen zusammenhängen). Ein Ausdruck dafür ist, dass ein Diskursfragment (ein Text) mit unterschiedlichen Diskurssträngen verbunden sein kann, weil er verschiedene, aber verwandte Themen anschneidet. Zu berücksichtigen ist die historische Gewachsenheit von Diskurssträngen (siehe auch Kriterium 5 einer kritischen Diskursanalyse).

Wichtig sind auch noch sogenannte diskursive Ereignisse, weil sie einen Diskurs wesentlich prägen. Sie stützen sich auf „reale" Ereignisse, werden aber erst dann zu diskursiven Ereignissen, wenn ein Diskurs über ein solches Ereignis entfacht wird (z. B. die Maßnahmen der EU-14). Das Ereignis per se ist nur der mögliche Auslöser; der Diskurs darüber kann aber auch ausbleiben – somit wurde es nicht zu einem diskursiven Ereignis und blieb irrelevant (vgl. JÄGER 1993, 157).[40]

Jäger folgend ist noch zwischen den verschiedenen Diskursebenen zu unterscheiden (Alltag, Medien, Politik, Wissenschaft,...), auf denen sich ein Diskursstrang realisiert, wobei auch zwischen den diskursiven Ebenen Querverbindungen zu verzeichnen sind (z. B. zwischen Politik und Medien) (vgl. JÄGER 1993, 183-186). Der Gesamtdiskurs besteht aus den verschiedenen Diskurssträngen auf den unterschiedlichen Diskursebenen. „Dabei stellt dieses Gesamt ein äußerst verzweigtes und ineinander verwurzeltes Netz dar. Diskursanalyse verfolgt das Ziel, dieses Netz

39 vgl. Punkt 1 der Kriterien einer Kritischen Diskursanalyse, S. 31

40 Dabei schwingt im Hintergrund die konstruktivistische Theorie mit: Das „eigentliche" Ereignis als Störung, welches erst durch Sprache – also diskursiv – manifest und real wird. vgl. Kapitel 1. 2. 1

zu entwirren, wobei in der Regel so verfahren wird, dass zunächst einzelne Diskursstränge auf einzelnen Ebenen herausgearbeitet werden" (JÄGER 1993, 181).

Damit ist der analytische Rahmen und die methodische Vorgehensweise abgesteckt: Die vorliegende Untersuchung bezieht sich auf unterschiedliche Diskursstränge (FPÖ, Sanktionen, Demokratie, EU, Österreich) auf einer diskursiven Ebene, nämlich jener der Politik. Auf politischer Ebene werden nur die im Nationalrat vertretenen Parteien und der Bundespräsident miteinbezogen. Die große Menge der außerparlamentarischen Diskurse (Stichwort: Zivilgesellschaft) würden den Umfang dieser Publikation sprengen. Aus eben diesem Grund werden auch andere diskursive Verschlingungen (etwa der Einfluss der Medien) nicht thematisiert.

2.3.2 Von der Analyse eines Diskursfragmentes (Textes) zum Diskursstrang

Textanalyse ist ein notwendiger Bestandteil der Diskursanalyse, genauer gesagt semantische Textanalyse steht im Vordergrund. In der qualitativ-heuristischen Textanalyse nach Kleining (1991) werden Fragen an den Text gestellt, auf welche dieser antwortet, wobei dadurch neue Fragen auftauchen können (Dialogprinzip) (vgl. KLEINING 1991, 246ff.). „Heuristische Methoden der Textanalyse (sind) also Such- und Findeverfahren (...). Die Forschung beginnt mit einem beliebigen Aspekt des Gegenstandes, da ohnehin ‚alles' an ihm aufgeklärt werden soll. Der Ablauf endet dann, wenn neue Fragen keine neuen Ergebnisse mehr erbringen. Erkenntnis wird zirkulär gewonnen, Bekanntes erscheint im Fortschreiten der Forschung in neuen Zusammenhängen, also gleichzeitig als bekannt und als neu" (KLEINING 1991, 246f.).[41]

---

41 Zu Parallelen zwischen Diskursanalyse und qualitativ-heuristischer Textanalyse siehe TITSCHER/WODAK (u. a.) 1998, 158f. Kleining selbst nennt seine Methode explorativ-heuristisch: Damit ist die Erkundung des Textes und seiner Inhalte und nicht die Suche nach einem verborgenen Sinn gemeint – darin (in der Ablehnung der hermeneutischen Tradition) zeigt sich eine Parallele zu Foucault. Zugleich ist Kleinings Ansatz genetisch-historisch und dialektisch (d. h. auch Widersprüche sollen aufgezeigt werden) ausgerichtet, eine weitere Ähnlichkeit zwischen den bei-

Eine Methode der qualitativ-heuristischen Textanalyse ist die Textbeobachtung. Es geht beispielsweise darum, zu „beobachten", welche Themen angesprochen werden, welche Personen(-gruppen) wie behandelt werden, welche Bewertungen vorgenommen werden oder welches Selbstverständnis der/die Autor/in hat. Aber auch auf sprachliche und linguistische Besonderheiten soll geachtet werden (vgl. TITSCHER/WODAK u. a. 1998, 155). Im Kern deckt sie sich mit den Fragestellungen von Jäger. Dieser allerdings schlägt im Einzelnen fünf Analyseschritte vor, damit auch der Kontext des Diskurses stärker berücksichtigt wird (vgl. JÄGER 1993, 187ff.):

- Analyse der Makrostruktur des Textes, d. h. Kenntnis des Textinhaltes;
- Analyse des nicht-sprachlichen Kontextes, z. B. diskursive Ereignisse oder die Biographie oder Funktion des/der Sprechers/Sprecherin berücksichtigen;
- Analyse des sprachlichen Kontextes, z. B. die historische Tradition und Entwicklung eines Diskursstranges;
- Mikroanalyse des Textes, d. i. die semantische Analyse (vgl. Kleining);
- Abschließend erfolgt die Darstellung des Diskursfragmentes.[42]

Die vorliegende Analyse folgt methodisch weitgehend Jägers Vorschlägen, allerdings wird ein eigenes Kapitel über den allgemeinen kontextuellen Rahmen eingeschoben, so dass im weiteren Verlauf die analysierten Diskursstränge im Mittelpunkt stehen. Die Analyseschritte sind meiner Meinung nach vor allem Arbeitsschritte, die nicht im Einzelnen wiedergegeben werden (können). Die Analyse ist themenzentriert, es werden nicht die einzelnen untersuchten Texte dargestellt, sondern es sollen bei den Diskurssträngen übergreifende Strukturen in Bezug auf Inhalte, Strategien und Argumente aufgezeigt werden.

Wie viele Texte müssen nun untersucht werden, damit ein Diskursstrang erfasst werden kann? Dazu ist zunächst festzuhalten, dass ein Diskursstrang homogen bzw. heterogen-widersprüchlich sein kann. Sollte Letzteres der Fall sein, so gab es in der

---

den Methoden. Und der oben angesprochene zirkuläre Prozess verweist klar auf das Vorwissen, von dem ein Diskursanalytiker – auch Foucault – ausgeht.

42 Die detaillierte Darstellung der Analyseschritte ist nicht notwendig, da Jäger dafür eine Art Fragenkatalog ausgearbeitet hat, der hier nicht wiederholt werden muss.

Vergangenheit wahrscheinlich ein oder mehrere diskursive Ereignisse, welche diese Heterogenität hervorgerufen haben. Aber ob homogener oder heterogener Diskursstrang: Die einzelnen Diskursfragmente sind immer schon in einem bestimmten Diskursstrang eingebettet. Daraus folgt, dass jeder Text Ausdruck eines bestimmten Diskursstranges ist. Jäger schlägt nun vor „(…) dass ich Diskursfragmente zur Thematik des betreffenden Diskursstranges (…) so lange untersuche (…) bis sie nichts Neues mehr zu bieten haben" (JÄGER 1993, 207). Nach dieser pragmatischen Regel könnte es sein, dass in einem Text das gesamte Spektrum eines Diskursstranges zu finden ist, natürlich beschränkt auf einer diskursiven Ebene (vgl. JÄGER 1993, 205-207). Weitere Diskursfragmente würden nichts Neues enthalten, da sie nur (diskursive) Wiederholungen wären. Jäger meint metaphorisch, dass eine Erbse bereits generelle Schlüsse auf alle Erbsen zulässt, da sie ein Ausdruck der Erbsenfamilie ist: Genauso ist ein Text Produkt eines Diskursstranges, und lässt daher Rückschlüsse zu.[43] Allerdings wird bei einem homogenen Diskursstrang die Zahl der zu untersuchenden Texte geringer sein als bei einem heterogenen.

---

43 Auch bei Foucault findet man Ähnliches: In „Die Ordnung des Diskurses" schreibt er, dass ständig das gesagt werden muss, was schon gesagt wurde oder implizit enthalten war; unerlässlich kommt es zu Wiederholungen (vgl. FOUCAULT 1974, 18f.):

III. Kontext und analytischer Rahmen

„Die Wahrheit ist, dass es in Österreich eine tief verwurzelte Angst gibt, dass dem Ausland der Appetit auf Österreich plötzlich vergehen könnte“

MENASSE 1993, 26

1. Österreich nach dem 3. Oktober 1999

1.1 Die Wahlen und deren Folgen

„Der Befund für Österreich lautete in der Vergangenheit nämlich, dass den Wahlen eine reduzierte Bedeutung zukam, weil sie durch die Tradition der Großen Koalition das Regierungsergebnis kaum beeinflußten. Dieses realpolitische Bedeutungsdefizit wurde mit der Nationalratswahl 1999 deutlich reduziert“ (PELINKA/ROSENBERGER 2000, 132).

Die Nationalratswahl veränderte – nicht so sehr in Prozenten – spürbar die Kräfteverhältnisse im Parlament. Nahezu drei gleich große Parteien gingen daraus hervor: Die beiden Regierungsparteien SPÖ und ÖVP mussten Verluste hinnehmen, und verloren dadurch die für Verfassungsänderungen notwendige Zweidrittelmehrheit. Die FPÖ legte deutlich zu und überholte die ÖVP in absoluten Stimmen. Auch die Grünen zählten zu den Wahlgewinnern, während das LIF an der 4%-Hürde scheiterte und den Wiedereinzug verpasste. Damit reduzierte sich die Anzahl der im Parlament vertretenen Parteien von fünf auf vier; das sind genauso viele wie vor Gründung des LIF 1993.

Eine Schlüsselrolle für die künftige Regierung kam der ÖVP und deren Vorsitzenden Wolfgang Schüssel zu: Diese hatte sich vor den Wahlen – aus taktischen Gründen – auf die Oppositionsrolle festgelegt, sollte sie nur Platz drei in der Wählergunst erreichen. Gespannt warteten alle auf die WahlkartenwählerInnen, um vielleicht die FPÖ doch noch zu überholen. Das amtliche Endergebnis[44] sprach zwar sowohl FPÖ als ÖVP jeweils 52 Mandate zu, bei den Stimmen blieb die ÖVP jedoch um 416 hinter der FPÖ. Die ÖVP nahm Kurs Richtung Opposition.

Die Situation war damit verfahren, denn welche Koalition mit einer stabilen Mehrheit sollte nun gebildet werden? Die alte neue Große Koalition, eine Koalition einer der beiden Parteien mit der dritten Kraft, der FPÖ? Bald wurde klar, dass der Bundespräsident diesmal eine schwierige Aufgabe zu bewältigen hat, doch „für alle Bundespräsidenten galt das Dogma der Regierungsunfähigkeit des dritten Lagers[45]" (WELAN 1999, 23).

Im Laufe der Zweiten Republik bildeten sich bestimmte Traditionen bei der Regierungsbildung heraus – die so genannte „Realverfassung" – an die sich die Bundespräsidenten hielten. Diese Usancen kamen auch nach dem 3. Oktober zum Zug. Die bisher amtierende Bundesregierung trat zurück und wurde vom Bundespräsidenten bis zur Ernennung einer neuen mit der Weiterführung der Geschäfte betraut. Keiner wusste, wie lange diese Interimsregierung noch amtieren würde. Normalerweise wird dann der Chef der mandatsstärksten Partei – das war die SPÖ – mit der Regierungsbildung beauftragt. Aber die Situation war komplizierter als in den Jahren zuvor, weil der naheliegendste Koalitionspartner die Große Koalition nicht mehr fortsetzen wollte. Also gab es zum ersten Mal in der Geschichte der Zweiten Republik Sondierungsgespräche, welche die Bildung einer „Reformregierung, die im In- und Ausland Ansehen genießt"[46] vorbereiten sollten.

---

44 NR-Wahl 1999: SPÖ (33,15%/ 65 Mandate), FPÖ (26,91%/ 52), ÖVP (26,91%/ 52), Die Grünen (7,4%/ 14), LIF (3,65%/ keine) (vgl. WELAN 2000, 21).

45 Der Begriff Lager stammt aus der Ersten Republik. Die Wurzeln der großen Parteien der Zweiten Republik liegen allerdings dort: SPÖ (sozialistisches Lager), ÖVP (katholisch-konservatives Lager), FPÖ (deutsch-nationales Lager) (vgl. PELINKA/ROSENBERGER 2000, 54f.). Dieser traditionelle Ausschluss des dritten Lagers von der Regierungsverantwortung läßt sich an zwei Momenten der ersten Phase der Großen Koalition (bis 1966) festmachen: 1953 wollte die ÖVP den VdU (später FPÖ) einbinden, 1963 überlegte die SPÖ eine Koalition mit der FPÖ einzugehen. Beide Versuche scheiterten am Widerstreben des Bundespräsidenten (vgl. WELAN ebd.).

46 Auftrag von Bundespräsident Thomas Klestil an den SPÖ-Vorsitzenden Viktor Klima; Zitat in: WELAN 2000, 21

Infolgedessen gab es zwischen allen Parteien - außer zwischen FPÖ und Grünen - mehr oder weniger intensive Gespräche. Für die Bildung einer neuen Regierung gibt es keine verfassungsrechtlichen Fristen. Am 6. Dezember präsentierte Klima dem Bundespräsidenten das Ergebnis seiner Beratungen. Der Regierungsauftrag an die SPÖ erfolgte drei Tage später - erst 67 Tage nach der Nationalratswahl. Die ÖVP musste sich entscheiden, ob sie ihren Oppositionskurs weiter aufrechterhalten wollte oder doch noch eine Neuauflage mit der SPÖ versuchen sollte. Thomas Klestil drängte auf eine baldige Entscheidung seiner Partei. Schließlich erfolgte die Kehrtwendung der Volkspartei durch einen Parteibeschluss vom 12. Dezember, und man entschied sich für Koalitionsverhandlungen mit der SPÖ. Damit hatte eine über zwei Monate dauernde Unklarheit zunächst ein Ende; der Bundespräsident lenkte von Anfang an in Richtung einer Neuauflage von Rot-Schwarz, die ÖVP gab ihr Beharren auf den dritten Platz (nur in Stimmen!) - und damit den Oppositionskurs - auf Grund internen und externen Drucks auf (vgl. WELAN 2000, 21ff.).

1.2 Koalitionsverhandlungen – aber welche?

Die ÖVP setzte sich nach langem Zögern an den Verhandlungstisch, wohl auch deswegen, weil die Umfragen im Falle von Neuwahlen der ÖVP noch größere Verluste vorhersagten (vgl. KOPEINIG/KOTANKO 2000, 9-11). Trotzdem sollte das Verhandlungsergebnis deutliche Züge der ÖVP tragen: Vor allem in der Frage der Abschläge bei Frühpensionen, dem Karenzgeld für alle und der Beschleunigung der Privatisierung musste sich die VP-Regierungsbeteiligung niederschlagen.

Die SPÖ war zu Zugeständnissen bereit, für interne Kritiker ging Viktor Klima zum Teil sogar zu weit. Nach gut einem Monat war man sich über den Inhalt des Regierungsprogramms einig, offen blieb noch die Ressortverteilung. Die ÖVP forderte nun einerseits das Finanzministerium für sich und andererseits auch die Unterschrift hochrangiger Gewerkschafter unter das Koalitionspapier. Beide Forderungen erwiesen sich als Todesstoß für die Fortsetzung der Großen Koalition. Zwar schlug Schüssel als Kompromissformel einen unabhängigen Finanzminister vor, doch in der Forderung nach Zustimmung von Seiten der Gewerkschaft blieb er unbeweglich. Die SPÖ lehnte dies jedoch als unzumutbar ab. Am 21. Jänner wurde das Scheitern der Verhandlungen bekannt. Wieder war das Spiel um die Regierungsbildung offen (vgl. SPERL 2000, 14-29). Klima musste zum Bundespräsidenten gehen und ihn über sein Scheitern berichten. Seine Lieblingskoalition kam nicht zustande, Krisenmanagement war angesagt: Klima bekam den Auftrag für eine Minderheitsregierung. ÖVP und FPÖ nahmen in der Zwischenzeit jedoch Verhandlungen auf, beide Parteien hatten seit den Nationalratswahlen schon intensive Kontakte geknüpft; auf Seiten der ÖVP drängte vor allem die Wirtschaft auf eine Wende. Schüssel und Haider unterrichteten Klestil von der gemeinsamen Intention, eine Koalition eingehen zu wollen. „Damit begann ein Wettlauf zwischen dieser inoffiziellen Regierungsbildung und der offiziellen (...). Die Parallelaktion entsprach dem Spannungsverhältnis zwischen den parteienmäßig parlamentarischen und den präsidialen Elementen" (WELAN 2000, 35). Anton Pelinka und Sieglinde Rosenberger konstatieren weiters: „Das parlamentarische Element ist im Falle einer möglichen Kollision mit dem präsidentiellen Element das stärkere. Das bedeutet, dass im Falle einer politischen Divergenz zwischen Präsident und Parlamentsmehrheit das Parlament (und nicht der Präsident) über die Regierung und deren Zusammensetzung entscheidet" (PELINKA/ROSENBERGER 2000, 61).[47]

Der Bundespräsident glaubte an eine Möglichkeit von Rot-Schwarz mit anderen Köpfen, und dachte dabei u. a. den EU-Kommissär Franz Fischler an der Spitze einer Expertenregierung. Aber Klima und Klestil mussten zusehends vor den sich abzuzeichnenden Tatsachen resignieren. Trotzdem gab es von Seiten des Bundespräsidenten nie einen Regierungsauftrag an Schüssel (vgl. SPERL 2000, 30-33; WELAN 2000, 26ff.). Ein Symbol für das fehlende Einverständnis. Dies hatte sowohl mit seiner Präferenz für die Große Koalition, als auch mit einem persönlichen Naheverhältnis zu SPÖ-Exponenten einerseits, sowie das bekannt angespannte Verhältnis zu Wolfgang Schüssel andererseits zu tun: Der ÖVP-Chef wollte schon nach den vorgezogenen Nationalratswahlen 1995 einen fliegenden Wechsel zur FPÖ vollziehen, scheiterte aber an Klestil. Seitdem hat sich an Klestils Meinung nichts geändert.[48] Obwohl er vor den

---

47 Zwar erteilt der Bundespräsident den Regierungsauftrag und ernennt auf Vorschlag des Bundeskanzlers die Minister, aber der Nationalrat entscheidet über die Lebensdauer einer Regierung. Auch wenn es kein formalisiertes Vertrauensvotum des Parlaments gibt, so kann eine Regierung ohne parlamentarische Mehrheit jederzeit über ein Misstrauensvotum stolpern.

48 siehe dazu auch Fußnote 45

Bundespräsidentschaftswahlen 1998 um die Gunst der FPÖ-WählerInnen buhlte, indem er allen im Parlament vertretenen Parteien Regierungsfähigkeit bescheinigte – vor allem auch in ausländischen Medien –, weigerte sich Klestil, dem Regierungseintritt der FPÖ zuzustimmen. Ein Grund dafür war, dass er schon die sich international zusammenbrauende Kritik heraufziehen sah (KOPEINIG/KOTANKO 2000, 8f. ; 15).[49]

ÖVP und FPÖ konnten sich rasch auf ein Koalitionsprogramm einigen, da sie bereits in den sogenannten Zukunftsgesprächen ihre Positionen abgesteckt hatten. Dem Bundespräsidenten wurden das Ergebnis und die Ministerliste präsentiert. Noch einmal sollte er aktiv werden: Erstens verlangte er von den Vorsitzenden der beiden Parteien die Hineinnahme einer Präambel. Die „Deklaration Verantwortung für Österreich – Zukunft im Herzen Europas" war vor allem an das Ausland gerichtet: Demokratie, Rechtsstaatlichkeit, Achtung der Menschenrechte, Bekenntnis zu Europa und zur faschistischen Vergangenheit Österreichs waren die Kernpunkte der Präambel. Der Zweck dieser Präambel bleibt dennoch unklar: Denn die fundamentalen Prinzipien sind durch die Verfassung garantiert; Welan glaubt, dass es eine Geste der Unterwerfung der Bundesregierung zum Zweck hatte (vgl. WELAN 2000, 37).

Zweitens lehnte der Bundespräsident zwei Ministernominierungen auf Grund xenophober und rassistischer Wahlkampfslogans ab. Das Zusammengehen der beiden Parteien konnte Klestil nicht verhindern. „FPÖ und ÖVP nutzten die Erfahrung, dass der Bundespräsident gegen eine entschlossene parlamentarische Mehrheit praktisch keinen Handlungsspielraum hat" (WELAN 2000, 35).

Zu einem wichtigen gesellschaftlichen Stimmungsbarometer wurde die Angelobungszeremonie der neuen Regierung: Anstatt zu einer feierlichen Angelobung, mussten die neuen Regierungsmitglieder durch einen unterirdischen Tunnel zur Hofburg gehen, um den Protesten auf dem Heldenplatz auszuweichen. Dort erwartete sie allerdings ein Bundespräsident mit versteinerter Miene, die Angelobung wurde zu einem notwendigen, unfreiwilligen Protokoll (vgl. SPERL 2000, 34-42).

---

49 Kritik an diesem Verhalten Klestils übt Fleischhacker 2001, S. 17ff.

1.3 (Inter-)nationale Reaktionen

Am 31. Jänner gab die portugiesische Ratspräsidentschaft in einer Erklärung die gemeinsam abgestimmten Maßnahmen der 14 EU-Partner im Falle einer FPÖ-Regierungsbeteiligung bekannt: keine bilateralen offiziellen Treffen auf politischer Ebene mit Mitgliedern der Bundesregierung, österreichische Botschafter in EU-Hauptstädten werden nur mehr auf technischer Ebene empfangen, keine Unterstützung österreichischer Kandidaten für Positionen in internationalen Organisationen.

Schon in den Tagen zuvor war die Besorgnis über die österreichische Entwicklung in der EU groß. Mehrere Staats- bzw. Regierungschefs drückten dies gegenüber Thomas Klestil aus. Auch im Rahmen der Holocaust-Konferenz in Stockholm bekräftigten die Teilnehmer angesichts des „Nie wieder", dem Rassismus in all seinen Formen entgegenzuwirken. Noch-Kanzler Viktor Klima war von ausländischen Journalisten umzingelt. Österreich wurde zu einem internationalen Thema (vgl. KOPEINIG/KOTANKO 2000, 17ff.).

Nach dem Wirksamwerden der konzertierten EU-Maßnahmen tauchten dann auch Gerüchte auf, Bundeskanzler und Bundespräsident hätten auf eine Reaktion gedrängt. In der dänischen Tageszeitung „Extrabladet" wurden solche Gerüchte zum ersten Mal kolportiert. Die Zeitung zitierte Mitglieder des dänischen parlamentarischen Ausschusses für Außenpolitik, die zuvor vom Ministerpräsidenten über die getroffenen Maßnahmen der restlichen EU-Mitgliedsstaaten informiert worden waren. Später fanden sich solche Meldungen auch in französischen und deutschen Medien wieder. Bundeskanzler und -präsident verneinten jegliche Intervention, auch aus dem Elysee und dem deutschen Bundeskanzleramt kamen Dementis (vgl. KOPEINIG/KOTANKO 2000, 22f.).

Auch die EU-Kommission nahm zum Regierungseintritt der FPÖ Stellung. Dabei bezog sie sich auf ihre Rolle als Hüterin der Verträge; sollte es zu Verletzungen des Amsterdamer Vertrages kommen, werde man aktiv werden. Ansonsten werde die Arbeit wie in bisheriger Form weitergehen.

Schließlich bezog auch das Europäische Parlament zu der neuen österreichischen Bundesregierung und den Erklärungen in der EU Stellung: Die Maßnahmen der EU-14 wurden begrüßt, die xenophoben und rassistischen Äußerungen Jörg Haiders zurückgewiesen und alle Mitgliedsländer und die Kommission sollten gegenüber den Entwicklungen in Österreich und in ganz Europa bezüglich Rassismus wachsam sein (vgl. SPERL 2000, 57-60).

Die Reaktionen der EU hatten vor allem einen Hintergrund: Wie auch im Statement des Europaparlaments betont wurde, befürchteten die 14 eine Legitimation der extremen Rechten in Europa. Tatsächlich haben viele EU-Staaten mit solchen Parteien zu kämpfen: In Frankreich (Front National), Belgien (Vlams Block), Dänemark (die Dänische Volkspartei von Pia Kjaersgard), Italien (Lega Nord) und Deutschland (NPD, DVU) erleben rechtspopulistische Parteien in den 90ern einen z. T. hohen Wählerzuspruch, auch wenn jeweils besondere innenpolitische Motive für diese Tendenz nicht vernachlässigt werden dürfen (vgl. SPERL 2000, 9f.). FPÖs sind also kein rein österreichisches, sondern ein europäisches Problem. „Sie (die EU) ist kein Ausland. Mehr und genauer als früher verfolgt jede Regierung eines Mitgliedsstaates, was in den anderen EU-Ländern vor sich geht. Man kann auch als Mitgliedsstaat isoliert sein“ (WELAN 2000, 4).

Die Maßnahmen der restlichen EU-Mitgliedsstaaten hatten gesellschaftliche „Nebenwirkungen“ zur Folge: Internationale Kongresse in Österreich wurden abgesagt oder österreichische Schulklassen von Schulen in Frankreich ausgeladen. „In internationalen Zeitungen erschienen ganzseitige Anzeigen, auf denen zwei Skifahrer abgebildet waren, die ein riesiges ‚SS‘ in die Tiefschneepiste schrieben. Es wurde die Frage gestellt: Kann man in diesem Land wirklich noch Skiurlaub machen? Spätestens mit diesem Inserat war klar: Die Sanktionen richteten sich gegen die Regierung, aber sie trafen ein ganzes Land“ (BÖHM/LAHODYNSKY 2001, 2). Dadurch wurden die Maßnahmen in den Augen der Bevölkerung zu Sanktionen gegen Österreich.

Hier gingen die Proteste der Regierungsgegner auch nach der Angelobung weiter. Höhepunkt war die Kundgebung vom 19. Februar auf dem Wiener Heldenplatz. Das „andere Österreich“ wollte Farbe bekennen und dem Ausland zeigen, wie viele gegen Haider sind. Die bunte Koalition reichte von Parteien (SPÖ, Grüne, KPÖ, LIF) über Gewerkschafter, NGOs (SOS Mitmensch, Demokratische Offensive, Republikanischer Club), religiösen Organisationen bis hin zu Wissenschaftlern und Intellektuellen. „Es war dies der Auftakt zur Entwicklung einer neuen Dauer-Demo-Szene. Ihr Symbol war der klirrende Schlüsselbund (‚Alle Schlüssel gegen Schüssel') und schwarze Fahnen (...), ihre Organisationsmittel zahlreiche rasch eingerichtete Websites, e-mails an schnell zusammengestellte Adressenliste, sowie der Einsatz von SMS (...)" (SPERL 2000, 75).

Auch innerhalb der Intellektuellen, die der Regierung kritisch gegenüberstehen, gab und gibt es Unterschiede: Robert Menasse[50] sieht in der jetzigen Lage auch eine Mitschuld der Sozialdemokratie, die es in ihrer Regierungstätigkeit durch Ausgrenzung der FPÖ (und deren z. T. gerechtfertigter Kritik am politischen System) versäumte, die notwendigen Reformen durchzuführen, und lieber an Proporz und Machtaufteilung festhielt.[51] Die neue Regierung wäre auch eine Chance für die Demokratie, denn sie ist die erste Regierung, die auch abgewählt werden könnte; zum ersten Mal gibt es eine klare Trennung von Regierung und Opposition, und auch das System der allumfassenden Sozialpartnerschaft wurde durchbrochen, so Menasses Argumente. „Transparenz ist gegenüber Verschleierung immer ein Fortschritt – es besteht also kein Anlaß zur Panik, sonder eher ein Grund zur Hoffnung" (MENASSE 1999, 20). Außerdem hält er den Linksintellektuellen vor, plötzlich zu den bedingungslosen Verteidigern des auch von ihnen zuvor kritisierten Systems zu werden.

Isolde Charim und Doron Rabinovici[52] hingegen halten es für einen nicht zu rechtfertigenden Tabu-Bruch, der durch die Hineinnahme der FPÖ in die Regierung begangen wurde. „Eine Koalition mit einer Partei die diese Grenze (der Demokratie) verletzt, kann eine mathematische, eine quantitative Mehrheit haben – ihre qualitative Fundierung bleibt problematisch" (CHARIM 2000, 96). Sie lehnen die neue Regierung völlig ab. Beide Positionen beziehen sich auf Demokratie – aber auf welche Art?

---

50 MENASSE 1999

51 „Eine Generation wurde darauf eingeübt, Bewahrung, Skandalisierung von Kritik und Verteidigung von Besitzständen mit ‚Antifaschismus' zu verwechsern (sic!)" (ebd., 53).

52 CHARIM/ RABINOVICI 2000

Auch in den nationalen Printmedien setzte sich die Polarisierung zwischen Regierungsgegnern und -befürwortern fort. Wie immer kommt der Neuen Kronen Zeitung als größte Tageszeitung in westlichen Demokratien mit einer Reichweite von über 40% (vgl. PELINKA/ROSENBERGER 2000, 199f.) besondere Bedeutung zu. Die „Krone“ setzte sich zunächst für die Fortsetzung der Großen Koalition ein und übte großen Druck auf die ÖVP aus. Als aber die Maßnahmen der EU-Partner in der Bevölkerung sehr unliebsam aufgenommen wurden, schwenkte die NKZ um und wurde zur heftigen Kritikerin der Sanktionen, wobei SPÖ, Grüne und Intellektuelle als angebliche Verursacher angekreidet wurden.

Hingegen können „Die Presse“ und die „Kleine Zeitung“ als Wegbereiter für Schwarz- Blau gesehen werden. Schon kurz nach den Wahlen wurde in diesen eine Einbindung der FPÖ gefordert. „Der Standard“ wiederum avancierte zum Organ der Regierungskritiker (vgl. SPERL 2000, 101-104).

„Die Sanktionen haben zur weiteren Polarisierung beigetragen. Sie haben die Gräben in der Gesellschaft völlig freigelegt. Ein Land teilte sich in ein Lager fundamentaler Regierungsbefürworter und eines fundamentaler Regierungsgegner. Es gab zwar eine dritte Gruppe (…) Sie war daran gescheitert, zu differenzieren, wo keine Differenzierung mehr erwünscht war“ (BÖHM/LAHODYNSKY 2001, 2).

1.4 Die Suche nach einem Ausweg

Nach dem ersten Schock im In- wie im Ausland kam zusehends Bewegung ins erstarrte politische Leben. FPÖ-Obmann Jörg Haider kündigte an, sich von der Parteispitze zurückziehen zu wollen. Dieser Schritt sollte ein zweites wichtiges Zeichen sein, nachdem er schon auf ein Regierungsamt verzichtete. Allerdings zeigte sich Portugal im Namen der EU davon wenig beeindruckt. So einfach wollte sie die Maßnahmen nicht wieder aufheben.

In der Union aber brodelte es schon bald: Dänemark – wo auch die ersten Gerüchte über eine österreichische Intervention auftauchten – befürchtete kontraproduktive Auswirkungen im EU-kritischen Dänemark, vor allem wegen des bevorstehenden

Euro-Referendums. Auch andere „kleine“ Staaten waren über die „Einmischung“ und den Fingerzeig auf einen „Kleinen“ nicht sehr erfreut und fühlten sich vorab zu wenig informiert. Noch aber hielten die „Großen“ in der EU an den beschlossenen Maßnahmen fest. Erst als Spanien und Italien[53] vorsichtig in die Front der Befürworter für eine Aufhebung eintraten, nahm diese Möglichkeit konkretere Formen an (vgl. KOPEINIG/ KOTANKO 2000, 28f.).

In Österreich suchten die Spitzenpolitiker nach einem Ausweg aus der verfahrenen Situation. Allerdings lehnte die Opposition einen nationalen Schulterschluss mit der Regierung ab, jeder versuchte es im Alleingang. Außenministerin Benita Ferrero-Waldner startete eine „Charme-Offensive“ und tourte durch die europäischen Hauptstädte, um für die neue Regierung zu werben. Zunächst stellte sich allerdings kein Erfolg ein. Auch der Bundespräsident setzte sich bei seinen Reisen für ein Aussetzen der Maßnahmen ein und machte schon früh zwei wegweisende Vorschläge: Ein Monitoring für die österreichische Regierung und eine Vertragsänderung innerhalb der Union, um in Zukunft für ähnliche Fälle gerüstet zu sein.

Die FPÖ hingegen äußerte schon bald erste Drohungen in Richtung Brüssel: Blockade aller Entscheidungen, Überprüfung rechtlicher Schritte und möglicherweise Aussetzen der Beitragszahlungen. Die ÖVP drückte auf die Bremse, soweit wollte man nicht gehen. Aber die Richtung war vorgegeben und so wurde am 5. Mai das „Aktionsprogramm der Bundesregierung zur Aufhebung der Sanktionen“ beschlossen. Als letztes Mittel sieht der Katalog[54] eine Volksbefragung für Herbst 2000 vor,

53 In Spanien fanden im März 2000 Parlamentswahlen statt, Ministerpräsident Aznar wollte sich daher eindeutig von der FPÖ distanzieren, um der sozialistischen Opposition nicht ein mögliches Wahlkampfthema zu überlassen, auch weil es im Süden des Landes schon zu rassistisch motivierten Übergriffen auf Immigranten kam. Nach dem für Aznar und seiner Volkspartei erfolgreichen Wahlausgang war der Druck, sich demonstrativ als Demokrat zu präsentieren, weggefallen. (vgl. URL: http://www.diepresse.at/services/archiv/archiv_print.asp?id=90470 und ebd. id=25160 am 09. 11. 2001)

54 Weitere geplante Maßnahmen waren u. a. : Durchführung von internationalen Meinungsumfragen zu Österreich, eine diplomatische Offensive, Kontakte zu „Friends of Austria“, aber auch Reform des Artikel des EU-Vertrages, welcher Sanktionen im Falle von gravierenden Demokratie- und Menschenrechtsverletzungen vorsieht.

„(...) sofern bis zum Ende der portugiesischen Präsidentschaft kein konkreter Plan für die Aufhebung der Sanktionen vorliegt" (vgl. AKTIONSPROGRAMM 2000).

Proteste rief der Vorschlag Haiders hervor, Andersdenkende politisch zu verfolgen: Politiker, die gegen Österreich auftreten, sollten geklagt werden können. Der Justizminister (FPÖ) saß bei dieser Pressekonferenz neben Haider und hielt die Idee für verfolgenswert. Erst Tage später distanzierte sich Böhmdorfer von Haiders Aussagen.

International für Aufregung sorgte auch der Prozess wegen übler Nachrede gegen den Politologen Anton Pelinka[55]: Viele Kritiker sahen darin einen Einschüchterungsversuch gegenüber WissenschaftlerInnen und eine Bestätigung für die Sorge der anderen EU-Staaten wegen der FPÖ-Regierungsbeteiligung. Diese Klage war allerdings nicht die einzige, Haider führt(e) unzählige Prozesse auch gegen JournalistInnen und anderen Kritikern.

Im Juni zeichnete sich im Rahmen eines allgemeinen Tauwetters ein Ausstiegsszenario ab, ein Monitoring nahm – auch gegen den Willen der FPÖ – immer konkretere Form an. Schlussendlich einigten sich die EU-14 und Österreich beim EU-Gipfel in Freira (Portugal) darauf, einen Bericht über die Menschenrechtssituation in Österreich und über die politische Natur der FPÖ in Auftrag zu geben. Der Präsident des Europäischen Gerichtshofs für Menschenrechte sollte drei anerkannte Persönlichkeiten auswählen. Diese nahmen sofort nach ihrer Nominierung die Arbeit auf, im Laufe derer sie sich mit RepräsentantInnen der Regierungs-, der Oppositionsparteien und anderen gesellschaftlichen Gruppen trafen. Der sogenannte „Weisenbericht" sollte die Grundlage für eine Überprüfung der Maßnahmen der Vierzehn dienen. Für die Regierung gab es allerdings nur eine Schlussfolgerung: Rasche Aufhebung der „Sanktionen". Der Schlussbericht der drei „Weisen" entsprach diesen Erwartungen und empfahl, die Maßnahmen wegen ihrer kontraproduktiven Auswirkungen zu beenden. Trotzdem enthielt der Bericht auch kritische Bemerkungen:

---

55 Pelinka sagte gegenüber dem italienischen Fernsehen RAI: „Haider hat in seiner Karriere immer wieder Aussagen gemacht, die als Verharmlosung des Nationalsozialismus zu werten sind. Er hat einmal die Vernichtungslager Straflager genannt. Insgesamt ist Haider verantwortlich für eine neue Salonfähigkeit bestimmter nationalsozialistischer Positionen und bestimmter nationalsozialistischer Äußerungen" (Zitat in SPERL 2000, 160).

Der Vorschlag Haiders, österreichische Politiker zu verfolgen und die widerspruchslose Duldung des Justizministers, sowie der „fortwährende Gebrauch zweideutiger Formulierungen durch führende Mitglieder der FPÖ" wurden kritisiert. Die FPÖ wurde als „rechtspopulistische Partei mit extremistischer Ausdrucksweise" eingestuft (vgl. BERICHT von Martti Ahtisaari, Jochen Frowein, Marcelino Oreja 2000, Punkt 88-92).

Die Maßnahmen der 14 wurden am 12. September, kurz nach Einlangen des Berichts, offiziell beendet, ohne jedoch darauf zu vergessen, die Nützlichkeit der Maßnahmen zu betonen und die Wachsamkeit gegenüber der FPÖ auf Grund ihrer Charakterisierung im Weisenbericht zu unterstreichen. Ein diplomatischer Kunstgriff, der allen Beteiligten einen gesichtswahrenden Ausstieg ermöglichte (vgl. KOPEINIG/KOTANKO 2000, 31ff. und SPERL 2000, 185ff.).

In diesen sieben Monaten der österreichischen Isolation gab es allerdings heftige Auseinandersetzungen um die Besetzung von Begriffen, welche nun auf der Ebene der Politik mit dem Bundespräsidenten und den Parteien als entscheidende Akteure, untersucht werden sollen.

2. Textsorten, Akteure, Analysedimensionen

2.1 Die Textsorten der Analyse

Der Diskurs einer Gesellschaft – bestehend aus Diskurssträngen und Diskursfragmenten auf unterschiedlichen Diskursebenen – ist derart komplex, dass eine Gesamtanalyse einen enormen Aufwand bedeuteten würde. Teilanalysen wie diese sind daher oft ein Ausgangspunkt für eine Gesamtanalyse. Die vorliegende Arbeit schränkt sowohl die Diskursstränge (d. h. die Themen) als auch die Diskursebene (d. h. die beteiligten Akteure) ein. Aber auch auf der politischen Ebene der Parteien und des Bundespräsidenten lassen sich noch jede Menge Diskursfragmente (d. h. Texte) finden, in denen dieser Akteure zu Wort kommen. Die Textsorten der „politischen Sprache" unterscheidet sich nämlich „(...) nicht nur in den jeweiligen institutionellen Hintergründen. Sie unterscheiden sich ebenso in der Zielgruppe, in der zugrundeliegenden Sprecherintention, in der Spontanität des sprachlichen Handelns oder den dadurch ausgelösten Folgen" (WATZIN 1998, 26).

Wodak unterscheidet 6 Handlungsfelder, die ein je verschiedenes Setting haben, und dadurch auch Intentionen und Sprache selbst beeinflussen. Für diese Analyse von Bedeutung ist das Handlungsfeld der „öffentlich-politischen Meinungsbildung und Selbstdarstellung"[56]: Es gilt u. a. zu untersuchen, welche Interpretationen und Anschauungen zu bestimmten Problemen die Akteure den WählerInnen zur Verfügung stellen. Zu diesem Handlungsfeld gehören auch die für uns relevanten Textsorten der (Abgeordneten-)rede und des Interviews (vgl. WODAK 2001, 78f.).

2.1.1 Die Rede

Im Unterschied zur Abgeordnetenrede (siehe Punkt 2.1.2) ist mit „Rede" hier ein eindimensionaler Kommunikationsakt zwischen Redner und Rezipient gemeint. Die Rhetorik beschäftigt sich mit der „ars bene dicendi", also mit der Kunst, gut zu reden. Das Ziel einer guten Rede ist es, auf die Zuhörerschaft eine solche Wirkung auszuüben, dass diese vom Inhalt des Gesagten überzeugt werden. „Gegenstand der Überredung ist gewöhnlich eine strittige Sache (ars anceps, res dubius). Man rechnet ihr jedoch auch jene Reden zu, wo in propagandistischer Weise anerkannte Werte (res certa) untermauert werden" (SCHLÜTER 1974, 22).

Nach der jeweiligen Funktion der Rede werden in der Rhetorik drei Gattungen unterschieden (vgl. ebd., 22ff.):

a) die Gerichtsrede (genus juridicale): Wie der Name schon sagt, kommt dieser Gattungstyp aus dem Justizbereich. Die Funktion der Rede liegt dabei auf Anklage oder Verteidigung und bezieht sich (dem Ursprung entsprechend) vordergründig auf Vergangenes.

---

56 Weitere Handlungsfelder sind: Gesetzgebungsverfahren, innerparteiliche Willensbildung, politische Werbung, politische Exekutive und Administration, politische Kontrolle. Die Textsorten (z. B. Abgeordnetenreden) sind nicht immer nur einem Handlungsfeld zugeordnet, sondern können in verschiedenen Settings vorkommen.

b) Die Ermahnungs- und Beratungsrede (genus deliberativum) analysiert die gegenwärtige Situation und zeigt den Nutzen bzw. Schaden einer zukünftigen Handlung auf. Ermahnen und Warnen gehören zu den wesentlichen Sprechakten dieser Redegattung.

c) Die Lob- und Tadelrede (genus demonstrativum) zielt schließlich darauf ab, eine Person, eine Handling oder eine Sache zu rühmen oder zu tadeln. Die primäre Zeitreferenz ist in diesem Fall die Gegenwart.

Alle diese drei Gattungen kommen in politischen Reden natürlich kaum in „Reinform" vor, sondern vermischen sich in der praktischen Artikulation einer Rede.

2.1.2 Die Abgeordnetenrede

Ein Sonderfall der Rede ist die Abgeordnetenrede; zwar treffen auch auf diese die vorhergehenden Charakteristika zu, jedoch gibt es einige Spezifika. Parlamentarische Redetexte „(...) werden produziert im Spannungsfeld zwischen Bewahrung und Veränderung und sind wesentlich geprägt durch die Qualitäten der Parteilichkeit, der Abgrenzung/Oppositivität, und der Dialektik: Redner gehen in der Präsentation ihres Debattenbeitrags aus von ihrem ideologischen Weltbild, grenzen sich von konkurrierenden Standpunkten ab und reagieren auf die Prozessualität des diskursiven FÜR-UND-WIDER (Unterstreichung im Text)" (KALIVODA 1988, 87).

Bei einer Parlamentsrede ist der Schlagabtausch, die Replik, die Debatte ein entscheidender Faktor: Immer wieder wird auf vorhergehende Redner Bezug genommen, deren Argumentation streitig gemacht und die eigenen Schlussfolgerungen als die vernünftigeren präsentiert. Dieses Pro und Contra ist der Katalysator einer Parlamentssitzung und bestimmt die Dynamik des Gesprächverlaufs. Kalivoda unterscheidet bei einer Abgeordnetenrede drei inhaltliche Dimensionen: Die Sachdarstellung soll die Kompetenz des Redners und seine detaillierte Kenntnis der Problematik aufzeigen, aus der er dann relevante Lösungsvorschläge ableitet. Die Selbstdarstellung hat den Zweck, die eigene Position als die bessere und für das Gemeinwohl nützlichere darzustellen, während die Gegendarstellung die Unfähigkeit und

Inkompetenz der parlamentarischen Opponenten sichtbar machen soll (vgl. ebd., 87ff.). Eine Parlamentsdebatte kann durch dieses diskursive Hin und Her vieles zur Sprache bringen, was sonst vielleicht nicht zum Vorschein gekommen wäre.

2.1.3 Das Interview

Das Interview bietet neben der (Abgeordneten-)Rede die für eine Diskursanalyse notwendige Möglichkeit, die Politiker im „O-Ton" zu hören. Bei einem Interview ist die doppelte Rolle der Medien in der Politik zu berücksichtigen: Medien sind nicht nur wichtig für die Öffentlichkeit, um sich über Politik informieren zu können (Immer wieder wird betont, wie wichtig freie Medien für ein demokratisches, pluralistisches Gemeinwesen sind), sondern auch für die politischen Akteure selbst: Da der direkte Kontakt mit den BürgerInnen heutzutage sehr eingeschränkt ist, haben die Politiker durch die Medien eine Möglichkeit zur Selbstdarstellung und zur Darlegung ihrer politischen Ansichten. Zwischen Politikern und Journalisten besteht auch eine gegenseitige Abhängigkeit: Journalisten sind im Grunde auf Informationen von Politikern angewiesen – besonders wenn es sich um exklusive handelt –, während Politiker umgekehrt eine Präsentationsplattform benötigen[57] (vgl. WATZIN 1998, 34-42).

Auch das Interview entspricht dieser Absicht, die Medien als Mitteilungsforum zu benutzen: Das Interview ist nämlich in Wirklichkeit eine trialogische Kommunikationssituation, bei der der eigentliche Adressat der Leser (und potentielle Wähler) ist und der Dialog Teil der „Inszenierung" ist. Das Interview stellt Gedanken in ihrer Entwicklung dar und nicht schon als Endprodukt, darin liegt auch das Potential für die Analyse (vgl. ebd., 44f.). Ebenso wichtig ist aber der Interviewer: „Alles hängt davon ab, wie der fragende Journalist seine Aufgabe versteht. Zwischen dem reinen Stichwortgeber zur Selbstdarstellung des Politikers (...) und einem kritisch nachboh-

57 Damit sind nochmals der Zusammenhang und die Vernetzung zwischen der Ebene der Medien und jener der Politik in einem Gesamtdiskurs angesprochen, auch wenn dieser Aspekt nicht konkret untersucht wird.

renden die Antworten kommentierenden, Fragen stellenden, also einem die Themen selbst aufarbeitenden Gegenspieler (...) sind hier alle Übergänge möglich" (ebd., 44).

2.1.4 Der Textkorpus der Analyse

Interviews und Parlamentsdebatten, sowie die Reden des Bundespräsidenten bilden das Textmaterial der vorliegenden Untersuchung. Aus den etwa 30 Parlamentssitzungen, die in den relevanten Zeitraum (Februar-September 2000) fallen, wurden jene Sitzungsprotokolle ausgewählt, die hauptsächlich den Komplex „Sanktionen" zum Inhalt haben. Als unterstützende Kriterien wurden der Auslöser der Debatte und der Neuheitscharakter herangezogen: Da es bei Diskursen häufig zu Wiederholungen kommt, war die Auswahl der Debatten auch davon abhängig, ob die Diskussion in eine andere Richtung verlief oder ob neue Argumente oder Inhalte ausfindig gemacht werden konnten. Diesen Kriterien folgend fiel die Wahl auf die 8. (Misstrauensantrag der Grünen) und 9. Nationalratssitzung (Regierungserklärung) vom 8. und 9. Februar 2000, kurz nach Verhängung der bilateralen Maßnahmen durch die EU-14; die 19. Sitzung vom 26. April 2000 (Antrag der Regierungsparteien für eine gemeinsame Vorgehensweise aller Parlamentsparteien gegen die Sanktionen); die 22. Sitzung vom 10. Mai 2000 (Budgetdebatte zum Kapitel Äußeres), nachdem die Regierung zuvor einen Aktionsplan zur Aufhebung der Sanktionen beschlossen hatte, und die 36. Sitzung vom 20. September 2000 (Weisenbericht).

Die Interviews wurden aus den Tageszeitungen „Die Presse" und „Der Standard" und den Wochenmagazinen „profil", „Format" und „News" ausgewählt. Die untersuchungsrelevanten Reden des Bundespräsidenten fallen mit zwei Ausnahmen (Rede zum Nationalfeiertag, Rede zum Verfassungstag) ebenfalls in den Zeitraum zwischen Februar und September 2000.

2.2 Die Akteure der Analyse

2.2.1 Die Parteien

Die zu untersuchende Diskursebene ist jene der Parteien und des Bundespräsidenten. Auch die Akteure unterscheiden sich ihren Verhaltensmustern, ihrem politischen Stil und ihrer Sprache, welche ebenfalls kontextgebunden ist. So ist es etwa von Bedeutung, ob eine Partei in Regierungsverantwortung ist, wie lange und in welcher Funktion oder ob sie in Opposition ist. Ebenso wichtig sind auch die ideologische Entwicklung einer Partei und die „issues", die sie kennzeichnen und die sie prägt.

Ohne jetzt ins Detail gehen zu wollen[58], sollen trotzdem einige Hinweise gegeben werden: Die SPÖ, die in der Zweiten Republik mit Ausnahme der Alleinregierung der ÖVP (1966-70) in der Regierung vertreten war und 30 Jahre lang (1970-2000) den Bundeskanzler stellte; die ÖVP, die dagegen seit dem Verlust des Kanzlerpostens und der Regierungstätigkeit (1970) erst wieder 1986 in die Regierung kam, allerdings nur als Zweite und immer mit internen Querelen und Obmanndebatten konfrontiert war; die Grünen, die aus unterschiedlichen sozialen Bewegungen entstanden und 1986 zum ersten Mal in den Nationalrat gewählt wurden, und neue Agenden auf die politische Tageordnung setzten (Ökologie, Demokratisierung von unten,...) Und die FPÖ, die unter Jörg Haider von einer 5% Partei zur zweitstärksten Partei wurde.[59]

2.2.2 Der Bundespräsident

Nicht nur Personen(-gruppen) entwickeln und ändern ein bestimmtes Profil, auch Institutionen wie der Bundespräsident, der Verfassungsgerichtshof oder die Sozialpartnerschaft erfahren im Laufe der Geschichte ihre Ausprägung. Beim Bundespräsidenten handelt es sich um einen besonders interessanten Fall, da bei dieser

58 Dazu gibt es genügend Literatur, vgl. etwa die Beiträge in DACHS (u. a.) (Hrsg.) 1997

59 Da die FPÖ ein eigenes „Thema" der Analyse ist, wird im entsprechenden Kapitel näher auf sie eingegangen werden.

Institution die verfassungsrechtlich mächtige Stellung im politischen System mit dem Rollenbild eines zurückhaltenden und integrativen Präsidenten, das die Amtsinhaber der Zweiten Republik geprägt haben, auseinander klafft. Dazu konstatiert Welan: „Aus dem Bundespräsidenten wurde weniger, als man aufgrund des Verfassungswortlautes annehmen könnte und seinerzeit erwartet hätte" (WELAN 1992, 17).

Dabei spricht Welan auf die heftigen Debatten in der Ersten Republik um die Stellung des Bundespräsidenten an. Trotz der Aufwertung des Bundespräsidenten durch die Verfassungsnovelle von 1929 auf Drängen der Christlich-Sozialen hin, konnten die Amtsträger die erweiterten Kompetenzen nicht (sinnvoll) nutzen.[60] „Sie haben mehr die Schranken als die Anregungen wahrgenommen, die in ihrem großen Amt liegen. Ihre Stellung wurde eine Art Wartestellung und Reserveposition" (ebd., 53).

Aber gerade in Krisenzeiten kann der Bundespräsident dann aus der Reserveposition heraustreten, und „als ruhender Pol in der politischen Erscheinungen Flucht, mit der Volkswahl ‚demokratischer' legitimiert las jeder andere, kann er die Rolle einer unabhängigen und überparteilichen Autorität gut spielen" (ebd., 85). Alle Bundespräsidenten fühlten sich als Integrationsfiguren und Konsenserhalter bzw. -hersteller; das Gemeinwohl an erster Stelle gemahnend; auffällig auch die Präferenz für die Große Koalition. Ebenso der Österreich-Patriotismus und die Betonung der spezifischen österreichischen Errungenschaften (Kompromiss- und Konkordanzdemokratie, Sozialpartnerschaft) sind allen bisherigen Amtsinhabern eigen, sowie auch die Verurteilung physischer und verbaler Gewalt (vgl. ebd., 77f.).[61]

---

60 Eine der wichtigsten Kompetenzen ist die Erteilung des Regierungsauftrages. Es wurde aber schon darauf hingewiesen, dass auch dabei gewisse Konventionen eingehalten werden. Gewisse Einflussversuche auf die Regierungsbildung hat es gegeben, zuletzt bei Klestil (Ablehnung von zwei FPÖ-Ministern). Die Auflösung des Nationalrates als weitere wichtige Kompetenz hingegen wurde nur einmal, 1930, angewandt und geriet zum Desaster. Der neugewählte Nationalrat brachte nicht die gewünschte Mehrheit für den Christlich-Sozialen Kanzler (vgl. MÜLLER 1997a, 138ff.).

61 „Alles, was ich tue, ist von der Absicht getragen, das Beste für Österreich erreichen zu wollen. Niemand kann daher so glaubhaft wie ich sagen, dass es ihm ausschließlich um das Wohl des Landes geht" (News, 03. 02. 2000, 18).

„Der Bundespräsident kann der erste Meinungsbildner sein. Das Reden und Schreiben steht nicht in der Verfassung. Aber darin kann *die* wichtigste Wirkungschance des Amtes liegen. Als vierte Gewalt kann der neutrale „einzelne“ im Regierungssystem uneigennützig und unvoreingenommen Rat und Hilfe geben, mahnen und warnen, ermutigen und ermuntern“ (ebd., 87).

Thomas Klestil war mit dem Wahlslogan „Macht braucht Kontrolle“ und der Ankündigung, seine verfassungsrechtlichen Kompetenzen in vollem Umfang auszuschöpfen, angetreten: Er wollte mehr Einfluss auf die Regierungsarbeit nehmen und dem ungehaltenem Parteienproporz als Kontrolleur gegenüberstehen. Vor allem aber wollte der erfahrene Diplomat in der Außenpolitik mehr mitmischen. Ein Verfassungsgutachten bescheinigte ihm, dass der Abschluss von Staatsverträgen seine Zustimmung erfordere, und somit der Bundespräsident auch den Inhalt der Verträge mitbestimmen würde.[62]

Den Streit um die Unterzeichnung des EU-Beitrittvertrages und die Auseinandersetzung zwischen Bundespräsidenten und Bundeskanzler bzw. Außenminister, wer Österreich im Europäischen Rat vertreten soll, konnte Klestil letztendlich nicht gewinnen. Allerdings engagiert sich Klestil weiterhin in der Außenpolitik, vor allem, was die Beziehungen zu den östlichen Kandidatenländern der EU und Nachbarstaaten Österreichs betrifft. Auch in der Innenpolitik nutzt er seine Möglichkeiten der Einflussnahme, wie sich bei der letzten Regierungsbildung gezeigt hatte. Christian Dickinger stellt aber trotzdem einen Rückzug Klestils fest, vor allem nach dessen schwerer Krankheit. „Überhaupt hatte er seit seiner Wiederwahl auf Stellungnahmen beinahe völlig verzichtet (...) Er schwieg selbst bei Ereignissen, angesichts derer ein klärendes Statement des Staatsoberhauptes jedenfalls nicht fehl am Platz gewesen wäre (...)“ (DICKINGER 2000, 215).

62 Artikel 65 B-VG: „Der Bundespräsident vertritt die Republik nach außen (. . .) und schließt die Staatsverträge ab.“

2.3 Linguistische Analysedimensionen

2.3.1 Inhalte

Bei einer Diskursanalyse stehen die Inhalte der zu untersuchenden Diskursfragmente im Vordergrund. Daraus ergibt sich auch die wissenschaftliche Forderung, verstehende Verfahren für das semantische Material anzuwenden. Besonders soll dabei auf drei sprachliche Phänomenbereiche geachtet werden:

a) Etikettierung: Damit ist gemeint, welche Ausdrücke für bestimmte Phänomenbereiche verwendet werden oder: „Die benennende Zuordnung von klassifikatorischen Begriffsmerkmalen zu Objekten öffentlichen Redehandelns" (VOLMERT 1989, 41).

b) Attribuierung: Die etikettierten Objekte werden durch bestimmte Attribute (Eigenschaften) ergänzt.[63]

c) Deiktische Ausdrücke: Diese sprachlichen Elemente spielen eine wesentliche Rolle bei der Konstruktion des Wahrnehmungsraumes in einer öffentlichen Rede. Besonders interessant sind die Personaldeixis („Wir", „Sie", „Die da"...) zur Definition von Gruppen und die Temporaldeixis (heute, damals, seit,...), um eine Zeitreferenz herzustellen (vgl. ebd. 41f.).

2.3.2 Strategien

Politisches Handeln bzw. Sprechen erfolgt strategisch. Schließlich verfolgen politische Akteure dadurch ein bestimmtes Ziel. „Strategien stehen zu den Intentionen einer Redehandlung in einer Zweck-Mittel-Relation; durch Strategien soll auf möglichst effektive Weise das umgesetzt werden, was als Zielorientierung die gesamte Redehandlung initiiert, steuert und in ihren Wirkungen kontrolliert" (VOLMERT 1989, 38).

---

63 Vgl. Kapitel II 1.2.3.1 Zeichentheoretische Aspekte des „Begriffe Besetzens"

Wesentliche Strategien, die in der Analyse immer wieder vorkommen, sind (vgl. WODAK 1998, 79ff.):

a) Rechtfertigungs- und Relativierungsstrategien: Das eigene Handeln soll begründet, die Verantwortung für bestimmte Ereignisse relativiert werden.

b) Konstruktionsstrategien: Diese dienen dazu, eine Gemeinschaft durch die Betonung gemeinsamer Ziele und Interessen zu schaffen.

c) Bewahrungsstrategien sollen das Bestehende, die Gemeinschaft, die Errungenschaften erhalten und schützen.

d) Destruktionsstrategien laufen u. a. darauf hinaus, den politischen Gegner abzuwerten oder eine zuvor konstruierte Gemeinschaft durch Betonung von internen Differenzen zu demontieren.

Im Sinne von Wodak handelt es sich bei diesen Strategien um sogenannte argumentative Strategien (vgl. WODAK 2001, 83f.).

2.3.3 Argumente

Im Eingangskapitel wurde u. a. festgehalten, dass die Sprache als ein legitimes Mittel zur Interessensdurchsetzung in der Politik definiert werden kann. Die Auseinandersetzung zwischen politischen Akteuren findet auf sprachlicher Ebene statt. Dabei kann es zum Schlagabtausch kommen: „Diese Kampfmetaphorik wird fast immer verwendet, wenn es um Bezüge zwischen den oppositiven Argumentationen geht: die Angreifer und Verteidiger gehören zu den verschiedenen Lagern, die Stellung beziehen und sich gegenseitig attackieren (...) Argumentationen können gewonnen oder verloren werden (...)“ (HERBIG 1992, 48).

Was bedeutet eigentlich Argumentieren? Herbig liefert dafür eine brauchbare und nicht weiter erklärungsbedürftige Definition: „Unter Argumentieren ist ein komplexer Handlungstyp zu verstehen, mit dessen Hilfe ein Sprecher aufgrund seiner Situationseinschätzung dem für einen oder mehrere Adressaten erkennbaren Versuch unternimmt, diese(n) mit Hilfe einer oder mehrer unterstützender Äußerungen zu bewegen, (...) strittige Geltungsansprüche der Wahrheit“ (begründen, warum man etwas für wahr oder falsch hält, K. P.) „oder der Richtigkeit von Äußerungen“ (rechtfertigen, warum man ein bestimmtes Handeln für richtig hält, K. P.) „zu akzeptieren“ (ebd., 62). Argumente dienen also dazu, den Wahrheitsanspruch einer Äußerung oder Richtigkeitsanspruch einer Handlung zu stützen.

Yvonne Petter nennt zwei mögliche Angriffsflächen, um die gegnerische Argumentation zu hinterfragen: interne Angriffe richten sich auf die Schlüssigkeit der Argumentation. Weit häufiger kommt es aber zu externen Angriffen; dabei wird die Geltung bzw. Relevanz eines Arguments in Frage gestellt (vgl. PETTER 1988, 107), oder laut Definition von oben: entweder wird der Wahrheitsanspruch einer Äußerung bestritten, oder der Richtigkeitsanspruch einer Handlung wird streitig gemacht (vgl. HERBIG 1992, 58ff.).

IV. Diskursanalyse

„Die (wissenschaftliche) Bewertung der FPÖ war stets von der heiß umstrittenen Suche nach ihrer ‚wahren' Ideologie beherrscht (...)"

LUTHER 1997, 297

1. Die FPÖ als diskursives Thema

1.1 Die FPÖ im politischen System

In der Politikwissenschaft hat die Literatur um die „Natur der FPÖ" seit der Obmannschaft Jörg Haiders stark zugenommen. Ausschlaggebend dafür ist sicherlich, dass die FPÖ als kleine Oppositionspartei ungebremst von einer zur nächsten Nationalratswahl dazu gewann – abgesehen von dem kleinen Dämpfer 1995 (-0.6%) – und 1999 schließlich stimmenmäßig die ÖVP überholte. Diese drastische Erosion des Zweiparteiensystems durch die Stimmengewinne der FPÖ – auch die Grünen und das LIF haben natürlich zur Pluralisierung des Parteiensystems beigetragen – bedarf einer Erklärung nach dem „Phänomen FPÖ".

In der Literatur gibt es grundsätzlich zwei Thesen, die der Erfolgsgeschichte der FPÖ und der Person Haiders nachforschen und die sich nicht grundsätzlich widersprechen: Die „Wählerprotestthese" sieht im Frust der WählerInnen gegenüber der Vorherrschaft von SPÖ und ÖVP mit all den Implikationen (Proporz, Sozialpartnerschaft, „Privilegien",...) und den veränderten sozialen Bedingungen (die Budgetsanierung erfordert auch die Kürzung von Sozialleistungen) den Hauptgrund für den Wahlerfolg der FPÖ (u. a. Luther, Ulram, Plasser). Den WählerInnen ginge es darum der Regierung einen „Denkzettel" zu verpassen.

AutorInnen wie Brigitte Bailer-Galanda, Wolfgang Neugebauer oder Hans-Henning Scharsach fokussieren in ihrer Charakterisierung der FPÖ auf deren ideologische Ausrichtung. Sie stellen bei der FPÖ (oder ihren Exponenten) rechtsextremes Gedankengut fest und verweisen dabei auf die NS-verharmlosenden oder ausländerfeindlichen Äußerungen von Parteifunktionären, für die es in der Bevölkerung eine bestimmte Empfänglichkeit gebe. Beide Richtungen treffen sich sogar in der Beschreibung der FPÖ als „populistische" Partei. Diese Übereinstimmung ist deshalb möglich, weil der Begriff „Populismus" mehr die Form politischen Agierens als eine bestimmte inhaltlich-ideologische Ausrichtung meint.[64]

Was kennzeichnet den Populismus? Damit ist die Einteilung der Welt in Schwarz und Weiß gemeint, die Schaffung einer flexibel austauschbaren und ergänzungsmöglichen „Wir-Gruppe", die von „den anderen" (bis zur Existenz) bedroht wird; Feindbilder werden im populistischen Diskurs je nach Belieben geschaffen oder auch wieder zu „Partnern" erklärt. Ein weiteres Merkmal ist der populistische „Führer", der sich als „Robin Hood" gebärdend gegen die „verlogenen" Mächtigen wendet und sich für die „betrogenen kleinen Leute" einsetzt. Stimmungsmache und Gefühlssprache gehören zum Repertoire eines Populisten. Die wissenschaftliche Kategorie des Populismus bietet für die Anhänger beider Thesen eine Erklärung für den immensen Wahlerfolg der FPÖ.

Trotzdem fallen die Konklusionen der PolitologInnen sehr unterschiedlich aus: AutorInnen wie Brigitte Bailer-Galanda befürchten durch die Mobilisierung von ProtestwählerInnen, „(...) dass diese neuen Protest- und Haider-orientierten FPÖ-Schichten durch entsprechende Beeinflussung in das ‚national-freiheitliche' Gedankengut (im schlechten Sinn des Begriffs) eingebunden werden" (BAILER/NEUGEBAUER/SCHIEDEL 2000, 120). Sie meinen daher weiters, „(...) dass die vielfach zur Interpretation der haiderschen Politik verwendeten Kategorien Rechtspopulismus und Stimmenmaximierung nicht ausreichen; denn Haider hat einen klar erkennbaren politischen Standort. (...) So kann die heute von Haider repräsentierte Hauptströmung der FPÖ im Lichte unzähliger einschlägiger Äußerungen Haiders unseres Erachtens nur als rechtsextrem qualifiziert werden" (ebd., 123).

Hingegen kommen die Wahlforscher Fritz Plasser und Peter Ulram zu einem anderen Schluss: „Die FPÖ hat in ihrer letzten Dekade mehrfach ihre politisch-strategische Ausrichtung gewechselt und die Zusammensetzung ihrer Wählerschaft

64 vgl. PELINKA, Anton (1987): Populismus in Österreich

(…) geändert. Auch dies spricht gegen die Klassifizierung der FPÖ als ‚rechtsradikale‘ Partei. Ein zentrales Charakteristika der FPÖ ist ihre weitgehende ‚Ideologielosigkeit', das heißt der rasche Positionswechsel in politischen Fragen" (PLASSER/ULRAM 2000, 142).

1.2 Der Diskurs über die FPÖ

Die FPÖ als Diskursstrang, als Thema hat, wie gesehen, eine lange Vorgeschichte. Durch die Regierungsbeteiligung der FPÖ und die Verhängung der bilateralen Maßnahmen der EU-14 kam es wieder zu einer Zuspitzung der Debatte. Schließlich hängt von der Bewertung der FPÖ viel ab; die Positionen der Akteure lassen sich auf folgende Thesen zusammenfassen[65]:

1. Die FPÖ versucht sich als demokratisch, im Sinne von demokratisch legitimiert, darzustellen. Die Kritik an ihr wird ignoriert, für unwichtig erklärt – weil letztlich nur den WählerInnen verantwortlich – oder als Verfolgung durch die Opposition ausgelegt. Die FPÖ muss versuchen, sich als normale Partei zu präsentieren, die dennoch anders ist als die Traditionsparteien ÖVP und SPÖ. Die FPÖ war, ist und bleibt demokratisch.
2. Auch die ÖVP wird versuchen, die Kritik an ihrem Regierungspartner herunterzuspielen, um die Regierungsbeteiligung zu legitimieren. Das Ziel muss es sein, die FPÖ als den demokratischen Prinzipien verpflichtete Partei zu präsentieren. Die Zukunft ist wichtig: Die FPÖ hat sich geändert.
3. Grüne und SPÖ werden die FPÖ als weiterhin regierungsunfähig beschreiben. Man erinnert die Regierungsparteien daran, wie die FPÖ bisher im Parlament und außerhalb agierte und wird darin gravierende Gründe erkennen, warum die FPÖ nicht in der Regierung sitzen sollte. Die Vergangenheit ist wichtig: Die FPÖ ist wie sie war.

65 An dieser Stelle werden – auch bei den anderen Themen (Sanktionen, Österreich und EU) – die Ergebnisse der Diskursanalyse auf eine zentrale Aussage zusammengefasst.

1.2.1 Die Grünen

Die FPÖ wird in den Reden der Grünen immer wieder als Partei mit rassistischen und NS-verharmlosenden Tendenzen bezeichnet. Die FPÖ ist

> „(...) eine Partei, die von allen internationalen Medien als ‚far right party', als ‚weit außen rechts', als ‚rechtsextrem', als ‚rechts außen' oder mit einer ähnlichen Diktion dieser Art bezeichnet wird" (Van der Bellen, 8. NRSP, 33).[66]

Der Parteichef der Grünen verwendet hier ein Argument, das wir noch öfters antreffen werden: Er beruft sich zur Stützung seiner Aussage auf „alle internationalen Medien". Er legitimiert seine Kritik durch eine Autorität. Das Problem des Autoritätstopos ist, dass der politische Gegner dieselbe oder andere Autoritäten zitieren kann, um eine gegensätzliche Meinung argumentativ zu stützen. Terezjia Stoisits beispielsweise zitiert in der 22. Nationalratssitzung ein Dokument des Europarates, in welchem die FPÖ noch vor der Regierungsbildung als „rechtsextrem" und als „rassistisch" bezeichnet wird (Stoisits, 22. NRSP, 43).

Eine weitere Strategie, um die Kritik an der FPÖ zu unterstreichen, ist, die Aussagen des politischen Gegners heranzuziehen, um die eigene Meinung zu stützen. Dies hat den Vorteil, dass man mit der Kritik nicht alleine dasteht und auf die Widersprüchlichkeit der Politik des politischen Gegners aufmerksam macht. In diesem Fall werden frühere Aussagen von ÖVP-Exponenten zitiert, um zu zeigen, wie diese noch bis vor kurzem zur FPÖ stand:

> „(...) Niemand anderer als unser Kollege Khol (hat) uns hier – auch von diesem Rednerpult aus – vor nicht allzu langer Zeit immer wieder darüber belehrt (...), dass die FPÖ ‚außerhalb des Verfassungsbogens' stünde" (Van der Bellen, 8. NRSP, 34).

Das „unser Kollege Khol" ist ebenfalls ein lexikalischer Hinweis auf die Vereinnahmung. Oder Peter Pilz, der in der 19. Sitzung Schüssel zitiert:

---

66 Zur Zitierweise: Name des/der Redner(in); Stenographisches Protokoll der jeweiligen Nationalratssitzung; Seitenzahl im Sitzungsprotokoll.

„Eine Zusammenarbeit mit Haider ist unmöglich, weil für mich Lebensfragen Vorrang haben vor Parteiinteressen. Eine FPÖ, die die EU ablehnt, die Integration torpediert, den Euro mit Schauergeschichten bekämpft und in der Ausländerfrage mit den Gefühlen der Menschen spielt, lehne ich ab" (Pilz, 19. NRSP, 117).

Das Zitieren früherer Aussagen des politischen Gegners ist besonders wirksam, weil die Gegenseite in einen Erklärungsnotstand gerät: Wann hat man die Meinung geändert und warum? Aussagen, die einmal gemacht wurden, können immer wieder zitiert werden, weil sie im diskursiven Raum bestehen bleiben, auch wenn man später vielleicht seine Meinung ändert. Daher erwähnen die Grünen auch immer wieder Beispiele, die ihre Sichtweise der FPÖ bestätigen sollen. „Man erwähnt eine bestimmte Tatsache, um eine allgemeine These zu beweisen oder um eine allgemeine Feststellung zu illustrieren. Beispiele wirken eindringlicher als die allgemeine Formulierung des Sachverhalts" (SCHLÜTER 1974, 45). So z. B. Van der Bellen in der 8. Nationalratssitzung, indem er

„die ordentliche Beschäftigungspolitik, die SS-Veteranen als Vorbild für die österreichische Jugend, weil von so anständigem Charakter, oder die Gleichstellung von Churchill, Hitler und Stalin" (Van der Bellen, 8. NRSP, 34).

erwähnt.

Dabei reichen diese Stichworte aus, damit die Zuhörer wissen, auf was angespielt werden soll.

„Die rassistischen Äußerungen, die von der FPÖ immer wieder gekommen sind – die Parolen im letzten Wahlkampf in Wien, die NS-Verharmlosung; ich brauche das nicht alles wieder aufzuzählen – kennt man schon zur Genüge" (Lunacek, 19. NRSP, 127).

Dieser Nachsatz besagt eben genau das: Stichworte genügen, um die jeweiligen Assoziationen hervorzurufen. Allerdings enthält der Satz noch eine weitere wichtige Botschaft: die FPÖ macht „immer wieder" solche Aussagen; diese Zeitreferenz soll die Kontinuität in der Ideologie der FPÖ aufzeigen; dass die FPÖ sich nicht geändert hat, noch ändern wird, davon sind die Grünen überzeugt. Ulrike Lunacek unterstreicht diese Kontinuitätsthese ein wenig später in derselben Rede, um die Ablehnung ihrer Partei gegenüber einem nationalen Schulterschluss zu begründen:

> „Wenn wir dem jetzt zustimmten und es dann heute Abend oder morgen von Noch-Parteichef Haider wieder Stimmung oder irgendeinen Satz gegen die EU gäbe, dann würden nicht nur Sie sich lächerlich machen, sondern auch wir uns" (ebd., 128). Auch Van der Bellen ist überzeugt, „(...) dass Haider Ihnen diesen Gefallen früher oder später gerne machen wird." (Van der Bellen, 8. NRSP, 34)[67]

In der Rede Lunaceks kommt auch zum Ausdruck, wen die Grünen für die wichtigste Persönlichkeit in der FPÖ sehen: Haider wird als „Überkanzler" und „Oberkanzler" bezeichnet (ebd., 35):

> „Über diesem Kabinett liegt der Schatten Jörg Haiders. Man könnte sogar soweit gehen, zu sagen: Das ist das Schattenkabinett Jörg Haiders!" (Van der Bellen, 9. NRSP, 32)

Van der Bellen benutzt hier die Technik des Wortspiels, das zu jenen linguistischen Elementen gehört, die sich der Ironie bedienen. Durch die Umdeutung des Wortes „Schattenkabinetts"[68] in dem von ihm gewollten Sinn, kann er durch die Komik, die dabei entsteht, die Aufmerksamkeit auf sich ziehen und gleichzeitig Kritik anbringen. Obwohl Haider als Parteichef der FPÖ zurückgetreten ist, gibt es für die Grünen keinen Zweifel, „(...) wer in der FPÖ den Ton angibt" (Petrovic, 25. NRSP, 114). Haider ist der „Ex- und heimliche Parteiobmann" (Lichtenberger, 22. NRSP, 153), zwar „(...) nicht mehr auf dem Papier, aber praktisch." (Stoisits, 22. NRSP, 43)

Ein weiterer wichtiger Argumentationsstil ist der Vergleich: „Der Vergleich ist (...) ein wichtiges Mittel der Problemverlagerung und unmerklichen Wertung. (...) Vergleiche wirken qualifizierend, weil sie den Sachverhalt in Zusammenhänge stellen,

---

67 Van der Bellen antwortet dabei auf die selbstgestellte Frage, ob es neue Beleidigungen oder Attacken von Haider gebe.

68 Ein Schattenkabinett ist eine von der Opposition aufgestellte Personengruppe, die die bestehende Regierung ersetzen soll,

die ihn in anderem Licht erscheinen lassen" (SCHLÜTER 1974, 46/53). Ulrike Lunacek zitiert eine Aussage des US-Kongressabgeordneten Tom Lantos, wonach

> „(...) der Nationalsozialismus nicht in den KZs begonnen hat, sondern mit Worten des Hasses und dass diese Worte des Hasses und der Intoleranz es auch sind, die heute gefährlich sind." (Lunacek, 22. NRSP, 132)

Nachdem die Sprache der FPÖ zuvor als „rassistisch" etc. bezeichnet wurde, bezieht sich dieser Vergleich eindeutig auf die Sprache der FPÖ, „die auch heute gefährlich" ist. Dieser Vergleich der Sprache der FPÖ mit jener der Nationalsozialisten – durch die Zeitbrücke „damals wie heute" – ist ein schwerwiegendes Argument. Allerdings verwehrt sich der Vergleich einer Verkürzung auf die Formel „FPÖ = Nazis", weil es um einen Vergleich der Sprache und nicht der Taten geht.[69] Terezjia Stoisits bezeichnet die FPÖ als „‚Nazi'-Buchstabierer" (Stoisits, 9. NRSP, 140). Auch bei der Begründung des Misstrauensantrags gegen Justizminister Böhmdorfer[70] stellt sie einen Vergleich zur NS-Apologetik bzw. Ideologie her:

> „Unserer Ansicht nach (...) kann ein solcher Vorschlag wirklich nichts anderem als totalitären Denken und autoritären Strukturen entsprungen sein (...)" (Stoisits, 25. NRSP, 111)

und zitiert dann das Gesetz betreffend Volksverrat im Dritten Reich. Durch das In-Bezug-Setzen der FPÖ Politik mit der NS-Zeit soll die Gefährlichkeit der FPÖ-Sprache verdeutlicht werden, vor allem durch das historische Wissen, welche furchtbaren Konsequenzen die NS-Programmatik letztendlich hatte.

Durch den Weisenbericht fühlen sich die Grünen in ihrer Haltung gegenüber der FPÖ bestätigt. Ausführlich werden die kritischen Passagen in Bezug auf den Wiener Wahlkampf, den Justizminister etc. zitiert.[71] Die drei Weisen sind dabei eine

---

69 Die Parallelen zwischen der Sprache der FPÖ und der NSDAP werden auch von Bailer-Galanda u. a. 2000 aufgezeigt.

70 Der Misstrauensantrag wurde nach der umstrittenen Pressekonferenz von Jörg Haider, bei der der Justizminister zugegen war, eingebracht, vgl. S. 62f.

71 „Die FPÖ wurde als ‚rechtspopulistische Partei mit extremistischer Ausdrucksweise qualifiziert. Diese Beschreibung ist nach unserer Einschätzung auch nach dem Eintritt der Partei in die

besondere „Autorität“, weil diese von allen Parteien als „Experten“ anerkannt wurden. Ihnen kann also die Autorität nicht mehr so einfach abgesprochen werden.

1.2.2 Die SPÖ

Auch bei der SPÖ finden wir ähnliche Argumentationsmuster, wie bei den Grünen: das Autoritätstopos, die beispielhafte Argumentationsweise, den Vergleich, sowie die Kontinuitätsstrategie. Ziel ist es, die FPÖ als regierungsunfähig darzustellen. Dabei wird eine Deduktionskette impliziert: Wenn die FPÖ eine rechtsextreme Partei ist, dann ist sie nicht regierungsfähig. „Deduktionistische Argumente sind keine analytischen Argumente, sondern solche die Analyzität vorgeben. (...) Deduktionistische Argumente legen die Geltung logischer Axiome (. .) dort zugrunde, wo sie eigentlich nicht ohne weiteres Geltung beanspruchen dürften“ (PETTER 1988, 115f.). Und Schlüter ergänzt: „Bei einem sauber konstruierten Syllogismus ist die Schlussfolgerung immer zwingend, auch wenn die beiden Voraussetzungen Irrtümer, Vorurteile oder sogar Lügen enthalten“ (SCHLÜTER 1974, 49). Deduktionen scheinen zwar „objektiv“ zu sein – wohl auch deshalb, weil wir Deduktionen aus den Naturwissenschaften kennen – sind es im Grunde aber nicht.

In unserem Fall kann niemand die Relevanz des Arguments angreifen: Denn alle Parteien – sogar die FPÖ – würden darin übereinstimmen, dass eine rechtsextreme Partei nicht regieren dürfe. Die Auseinandersetzung bezieht sich also nur auf die Geltung des Arguments: Ist die FPÖ eine rechtsextreme Partei? Die SPÖ versucht dies durch unterschiedliche Argumentationsstrategien zu „beweisen“: Äußerungen des politischen Gegners – der ÖVP – werden angeführt:

Bundesregierung weiter zutreffend. Dies muss Anlass zur Besorgnis geben (Punkt 92). Hohe Parteifunktionäre der FPÖ haben über lange Zeit hinweg Stellungnahmen abgegeben, die als fremdenfeindlich oder sogar als rassistisch verstanden werden können (Punkt 88). Wir sind der Auffassung, dass eine solche Position eines Ministers“ (die Rede ist von Justizminister Böhmdorfer, K. P.) „in der Bundesregierung nicht mit den Verpflichtungen eines Staatsorgans vereinbar ist, wie sie sich aus der Verfassungsstruktur der Europäischen Union ergeben, die in Artikel 6 des Unionsvertrages bestätigt wird (Punkt 95)“ (Bericht von Martti Ahtisaari, Jochen Frowein, Marcelino Oreja 2000).

„Haider ist einer, der die Brandfackel der nationalen Stereotype – ich will nicht sagen des Hasses – ganz bewusst verwendet – Schüssel über Haider" (Edlinger, 9. NRSP, 77).

„Autoritäten" werden herangezogen:

„Über die Freiheitliche Partei sagen nicht Sozialdemokraten, sondern Konservative in Europa: Eine anständige christlich-demokratische und konservative Partei dürfe mit den rechten Schmuddelkindern um Haider nichts zu tun haben(...)" (Gusenbauer, 8. NRSP, 47).

Die FPÖ wird als Partei von „schmuddeligen Kindern", die im „rechten" Dreck wühlen dargestellt; alle Anständigen „dürfen" – ein moralischer Aufruf – mit ihr „nichts zu tun haben". Die ÖVP ist nach dieser Konstruktion der Gruppe der „Anständigen" unanständig.

„Können wir uns darüber freuen, dass die gesamte zivilisierte Welt protestiert, und andererseits Solidaritätskundgebungen in Rom stattfinden, organisiert von den italienischen Faschisten, in Frankreich stattfinden, organisiert von der rechtsradikalen Front le Pens" (ebd.)?

Gusenbauer zeichnet auch hier eine Welt in Schwarz und Weiß: Auf der einen Seite die Zivilisation, zu der wir – dieses „Wir" meint ganz Österreich – dazugehören wollen, auf der anderen Seite die Gruppe der Rechtsaußenparteien, die nicht dazugehören und zu der auch die FPÖ gehört. Rhetorisch verwendet er die Figur der Anheimstellung; dabei überlässt man scheinbar die letzte Entscheidung dem Publikum („Können wir uns darüber freuen..."), obwohl die Antwort auf der Hand liegt („Nein, können wir nicht!") (vgl. SCHLÜTER 1974, 43). Zudem enthält die Aussage Gusenbauers einen impliziten Vergleich, weil er die FPÖ auf eine Stufe mit der Alleanza Nazionale in Italien und dem Front National in Frankreich stellt.

Einen expliziten und sehr emotionalen Vergleich macht Elisabeth Pittermann:

„Über APA-Meldungen verbreitete Äußerungen Israels zeigen uns, welches Entsetzen, welche Erinnerung diese Regierung hervorruft. Rassismus, Xenophobie und Antisemitismus führten zu den größten politischen Verbrechen, zum größten Leid, das je über Menschen gebracht wurde. (...)Das Wecken derartiger Emotionen zur Stimmenmaximierung und zum Salonfähig-Machen von Rassismus (ist) eine tödliche Bedrohung, daher kann niemand diese FPÖ salonfähig machen. (...) Sosehr ich bedauere, dass Österreich international geächtet wird (...) sosehr beruhigt es mich als eine von jenen, deren Familie durch die Shoah bitteres Leid widerfuhr, dass diesmal die Welt früher reagiert. (...) Was einmal war, ist immer möglich. (...) Vergessen wir nicht, dass der kleinwüchsige Mörder Dollfuß, dessen Bild heute noch Ihr Sitzungszimmer (der ÖVP, K. P.) als Vorbild ziert, Österreich mit der Errichtung eines totalitären Regimes in Bürgerkrieg und Brudermord getrieben und so den begeisterten Empfang für Hitler vorbereitet hat" (Pittermann, 8. NRSP, 65f.).

Dieses ausführliche Zitat ist notwendig, weil die Parallelität zwischen den Jahren 1933 bzw. 1938 und dem Jahr 2000 nur hier in einer so eindeutigen Weise konstruiert werden. Rassismus führte zum Holocaust, und „was einmal war ist immer möglich", d. h. auch heute noch; „diesmal" – im Gegensatz zu damals – reagiert die Welt aber früher und wartet nicht bis vielleicht die Katastrophe kommt. In den 30iger Jahren war es der Christlich-konservative Dollfuß, heute ist es Schüssel, der den Weg bereitet. Dollfuß ist sogar noch „Vorbild" für die ÖVP. Die Abgeordnete Pittermann findet Parallelen zwischen damals und heute und versucht die Gefährlichkeit dieser Regierungsbildung aufzuzeigen. Dabei scheint es keine Unterschiede zu geben, alles aus den Jahren 1933-45 findet seine Entsprechung heute: eine direkte Verbindungslinie zwischen zwei Epochen wird gezogen. Pittermann verwendet einige Muster der Verteidigungsstrategie: das Vergleichstopos (die Nazi-Zeit als Abschreckung); das Katastrophentopos (Superlative wie „größte politische Verbrechen") und das Bedrohungstopos. Verteidigt werden sollen die Demokratie und Österreich, das anscheinend durch die FPÖ in Gefahr ist.

Auch Walter Posch stellt einen Vergleich zur NSDAP her, um ein Argument der Gegenseite zu entkräften:

„Die Frage, ob jemand ein Nazi oder nicht ein Nazi ist, blamiert sich auch nicht an der demokratischen Wählbarkeit – ich erinnere daran, dass Hitler demokratisch an die Macht gekommen ist, ohne Vergleiche anstellen zu wollen" (Posch, 8. NRSP, 68)

Dieser Nachsatz „ohne Vergleiche anstellen zu wollen" bezieht sich auf die inhaltliche Seite, d. h. Posch will damit die beiden Parteien (FPÖ, NSDAP) nicht gleichsetzen und unterscheidet sich dadurch von der vorigen Aussage Pittermanns, die dies zumindest offen lässt. Posch will hingegen auf eine andere Ähnlichkeit aufmerksam machen, nämlich dass auch die NSDAP demokratisch gewählt wurde. Dadurch entkräftet er ein Argument der Gegenseite: Niemand würde sagen, dass Hitler ein Demokrat war, nur weil er demokratisch gewählt wurde.[72]

Nicht alle SPÖ-Vertreter wollen die FPÖ eindeutig als „rechtsextrem" bezeichnen; dazu Schieder:

> „Auf die (...) Frage lasse ich mich gar nicht ein. Die Äußerungen, die gemacht worden sind, haben anscheinend den anderen Ländern genügt, um zu sagen, eine derartige Partei solle nicht in der Regierung eines Mitgliedsstaates sein. Ich glaube, da hat niemand gemessen, wann eine Partei rechtsextrem ist. Da genügen jetzt wahrscheinlich auch gar keine Entschuldigungen. Ich weiß nicht, ob alles entschuldbar ist, etwa der Satz über die ‚ordentliche Beschäftigungspolitik'" (Schieder, Die Presse, 21. 02. 2000).

Schieder vermeidet es zwar, die FPÖ insgesamt als rechtsextrem zu qualifizieren – und entgeht dadurch der Kritik der Regierungsparteien –, seine Aussage lässt aber dennoch Zweifel offen. Durch die einseitig gewichtigen Ausführungen über die FPÖ-Äußerungen kann er ein Naheverhältnis der FPÖ zum Rechtsextremismus konstruieren, ohne sich jedoch zu weit hinauszulehnen („Ich weiß nicht", „ich glaube", „wahrscheinlich", „den anderen hat es anscheinend genügt").

Kritik wird auch an der Haltung der ÖVP gegenüber der FPÖ geübt (etwa auch der Vergleich Schüssel-Dollfuß von Pittermann vorhin):

---

72 Deduktion vom Typ: Wer demokratisch gewählt wird, ist ein Demokrat. Posch zweifelt die Relevanz dieses Arguments an.

„Die FPÖ wird als ‚fremdenfeindlich' und ‚rassistisch' bezeichnet. Ich frage jetzt die Abgeordneten von der ÖVP (...), wie sie das bezeichnen würden, was zum Beispiel Frau Abgeordnete Partik-Pablé über Schwarzafrikaner oder eben Präsident Prinzhorn über Hormone für Ausländer gesagt haben, oder auch das, was im Wiener Wahlkampf passiert ist." (Jäger, 22. NRSP, 148)

Die Abgeordnete stellt natürlich keine wirkliche Frage; es ist eine Behauptung „verkleidet" als Frage – eine so genannte rhetorische Frage. Die Antwort liegt eigentlich schon auf der Hand, weil Argumentationsmaterial mit hineingepackt wird.

Für die SPÖ bleibt die FPÖ auch nach der Regierungsbeteiligung – bestätigt durch den Weisenbericht – eine „rechtpopulistische Partei mit extremistischer Ausdrucksweise" (Cap, 36. NRSP, 70). Kritisiert wird die „Rosinen-Theorie", nach der die Regierung an den Bericht herangeht: Die kritischen Passagen zur FPÖ und zu Böhmdorfer werden ausgeblendet oder unrichtig wiedergegeben (vgl. Jarolim, 36. NRSP, 95ff.).

Ein interessanter Aspekt im FPÖ-Diskurs der SPÖ, der abseits von der Bezeichnung „rechtsextrem" das „Phänomen" FPÖ beschreiben will, soll noch erwähnt werden:

„Rebellentum, vorgespielt als Surrogat für die politische Mentalität des Radfahrens, in Wahrheit nach oben buckeln und nach unten treten, ständig provozieren und beleidigen, um sich die ungeteilte Aufmerksamkeit der Beleidigten und der Öffentlichkeit zu sichern. Es ist das erfolgreiche Muster zum Großwerden, Bassenastreit als Politikersatz, der kleine David gegen den großen Goliath(...)" (Posch, 8. NRSP, 68).

Der Zugang zur FPÖ ist hier ersichtlicherweise ein anderer. Er entspricht mehr der „Populismusthese" und versucht die FPÖ vor allem auf ihre formale, rhetorische Seite hin zu beschreiben, statt sie inhaltlich auf das Etikett „rechtsextrem" festzunageln. Insgesamt gesehen spielt dieser Aspekt allerdings eine geringere Rolle in der politischen Auseinandersetzung: Er ist viel schwieriger zu formulieren und weniger polarisierend als die Debatte um die Äußerungen der FPÖ; bei diesen kann man einhaken und eine offensichtlich gegensätzliche, opponierende Haltung einnehmen. Außerdem kritisiert man sich gewissermaßen selbst, weil man Jörg Haider zu viel aufmerksam schenkt. Die Folgerung wäre, nicht über mehr die FPÖ zu sprechen. Sinnvolle Oppositionspolitik verlangt aber nach klaren Kontrasten und Grenzziehungen.

1.2.3 Die FPÖ

Der Diskurs der FPÖ über sich selber ist geprägt von Rechtfertigungs- und Relativierungsstrategien: Die Kritik der Opposition muss verharmlost oder relativiert werden, der Opposition wird das Recht auf Kritik abgesprochen und das Verhalten anderer wird gegen das eigene aufgerechnet. Die Strategie der Aufrechnung dient dazu, die Kritik der Opposition durch Kritik an der Opposition aufzuwiegen. Dadurch vermeiden die FPÖ-Abgeordneten, sich der Kritik zu stellen. Ganz nach dem Motto: Wer ohne Sünde ist, der werfe den ersten Stein:

> „(...) wenn Sie hier herausgehen und Aussagen von früher zitieren, die angeblich dazu dienen sollten, das Land zu destabilisieren, dann muss ich dem entgegenhalten, ich werde Ihnen jetzt ganz andere Dinge zitieren, weil Sie sagen, Sie haben mit den Demonstrationen nichts zu tun und diese seien alle friedlich." (Westenthaler, 8. NRSP, 51).

Westenthaler versucht zuerst die Kritik an der FPÖ („zitieren von früheren Aussagen") als Kritik an das Land gleichzusetzen, um Empörung bei der Bevölkerung zu wecken, mehr noch: Er unterstellt, dass die Kritik dazu diene, „das Land zu destabilisieren". Kritik erscheint dadurch in einem negativen Licht, sie ist sogar gefährlich. Und schließlich versucht er die Kritik der Opposition mit den Gewalttätigkeiten bei den Demonstrationen gleichzusetzen:

> „Wissen Sie denn nicht, dass solche Botschaften auf der Straße von gleichbereiten Demonstrationen in Steine umgemünzt werden" (ebd., 52)?

Auf die Kritik an der FPÖ wird erst gar nicht eingegangen; zitiert werden Aussagen der Opposition und diese wird noch verantwortlich gemacht, wenn es bei Demonstrationen zu Gewalttätigkeiten kommt. Die Kritik der Opposition bietet zu wenig „Kontermöglichkeiten", also verwendet Westenthaler kurzerhand die Gleichung:

„Opposition = gewalttätige Demonstranten"; die vielen friedlichen Demonstranten werden wieder ignoriert.[73]

Ein weiteres Beispiel für die Strategie der Aufrechnung bietet Herbert Haupt:

> „Wenn man die Äußerungen von Dr. Jörg Haider aus dem Jahre 1990 verurteilt, so frage ich mich, warum man die Äußerungen des Staatspräsidenten Chirac aus dem Jahre 1991 nicht gleichermaßen verurteilt." (Haupt, 8. NRSP, 66).

Der Redner sagt in beiden Fällen nicht, um welche Äußerungen es sich dabei handelt: Im Fall von Haider, um diese so weit wie möglich zu verschleiern, aber doch nicht zu verheimlichen – er streift sie nur[74]. Und auch wenn er die besagten Äußerungen von Chirac präzisieren würde, das Ziel der Aussage bleibt, die Äußerungen von Jörg Haider – durch das Voranstellen des akademischen Titels noch zusätzlich „immunisiert" – zu rechtfertigen. Schlussfolgernd sollen auch die persönlichen Angriffe auf Chirac[75] legitimiert werden:

> „Und vielleicht werden Sie dann auch zugeben, dass die eine oder andere – zugegebenermaßen überzogene und volkstümlich ausgefallene – Reaktion durch die persönliche Betroffenheit von jemandem denunziert zu werden, der selbst im Glashaus sitzt, verständlich ist (ebd., 67).

---

73 Eine ähnliche Argumentation bei Riess-Passer: Die Frage der Journalistin bezieht dabei auf den Vorwurf der FPÖ, die SPÖ und die Grünen würden im Parlament Fundamentalopposition betreiben. Die FPÖ-Chefin antwortet aber in Bezugnahme auf einen Teil der außerparlamentarischen Opposition, um diesen Vorwurf zu rechtfertigen: „Wenn wir über die politische Kultur, über die Sprache reden, dann bin ich sehr dafür. Aber man darf nicht auf einem Auge blind sein." (Strategie der Aufrechnung, K. P.) „Die Presse: Sie sprechen bei der FPÖ von klaren Worten, bei anderen von Fundamentalopposition? Riess-Passer: Wir haben nie jemanden mit dem Tod bedroht, nie gesagt Zyklon B für jemanden, wir haben nie gesagt, irgend jemand soll an die Wand gestellt werden" (Riess-Passer, Die Presse, 05. 05. 2000).

74 „Tatsachen, die sich mit der vertretenen Auffassung nicht gut vereinen lassen, die man aber nicht gut totschweigen kann, werden nur kursorisch erwähnt und möglichst abstrakt formuliert. Oft verbunden mit der Figur des Zugeständnisses" (Schlüter 1974, 47).

75 Haider über Chirac: „Einer, der in den letzten Jahren alles falsch gemacht hat."

Durch das Zugeständnis („zugegebenermaßen...") soll Sympathie erweckt werden und man will zeigen, dass die Kritik ernst genommen wird.[76]

Eine weitere Relativierungsstrategie, ist es, der Opposition, das Recht auf Kritik abzusprechen:

> „Sie wagen es, hier einen einzigen Satz der Kritik an dieser neuen Bundesregierung zu äußern?!" (Haigermoser, 8. NRSP, 61)

Dieses Absprechen der Legitimität von Kritik wird in dieser Aussage noch durch einen drohenden Ton verstärkt. Allerdings haben die Argumente, warum in diesem Fall die SPÖ kein Recht auf Kritik haben soll, nur dann Erfolg, wenn der Redner die Zuhörerschaft davon überzeugen kann, dass seine angegeben Gründe dafür ausreichend sind. Der Abgeordnete Haigermoser führt als Hauptargument den „Schuldenberg" an, den die SPÖ der neuen Bundesregierung hinterlassen haben soll. Haigermoser muss nicht nur klar machen, dass es sich um einen Schuldenberg handelt, sondern dass dieses „Faktum" ausreicht, den anderen, das Recht auf Kritik zu versagen.

> „Angesichts dieser aufgelisteten Vorfälle bis hin zur Blockade, die Sie hier versucht haben, haben Sie überhaupt nicht das Recht, andere Fraktionen, andere Politiker anzupatzen. Ich weiß schon, Sie haben das Recht, mit dieser inhaltslosen Rede und mit diesen Attacken ihre inhaltslose Politik (...) zu kaschieren. (...) Sie (haben) Ihre Rede fokussiert auf Attacken, auf niederträchtige Attacken" (Westenthaler, 22. NRSP, 25).

Diesmal wird den Grünen das Recht auf Kritik verwehrt. Sein Argument bezieht sich wieder auf Teile der Demonstranten („Zyklon B für die FPÖ", etc.). In den Augen Westenthalers handelt es sich nicht um begründete Kritik, sondern um „niederträchtige Attacken", um „Anpatzerei". Eine doppelte Delegitimierung. Die Kritik diene nur dazu, von der eigenen „inhaltslosen" Politik abzulenken; den Grünen

76 Auf euphemistische Weise rechtfertigt Michael Schmid die Beschimpfungen Haiders; dieser bezeichnete bei der Aschermittwochrede Chirac als „Westentaschennapoleon des 21. Jahrhunderts". Dazu Schmid: „Das war dann anscheinend ein therapeutischer Befreiungsschlag, der ihm aber natürlich zusteht" (Schmid, Format, 14. 03. 2000, 29).

wird also auch noch ein schlechtes Motiv unterstellt. Nach dieser Delegitimierung kann Westenthaler, ohne auf die Kritikpunkte eingegangen zu sein, zu einem anderen Thema wechseln – und das ist schließlich das Ziel der gesamten Strategie.[77]

Während die Aufrechnungs- und Delegitimierungsstrategie überhaupt nicht auf die Kritik eingeht, versucht die Verharmlosungsstrategie diese herunterzuspielen.

> „Ausrutscher da und dort gibt es in jedem Land, aber ein ganzes Land in Geiselhaft zu nehmen, das ist unerhört und gehört beendet, meine Damen und Herren" (Großruck, 22. NRSP, 152).

Die Äußerungen, die die Opposition immer wieder als Beispiele für die gefährliche Ideologie der FPÖ ins Treffen führt, werden als „Ausrutscher" bezeichnet. Ausrutscher sind ungewollt, passieren einfach im Eifer des Gefechts, und sind in Wirklichkeit nicht so gemeint. Diese Ausrutscher werden nicht genau genannt, sondern euphemistisch „da und dort" verortet. Außerdem gibt es Ausrutscher – ganz allgemein gesprochen und unabhängig welcher Art – überall.[78] Allerdings widerspricht Haider selbst in einem Interview der „Ausrutscherthese": „Ich weiß genau, was ich sage, genauer als jene, die immer sinnlos kritisieren und herumfaseln" (Haider, Format, 29. 02. 2000, 24).

Um Relativierung müssen sich die FPÖ-Exponenten auch in Bezug auf die kritischen Bemerkungen über die „Natur der FPÖ" im Weisenbericht bemühen. Der Vizeparteiobmann der FPÖ, Hubert Gorbach, stellt in einem profil-Interview schon vorsorglich klar, wie die FPÖ den Weisenbericht versteht:

> „Dieser Bericht wird nur das feststellen, was ohnehin jedem klar ist: Nämlich, dass die FPÖ eine demokratische Partei ist, die nichts mit Rassismus oder Antisemitismus am Hut hat. Aber grundsätzlich: Dieser Bericht hat mit der Aufhebung der Sanktionen nichts zu tun. Unabhängig vom Bericht muss die EU jetzt, bevor wir die Volksbefragung endgültig einleiten, ein Datum

77 „Aber ich wende mich jetzt wichtigeren Themen zu, denn eigentlich sollte man für solche Aussagen nicht so viel Zeit vergeuden" (ebd.).

78 Zudem sind die Sanktionen gegen die Regierung eine „Geiselhaft" für das ganze Land. Mehr dazu im nächsten Kapitel.

> nennen, an dem die Sanktionen beendet werden. Es muss jetzt einen Ausstieg geben, den Bericht kann man zusätzlich zur Beruhigung einiger ja noch immer machen" (Gorbach, profil, 03. 07. 2000, 28).

Für Gorbach gibt es nur ein mögliches Ergebnis, das er akzeptieren wird; aber er relativiert die Bedeutung des Berichts vorsichtshalber insgesamt: Indem er diesen von der Sanktionenfrage loskoppelt, misst er dem Bericht nur wenig Bedeutung bei, d. h. sollte der Bericht auch Kritik enthalten, so ist sie belanglos. Der Bericht ist ja vor allem für die anderen - wer immer die auch sind - zur Beruhigung gedacht. Diese Auffassung widerspricht den Umständen, unter denen der Weisenbericht in Auftrag gegeben wurde, nämlich, er sollte eine Grundlage zur Überprüfung der Sanktionen bieten.

Sobald der Bericht dann da war - und Kritik an Teilen der FPÖ enthalten war - ging es um deren Relativierung:

> „Es ist in Wirklichkeit völlig klar: Es hat in diesem Bericht keinerlei gewichtige Kritik gegeben, die die Sanktionsaufhebung behindert hätte (...)" (Westenthaler, 36. NRSP, 62).

Peter Westenthaler konstruiert hier eine klassische Deduktion: Wenn die Kritik wirklich schwerwiegend wäre, dann hätten die EU-14 die Sanktionen nicht aufgehoben. Seine Argumentationskette lässt keine Differenzierung zu; die Aufhebung der Sanktionen wird zum Freispruch für alle erklärt. Die Kritik an der FPÖ, die es gibt, ist im Grunde irrelevant.

Eine andere Strategie der Relativierung ist, die Kritik einfach zu umgehen. So ist es nicht verwunderlich, dass es zu einer einseitig gewichteten Leseart des Weisenberichts kommt (vgl. SCHLÜTER 1974, 52f.). Vizekanzlerin Susanne Riess-Passer erwähnt das Lob der „drei Weisen" am hohen Minderheitenschutz und an der Integrationspolitik und schlussfolgert:

> „Wir haben nichts zu verbergen, und wir brauchen uns nicht zu verstecken" (Riess-Passer 36. NRSP, 45).

Dieses „Wir" ist bewusst ungenau formuliert und schließt somit auch die FPÖ mit ein – wieder ein Fall von Vereinnahmung: Was der Weisenbericht trennt, nämlich die Menschrechtssituation in Österreich und die „Natur der FPÖ", wird hier kurzerhand zusammengeführt, so dass das Positive des Berichts auch auf die FPÖ abfärben soll. Die Kritik wird einfach unter den Tisch fallen gelassen.

Eine weitere wichtige Strategie, die auch im Zuge der Debatte um den Weisenbericht von Bedeutung ist, ist die Opfer-Täter-Umkehr. Die FPÖ stellt sich dabei als Opfer dar – und kann damit ihre Verantwortung für bestimmte Äußerungen wieder in den Hintergrund drängen.

> „(...) Wir haben einen hasserfüllten Abgeordneten Voggenhuber erlebt, der immer wieder in allen Sendungen in Großaufnahme sehr einprägsam gesagt hat: Haider ist ein Faschist! Die Freiheitliche Partei ist eine neofaschistische Partei!- Das ist zunächst eine Antwort auf die Frage, wer schuld daran ist, dass die Leute sich fürchten" (Ofner, 9. NRSP, 223).

Schuld sind nicht die Äußerungen der FPÖ, sondern die Kritiker haben Schuld am negativen Bild der FPÖ. Ohne die Aussage Voggenhubers bewerten zu wollen, stellt Ofner die FPÖ als Opfer ihrer Kritiker dar.[79] Und der Abgeordnete Ofner weiter:

> „Aber darf man nicht eigentlich bei einer etwas lockeren Betrachtungsweise einen Faschisten auch umbringen? Das kann doch nicht so etwas Fürchterliches sein" (ebd.).

Ofner greift zu einem „faulen Trick" (vgl. SCHLÜTER 1974, 58f.): Er übertreibt die gegnerische Kritik ins Gefährliche und ignoriert dadurch den Kern der Kritik. Niemand von der Opposition hat behauptet, man dürfe jemanden umbringen.

Auch im Weisenbericht findet sich die FPÖ als Opfer wieder:

---

79 Auch Riess-Passer ist dieser Meinung: „Jahrelang hat es viele in Österreich gegeben, in der Bundesregierung und im diplomatischen dienst, die mit einem gewissen Wohlwollen die Dämonisierung und Kriminalisierung der FPÖ im Ausland betrieben haben" (Riess-Passer, Der Standard, 18. 09. 2000).

„(...) Man kann niemals eine Seite allein gewinnen lassen, man sucht sich daher irgendjemanden aus, von dem man glaubt, dass er der Schwächere ist, und der bekommt dann sein Scherzel ab. Im vorliegenden Fall hat man den größeren Koalitionspartner ein bisschen was in diese Richtung abbekommen lassen, und dann hat man sich den einzigen keiner politischen Partei angehörigen Minister herausgesucht, weil man offensichtlich geglaubt hat, ihm besonders leicht am Zeug flicken zu können, und das war der Justizminister (...) Ich glaube nur – und ich lese ja die Handschrift der ‚Prozessionsteilnehmer' nach Heidelberg –, die ‚Wallfahrer' nach Heidelberg haben am Schluss noch erwirkt, dass ein Appendix am Bericht drangekommen ist" (Ofner, 36. NRSP, 76).

Die FPÖ ist Opfer der „Wallfahrer"; damit desavouiert Ofner die Opposition und jene NGOs, die auf Einladung der „drei Weisen" nach Heidelberg gefahren sind, um ihre Sicht der Dinge darzustellen. Ofner versucht das Publikum durch das Anführen von „Gemeinplätzen" (vgl. SCHLÜTER 1974, 51f.) von der Richtigkeit seiner Interpretation zu überzeugen: Er versucht dies nach den Prinzipien „Man kann nicht einen allein gewinnen lassen" und „Immer geht man auf den Schwächeren los"; diese alltagssprachlichen Überzeugungen gibt es, aber sie treffen nicht immer zu. Das Ziel: Die Kritik an der FPÖ ist bloß ein Zugeständnis an die Kritiker und an sich haltlos. Indirekt gesteht Ofner aber ein, dass es Kritik gibt, nur lässt er diese nicht gelten. Dadurch widerspricht er z. T. Westenthalers These vom „Freispruch" für die FPÖ. Dieser Widerspruch ergibt sich daraus, weil Ofner zwar die Geltung der Kritik angreift, nicht aber deren Relevanz, Westenthaler hingegen die Relevanz, nicht aber die Geltung bezweifelt.

Justizminister Böhmdorfer greift zum Topos der Unwissenheit, um sich gegen die Kritik an seinem Verhalten während der umstrittenen Pressekonferenz zu verteidigen:

„Die Pressekonferenz, um welche es da geht, hat für mich eine andere zentrale Botschaft gehabt (...). Ich habe immer wieder gesagt, als ich festgestellt habe, dass die Diskussion in eine andere Richtung gegangen ist, dass ich dann anders reagiert hätte" (Böhmdorfer, 36. NRSP, 66f.).

Böhmdorfer habe nicht gewusst, was mit Haiders Vorschlag gemeint war und zweitens nicht gewusst, was es für Reaktionen darauf geben würde. Durch dieses „Ich wusste nicht" kann er die Verantwortung für sein (Nicht-)Handeln abschieben.

Zum Abschluss des Abschnitts der FPÖ über die FPÖ soll nach all den Rechtfertigungs- und Relativierungsstrategien noch kurz das Selbstbild der FPÖ dargestellt werden. Wie sieht sich die FPÖ selber? Die FPÖ bezeichnet sich selber natürlich als demokratisch und versucht dies durch ihre geschichtliche Tradition zu begründen. Dazu zwei Beispiele:

> „Als sie im Jahre 1983 die Freiheitlichen für die Regierung gebraucht haben, da waren Sie sich nicht zu fein, uns zu nehmen, sondern da waren wir die Superdemokraten. (...) Und wir sind nach wie vor die Freiheitliche Partei, die wir auch damals waren" (Partik-Pablé, 8. NRSP, 70).

Die FPÖ bemüht sich darum, eine Kontinuität zu erzeugen (auch damals, nach wie vor), hier vor allem zum Zweck, um die SPÖ-Politik als opportunistisch zu entlarven. Noch weiter zurück in die Geschichte geht der Abgeordnete Kurzmann:

> „Nehmen Sie zur Kenntnis, dass es auch rechts von der Mitte politische Bewegungen gibt, die auf lange demokratische Traditionen zurückblicken können, so wie wir Freiheitliche das etwa mit dem heute mehrfach genannten historischen Erbe des Jahres 1848, aber auch dem der Zeitenwende 1918/19 tun (...)" (Kurzmann, 36. NRSP, 150).

Die FPÖ will also einerseits an die bürgerliche Revolution des 19. Jahrhunderts, andererseits an die Gründung der Republik anschließen. Durch diese Anbindung an für Österreich zwei wichtige Ereignisse, soll die Verbundenheit der FPÖ mit Österreich und mit dessen rechtsstaatlicher, republikanischer und demokratischer Entwicklung bezeugt werden.

Die Sprache der FPÖ – die auch im Weisenbericht z. T. kritisiert wurde – beschreibt die Vizekanzlerin als

> „(...) sehr klare Sprache, die nichts mit Schärfe zu tun hat (...). Das ist Teil unseres Erfolgs, dass wir immer eine Meinung gehabt haben zu den Dingen.

Wir reden nicht herum und sagen ja aber und vielleicht. Das hat mit Schärfe überhaupt nichts zu tun" (Riess-Passer, Die Presse, 05. 05. 2000).

Aber wenn die JournalistInnen konkrete Beispiele der „klaren Sprache" ansprechen, gerät die FPÖ-Chefin unter Rechtfertigungsdruck (Beispiel: der Euro sei eine Fehlgeburt):

„Wenn man das nicht mehr sagen darf, dann können wir gleich aufhören zu diskutieren. Da kann man eine Liste von Themen machen, über die Freiheitliche nicht mehr reden dürfen" (Riess-Passer, profil, 28. 02. 2000).

Riess-Passer beruft sich dabei auf die Meinungsfreiheit und fährt eine „Entwederr-oder–Strategie": Wir wollen so reden, wie wir wollen. Unter Meinungsfreiheit fällt nicht nur die Freiheit, sich äußern, sondern auch die Freiheit sich so zu äußern, wie man will. Und die Meinungsfreiheit ist bekanntlich unantastbar.

1.2.4 Die ÖVP

Durch die Debatte um die „Natur der FPÖ" gerät auch die ÖVP unter Legitimationsdruck. Sie muss notwendigerweise ihren Koalitionspartner gegen Etikettierungen wie „rechtsextrem" „ausländerfeindlich" oder sogar „faschistisch" in Schutz nehmen. Die Strategien überschneiden sich z. T. mit jenen der FPÖ, nur muss die ÖVP auch noch begründen, warum sie ihre Meinung gegenüber der FPÖ geändert hat. Eine Argumentationsstrategie ist jene der Diskontinuität, d. h. des Unterscheidens zwischen früher/vorher und jetzt/nachher:

„Das wurde ja auch in einer gemeinsamen Erklärung so festgelegt. Deswegen haben wir den Wortlaut ja gemeinsam und sorgsam so gewählt, damit man tatsächlich einen Schlussstrich ziehen kann. (...) Ich meine, die Basis dieser gemeinsamen Erklärung ist eine vernünftige, und sie ist eine, die einen gesellschaftsübergreifenden Konsens ab diesem Zeitpunkt fixieren könnte. Das ist eine Chance (...)" (Schüssel, 8. NRSP, 41).

Der Bundeskanzler bemüht sich, die Präambel als zukünftige Basis für die österreichische Demokratie für alle darzustellen. Die Vergangenheit sollte man auf sich beruhen lassen, wichtig ist die Zukunft. So vermeidet er es auf die Vergangenheit der FPÖ überhaupt einzugehen („Schlussstrich ziehen").

Im Laufe der Debatte sieht er sich dennoch gezwungen, dazu Stellung zu nehmen:

> „Das heißt nicht, dass ich etwas verharmlosen will (...) Aber man soll jetzt nicht so tun, als ob es belanglos sei, wenn jemand einmal einen Fehler gemacht und sich dann dafür entschuldigt hat, und das ununterbrochen immer weiter ziehen, als ob nichts geschehen wäre" (ebd., 73).

Auch wenn er es wieder vermeidet, Haider direkt beim Namen zu nennen, so bezieht sich die Aussage doch eindeutig auf ihn. Er hat sich entschuldigt – egal auf welche Weise –, das soll man akzeptieren. Schüssel fordert auch, dass man genauer unterscheidet:

> „Das Jahr 2000 ist eben nicht das Jahr 1933 oder 1938." (ebd.)

Eindeutig wehrt er sich gegen alle Versuche, die Regierungsbildung 2000 mit undemokratischen Ereignissen, wie dem Beginn des Austrofaschismus oder dem Anschluss Österreichs an Nazi-Deutschland in Verbindung zu bringen. Stattdessen will er eine Differenz zwischen damals und heute darzustellen.

Auch Benita Ferrero-Waldner geht in eine ähnliche Richtung:

> „Wobei ich die Sorge durchaus verstehe, (...) weil die Freiheitliche Partei in ihrer Diktion als Oppositionspartei aufgetreten ist und auch Schärfen hatte, die jetzt immer wieder hochkommen. Aber das Regierungsprogramm zeigt, dass die Problempunkte, die man uns in einer Vorverurteilung anhängt, eben nicht da sind" (Ferrero-Waldner, Die Presse, 05. 02. 2000).

Ferrero-Waldner beginnt mit einem Zugeständnis („ich verstehe die Sorge"), das scheinbar zeigen soll, dass man Kritik ernst nimmt. Sie schränkt dies aber auf zweierlei Weise ein: Einmal durch die Suggestion, dass sich die Sorgen – ohne genau zu nennen, welche das sind – auf die Vergangenheit beziehen und für die Zukunft irrelevant sind (Bruch).

Andererseits durch den zweiten Satz, eingeleitet mit „aber". Das Zugeständnis wird vollkommen eingeschränkt, und Kritik sogar als „Vorverurteilung" apostrophiert.

> „Es ist für mich wegen bestimmter Aussagen nicht einfach gewesen, aber seine Distanzierung und seine Entschuldigung sind ein Faktum, das wird zu wenig gesehen" (ebd.).

Hier kommt ganz klar zum Ausdruck, wo die Betonung der ÖVP liegt: auf der Entschuldigung. Die Debatte um „ausländerfeindliche" Agitation werden als „bestimmte Äußerungen" verschönert und ad acta gelegt.

Eine Möglichkeit der Distanzierung bietet scheinbar auch der Hinweis, dass Haider nicht Mitglied der Regierung sei. Diese Möglichkeit ergibt sich aus der um die Person Haiders konzentrierte FPÖ-Debatte. Das heißt, weil die Auseinandersetzung sich oft nur auf die Person Haiders beschränkt, scheint die Tatsache, dass Haider nicht Mitglied der Bundesregierung ist, genug entlastendes Zeugnis zu sein. Zum Beispiel Gehrer:

> „Bei der FPÖ gab es immer das Problem der Haider-Sprüche. (...) Es ist ein ganz wesentlicher Unterschied, weil der Haider erstens nicht in der Regierung sitzt, und zweitens nicht mehr Obmann der FPÖ ist" (Gehrer, Der Standard, 08. 05. 2000).

Dass sie wiederum verharmlosend von „Haider-Sprüchen" spricht, nur von einem „Problem" Haider ausgeht (obwohl auch schon andere FP-Mitglieder heftig kritisiert wurden) und das auch nur auf die Vergangenheit beziehend, ist nur ein Punkt. Ein zweiter, wie gesagt, der Verweis auf den Führungswechsel in der FPÖ. Allerdings weiß auch Gehrer, dass es die so genannten „Haider-Sprüche" auch nach der Regierungsbildung noch gab. Deshalb erweitert sie ihre Verharmlosungsstrategie:

> „Außerdem denke ich mittlerweile, man kann nicht auf jedermanns Sprüche hören. Wenn man das tut, dann müsste man sich eigentlich vor Augen halten, was ein Herr Häupl und ein Herr Gusenbauer sagen" (ebd.).

Dem Argument, dass man nicht auf alle Sprüche hören soll, folgt eine Aufrechnung. Auf die Nachfrage der Journalistin, ob denn Haider und Häupl bzw. Gusenbauer vergleichbar seien, antwortet Gehrer mit einer Variante, die schon bei der FPÖ vorkam:

> „Schauen Sie, wenn die Demonstranten nach der Regierungsbildung rufen: ‚Widerstand, Widerstand, Haider, Schüssel an die Wand' dann steht diese Gewalttätigkeit der Worte in nichts den anderen nach" (ebd.).

Abgesehen davon, dass sie das eine gegen das andere aufrechnet – und so von den umstrittenen Äußerungen der FPÖ ablenkt, und zu anderen hinlenkt –, stellt sie die Demonstranten mit der SPÖ gleich. Zwar waren die SPÖ und ihr nahe stehende Vereine an der Organisation der Demonstrationen beteiligt. Die Zuschreibung solcher Aussagen an die SPÖ – und an ihre Exponenten – entbehrt allerdings jeglicher Grundlage. Sie spricht daher auch allgemein von Demonstranten.

Ein zusätzliches Argument zum Nicht-Hinhören auf die „Haider-Sprüche" und zugleich eine Rechtfertigung für das oft kritisierte öffentliche Schweigen Schüssels liefert der oberösterreichische Landeshauptmann Pühringer:

> „Ignorieren ist oft eine stärkere Strafe als Kommentieren" (Pühringer, Der Standard, 09. 06. 2000).

Pühringer bemüht dabei ein Argument des Typs „locus comunis" („Gemeinplätze")[80]: Das Prinzip des Ignorierens kommt häufig in der Erziehung vor: Wenn man will, dass das Kind mit einem bestimmten Verhalten aufhört, so ist es oft besser, man gibt dem Kind keine Acht. Nur kann das Nichtbeachten – auch in der Erziehung – Wegschauen oder Nicht-sehen-wollen bedeuten. Landwirtschaftsminister Molterer meint dazu:

> „Das Wichtigste ist, dass der Bundeskanzler klar sagt, was Ziel dieser Regierung ist. Es geht nicht darum, aufgeregt etwas zu kommentieren, sondern klar Linie zu halten" (Molterer, Der Standard, 13. 03. 2000).

---

80 „Man packt das Publikum an dessen eigenen Vorurteilen, Erfahrungen, Prinzipien, Normen (Sprichwörter, Gesetzestexte usw.). Die Kritik muss in diesem Fall bemüht sein, entgegengesetzte Gemeinplätze zu zitieren (. . .)" (SCHLÜTER 1974, 51).

Er versucht eine Dichotomie zwischen „aufgeregt kommentieren" – damit disqualifiziert er die Kritik an Haider – und „klar Linie halten" – das als vernünftig erscheint (im Gegensatz zur emotionalen Aufgeregtheit) – zu konstruieren.

Eine weitere Strategie, die FPÖ zu legitimieren, ist der Rechtsdiskurs: Indem auf die gültige Gesetzeslage verwiesen wird, soll die Kritik an der FPÖ als unbegründet dargestellt werden:

> „Österreich hat innerhalb der Europäischen Union die schärfsten Anti-Nazi-Gesetze. Auf Grund der österreichischen Rechtsordnung ist eine rassistische Partei undenkbar" (Schüssel, 19. NRSP, 106).

Schüssel sagt zwar damit, dass die FPÖ keine nach dem Verbotsgesetz zu bestrafende Partei sei, aber deshalb kann es trotzdem zu xenophoben Äußerungen kommen. Dazu Schüssel, sich wieder auf die Gesetze berufend:

> „(...) Österreich (ist) ein Rechtsstaat (...) und (...) rassistische, menschenverachtende und hetzerische Parolen (sind) nach den österreichischen Rechtsnormen sogar strafbar (...)" (Schüssel, 13. NRSP, 8).

Auch hier gilt die Rechtsordnung als Rechtfertigungsschema: Wenn die FPÖ-Äußerungen rassistisch wären, wären sie verurteilt worden. Durch diese Deduktion kann Schüssel folgern, dass dies nicht zutrifft. Allerdings hat das Rechtsstaat-Argument seine Schwächen: In der politischen Auseinandersetzung läuft nicht alles auf zulässig/verboten hinaus. Nur weil eine Handlung oder Äußerung nicht strafbar ist, muss sie deshalb nicht richtig sein. Diesen Graubereich decken Gesetze nie ab.

Sehr emphatisch in dieser Hinsicht ist folgende Wortmeldung Gehrers:

> „Ich war immer überzeugt davon, dass in einem demokratischen Land zugelassene Parteien eine demokratische Legitimation haben. – Und ich meine, das muss auch so bleiben! Ich war immer überzeugt davon. Dass demokratisch gewählte Parteien, wenn sie eine entsprechende Mehrheit haben, auch legitimiert sind, eine Regierung zu bilden. – Und das muss auch so bleiben! Ich war immer überzeugt davon, dass demokratisch gewählte Mandatare, auch jene, die in der Opposition sind, ausschließlich zum Wohle des Wäh-

lers und der Wählerin und ausschließlich zum Wohle ihres Landes arbeiten. – Und das muss auch so bleiben" (Gehrer, 9. NRSP, 57)!

Durch die Figur der Anapher (drei Mal „Ich war immer überzeugt davon...") bekommt die Aussage einen emphatisch-pathetischen Farbton. Inhaltlich bleibt Gehrer dem Rechtsdiskurs verhaftet, ihre Argumentation ist fast tautologisch: In einem demokratischen Land gibt es nur demokratische Parteien, ohne zu erklären, was denn nun unter „Demokratie" zu verstehen ist. Der zweite und dritte Satz scheinen nahe zu legen, dass die Wählbarkeit das einzige Kriterium dafür ist.

Einen schwierigen Stand hat die ÖVP durch die Kritik des Weisenberichts an der FPÖ. Wie diese, legt auch die ÖVP ihr Augenmerk auf die positiven Aspekte des Berichts und versucht, die kritischen Bemerkungen weitestgehend zu verschleiern. Dazu in ausführlicher Weise Klubobmann Khol:

„(...) welche Regierung in Europa – und zwar die ganze Bundesregierung – hat es schriftlich, dass sie die europäischen Grundwerte beachtet, (...) dass sie die noble Tradition einer Behandlung der Asylanten, der Flüchtlinge und der Einwanderer fortsetzt, (...) dass ihre Minderheitenpolitik weit über dem Stand anderer europäischer Länder liegt? Darauf können wir stolz sein" (Khol, 36. NRSP, 51).

Auch Khol verwendet die rhetorische Figur der Anapher, um etwas Besonderes zu betonen, nämlich dass die Bundesregierung einen positiven schriftlichen Bericht erhalten hat; und durch die Präzisierung, dass das Zeugnis für die gesamte Bundesregierung gilt, soll auch die FPÖ positiv dargestellt werden. Die ganze Aussage ist verpackt in eine rhetorische Frage, dessen Antwort schon klar ist; daher auch das Stolz-Sein. Khol gesteht ein,

„(...) dass natürlich auch Anregungen darin enthalten sind, die wir ernst nehmen[81] (...) Aber über allem, meine Damen und Herren, steht Folgendes:

---

81 Khol führt die Verfahrensdauer bei Asylanträgen, die Bedingungen der Schubhaft, die unterschiedliche Handhabung der Standards des Europäischen Gerichtshofs für Menschenrechte

> Diese Bundesregierung verteidigt europäische Grundwerte. – Und darauf bin ich stolz" (ebd.).

Khol macht zwar ein Zugeständnis und erwähnt auch die kritischen Punkte im Bericht; allerdings sind das nur Kritikpunkte, die nicht die FPÖ im Besonderen, sondern sich auf bestimmte Gesetzesmängel beziehen. Zudem wiederholt er einleitend mit „aber" (Ja-Aber-Figur), welche Botschaft er für wichtig hält und gewichtet damit eindeutig zu Gunsten der positiven Aspekte. In Bezug auf die FPÖ sagt er:

> „In diesem Haus gibt es keine undemokratischen und keine faschistischen Parteien. Das wurde auch im Weisenbericht festgestellt" (ebd., 52).

Durch die Verneinung des Gegenteils (Litotes) – „es gibt keine undemokratischen und keine faschistischen Parteien" – wird die eigentliche Kritik an der FPÖ verschleiert. Auch wenn die FPÖ nicht als „faschistisch" bezeichnet wird, so widmet der Weisenbericht doch mehrere Absätze den Freiheitlichen, und bewertet sie abschließend als „rechtpopulistisch mit extremistischer Ausdrucksweise". Euphemistisch auch Michael Spindelegger:

> „Laut Bericht gibt es zwar Sorge um das eine oder andere Verhalten, aber es wird den FPÖ-Regierungsmitgliedern bescheinigt, dass sie ihre Arbeit gut machen (...)" (Spindelegger, 36. NRSP, 71).

Der Weisenbericht findet klare Worte und zählt auch Beispiele für die Besorgnis auf; Spindelegger verschweigt diese lieber aus gutem Grund. Die positiven Aspekte werden nicht bloß als „das eine oder andere" angeführt, sondern in ausführlicher, präziser Weise aufgelistet.

Manchmal wird, wie bei der FPÖ, der Versuch unternommen, die SPÖ und so ihre Kritik ins Abseits zu stellen. Dazu der Abgeordnete Kukacka:

> „Die SPÖ ist deshalb so wütend, weil ihre FPÖ-Ausgrenzungsstrategie das erste Mal seit 15 Jahren nicht mehr gewirkt hat. Ihre Überlegung war immer einfach, aber wirksam: Solange die FPÖ nicht regierungsfähig ist, solange sie politisch ‚Unberührbar' bleibt, so lange kann es keine Regierung ohne SPÖ geben, denn nur mit ihr und unter ihrer Vorherrschaft ist dann eine Regie-

> rungsbildung möglichen (...) Aber schuld sind Sie selbst. Suchen Sie diese Schuld bei sich selbst!(...) Hätten Sie diesen Pakt unterschrieben, wären Sie als Gesamtpartei dazu gestanden, dann hätte es diese Koalition wahrscheinlich nicht gegeben" (Kukacka, 8. NRSP, 71).

Die Kritik der SPÖ wird als emotionaler und somit irrationaler Ausbruch („wütend") beschrieben; aber vor allem wird ihr ein machtpolitisches Kalkül unterstellt, so dass die Kritik der SPÖ gegenüber der FPÖ bloß als Mittel zum Zweck, nämlich zur Machterhaltung dient. Dadurch soll die Strategie der SPÖ anscheinend entlarvt werden, ihre Kritik erscheint als unehrlich. Das ganze gipfelt in der Unterstellung, die SPÖ wolle ihre Vorherrschaft sichern. Und zum Schluss wird der SPÖ die Schuld in die Schuhe gegeben, dass die FPÖ regiert. Hat aber nicht die ÖVP einen Koalitionsvertrag mit der FPÖ unterschrieben? Kukacka versucht hier „Opfer" und „Täter" - soweit man in diesem Fall davon sprechen kann - zu vertauschen.

1.2.5 Der Bundespräsident

Der Bundespräsident hält sich in der Causa FPÖ relativ bedeckt; dies entspricht durchaus dem traditionellen Rollenbild von der Äquidistanz des Bundespräsidenten gegenüber allen Parteien, auch wenn er privat vielleicht anderes denkt. Im öffentlichen Diskurs hält er sich allerdings zurück, um in dieser polarisierten Atmosphäre nicht in ein bestimmtes politisches Lager gedrängt zu werden. Zwei Argumentationsmuster fallen bei der Analyse trotzdem auf: Einerseits spricht er von einer „Bewährungsprobe" für die Regierung, insbesondere für die FPÖ, andererseits vom Problem des Rechtsextremismus in ganz Europa.

Zum ersten Argumentationstyp ein Beispiel:

> „Und ich bin schließlich nach Brüssel gekommen, um unseren Partnern zu versichern, dass sich auch die neue Bundesregierung zu unseren gemeinsamen Werten bekennt" (Klestil, Rede vom 08. 03. 2000).

Auffällig ist hier die Gruppenbildung, die Klestil vornimmt: Während das erste „unser" sich auf Österreich insgesamt bezieht, impliziert das zweite „unser" eine

Zweiteilung: „Die neue Bundesregierung" wird einem „Wir" („unsere gemeinsamen Werte") gegenübergestellt. Mit diesem „Wir" spricht Klestil offensichtlich die EU und die österreichische Bevölkerung an. Wesentlich ist aber, dass die Bundesregierung eindeutig nicht zu diesem „Wir" gehört, sondern sich erst bewähren muss[82]. Klestil bittet dann auch darum, der neuen Bundesregierung eine Chance zu geben. Die Aussage enthält keine offene Kritik, aber die Dichotomie zwischen Bundesregierung und „uns" (Österreich und die EU) ist sehr eigenwillig und lässt indirekt Rückschlüsse zu, nämlich dass die ÖVP-FPÖ-Koalition nicht automatisch zu diesem „Wir" gehört und daher die Kritik gerechtfertigt ist, auch wenn Klestil dafür plädiert, die Regierung an ihren Taten zu messen.

Zum zweiten Argumentationsmuster: Auf die Frage hin, ob die FPÖ eine „fremdenfeindliche Partei mit radikalen Elementen" sei, antwortet der Bundespräsident:

> „Fremdenfeindlichkeit und Rassismus sind Phänomene, die leider weltweit zunehmen. Die EU ist aufgerufen, dagegen anzukämpfen – in jedem einzelnen Mitgliedsland müssen wir diesen Tendenzen mit aller Entschiedenheit entgegentreten" (Klestil, profil, 18. 09. 2000).

Klestil weicht der Frage definitiv aus und verlagert das Problem auf eine allgemeine Ebene („weltweit"). Durch diese Heterogenisierung vermeidet er es die Akteure explizit zu nennen („Phänomene", „Tendenzen"), ohne jedoch das Problem insgesamt zu verharmlosen. Eine weitere Frage im selben Interview, die sich auf die Sprache der FPÖ bezieht, beantwortet Klestil auf die gleiche Weise:

> „Alle Politiker müssen bei ihrer Wortwahl besondere Sorgfalt walten lassen, damit nicht durch unbedachte und unüberlegte Äußerungen Schaden angerichtet wird. Mein Appell zur Mäßigung richtet sich an alle Parteien und ihre Funktionsträger" (ebd.).

---

82 In einem Interview bestätigt Klestil diese Interpretation: „Jüngste verbale Entgleisungen, auch von anderen Politikern der FPÖ, sind jedoch ein Beweis dafür, dass die FPÖ noch eine Zeit der Bewährung gebraucht hätte" (Klestil, News, 03. 02. 2000, 17).

Hierbei wiederholt Klestil im Schlusssatz, dass er seinen Aufruf an alle (allgemein, generell) richtet, durch die Attribute „unbedacht“ und „unüberlegt“ verharmlost er bestimmte bewusst kalkulierte Äußerungen von FPÖ-Exponenten.

2. „Sanktionen“ oder „Maßnahmen“?

2.1 Ziele, Möglichkeiten und Schwächen von Sanktionen in der internationalen Politik

Sanktionen werden in der wissenschaftlichen Literatur[83] meistens als Alternative zum Einsatz von Gewalt angesehen. Beiden Mitteln ist gemeinsam, dass ein oder mehrere Staaten (Senderstaaten) ein bestimmtes Verhalten eines oder mehrer anderer Staaten (Empfängerstaaten) nicht tolerieren: Daher greift man entweder zu Sanktionen oder militärischer Gewalt, um das Verhalten des betreffenden Staates zu ändern. „Sanktionen stellen ein Durchsetzungsinstrument im Rahmen der internationalen Politik dar, mit Hilfe dessen ein Akteur den zielgerichteten Versuch unternimmt, eine bestimmte Verhaltensänderung eines anderen Akteurs zu erreichen“ (WELLNER 1991, 5).

James Barber weist darauf hin, dass das Ziel von Sanktionen – die Verhaltensänderung des Empfängerstaates – zwar von den Sendestaaten propagiert wird, in Wirklichkeit aber die Interessenslage nicht so einfach ist. So spielt z. B. bei den nun schon über 40 Jahre lang andauernden Wirtschaftssanktionen der USA gegen Kuba die US-Innenpolitik eine wesentliche Rolle: Gegen das Castro-Regime einzutreten, bedeutet auch Stimmen von Exilkubanern für die Wahlen zu sichern (vgl. BARBER 1979, 368f.). Daher schlägt Barber – ähnlich wie Wellner – eine Unterscheidung von

83 Die wissenschaftliche Literatur beschäftigt sich vorwiegend mit Wirtschaftssanktionen. Trotzdem können allgemeine Schlussfolgerungen auch auf andere Arten von Sanktionen übertragen werden. Dazu Galtung am Ende seiner Fallstudie über Rhodesien: „(. . .) in general we feel that very much of what we said in this article about economic sanctions would apply a fortiori to these other type of sanctions“ (GATLUNG, 1967, 414).

primären, sekundären und tertiären Zielen, die bei der Verhängung von Sanktionen eine Rolle spielen, vor:

- *primäre Ziele* richten sich an den Empfängerstaat (oder seine Regierung) und dessen Verhalten, das sind: Verhaltensänderung, Schwächung oder Destabilisierung der Regierung
- *sekundäre Ziele* beziehen sich auf den Senderstaat selbst: Die Reputation und Position des/der Staaten im internationalen Umfeld steht dabei im Vordergrund. Es geht darum, zu zeigen, dass man gewillt ist, zu handeln und ein bestimmtes Verhalten nicht akzeptiert, weil es nicht gewissen Normen entspricht. Der moralische Aspekt ist hier ganz wesentlich.
- Die *tertiären Ziele* beziehen sich schließlich auf die internationale Politik selbst, z. B. soll durch die Sanktionen die Machtbalance in einer Region gesichert werden oder internationale Regeln und Normen sollen durchgesetzt werden. Dabei verfolgen der/die Senderstaat(en) eine Abschreckungsstrategie (vgl. BARBER 1979, 370f. ; WELLNER 1991, 20ff.).

Die primären Ziele sind am schwierigsten zu erreichen, während die sekundären Ziele (weil auf die Innenpolitik gerichtet) trotzdem erreicht werden können; oft sind diese sogar wichtiger. Bei den tertiären Zielen gibt es ein großes Problem der Erfolgsauswertung, weil im internationalen Umfeld viele Faktoren berücksichtigt werden müssen.

Die Schwierigkeit zum Erreichen der primären und eigentlichen Ziele ergibt sich durch den Solidarisierungseffekt im Empfängerstaat: „The sending nation(s) not only may fail to achieve their goals, but may even contribute to exactly the opposite of what they hoped for“ (GALTUNG 1967, 409). Dies ist das Prinzip des „rally-round-the-flag“ (WEISS 1999, 502), wonach in Krisenzeiten die Regierenden in der Lage sind, die Bevölkerung um sich zu scharen und neue Wege finden, auf die Sanktionen zu reagieren. Die Regierung kann sich zu Unrecht verfolgt fühlen „(...) and would be able to play on the David and Goliath theme – and there will always be many on the side of a David" (GALTUNG 1967, 416). Erklärende Faktoren für das „rally-round-the-flag“ sind:

- der „Angriff" wird als von „außen" kommend und das ganze Land betreffend dargestellt;
- in der Bevölkerung gibt es eine gleichgültige bis ablehnende Haltung gegenüber den „Angreifern"
- der Glaube an die Richtigkeit des eigenen Verhaltens ist stark (ebd., 389).

Der Empfängerstaat kann die Frage nach dem „Warum" der Sanktionen immer mehr in den Hintergrund drängen und die eigene Sichtweise bei jeder Gelegenheit wiederholen[84], während die Sendestaaten kaum zu Worten kommen. Galtung spricht von einer Kontrolle der Massenmedien, in unserem Fall geht es um die Hegemonialisierung des Diskurses.

2.2 Die Sanktionen gegen die österreichische Bundesregierung

Auf Grund der vorhergehenden Definition können die Maßnahmen der EU-14 durchaus als „Sanktionen" bezeichnet werden, auch wenn der Diskurs in Österreich sich auch um diese Etikettierung streitet. Aber die ergriffenen Maßnahmen (Einschränkung der diplomatischen bilateralen Kontakte) sprechen dafür, von „diplomatischen Sanktionen" zu sprechen. Die Vielschichtigkeit der Ziele bei den Sanktionen, die Schwierigkeit, diese zu erreichen und das „rally-round-the-flag"-Syndrom spielen auch bei den Sanktionen der EU-14 gegen die österreichische Bundesregierung eine wichtige Rolle. An dieser Stelle folgt wieder eine Kurzdarstellung der Positionen der untersuchten Akteure:

1. Die Koalitionsparteien ÖVP und FPÖ müssen die Maßnahmen als gegen alle gerichtet darstellen, um einen Solidarisierungseffekt zu erreichen. Sie werden nicht müde werden, die Ungerechtigkeit der Sanktionen anzuprangern, und

84 Im Fall Rhodesien entwickelte sich folgende Sichtweise heraus: „The portrayal of independent Rhodesia as one of the few remaining bastions of the free world, misunderstood and betrayed by people who would do well to put their own house in order before they criticize white Rhodesians" (GALTUNG 1967, 403).

die eigene Unschuld darzulegen. Die Frage, wie es überhaupt zu den Sanktionen kam – vor allem, welche Motive die Sanktionsbefürworter angeben – muss durch die eigene Perspektive ersetzt werden.

2. Die Oppositionsparteien befinden sich in einer schwierigen Situation: Treten sie gemeinsam mit der Regierung gegen die Sanktionen auf, laufen sie Gefahr, von dieser vereinnahmt zu werden. Sprechen sie sich für die Sanktionen – oder zumindest nicht dagegen – aus, so befinden sie sich in unmittelbarer Konkurrenz zur Regierung und wenn es dieser gelingt, die Bevölkerung auf ihre Seite zu ziehen, auch gegen die eigene Bevölkerung. Weder das eine noch das andere ist politisch klug. Der Ausweg: Grüne und SPÖ müssen versuchen die Sanktionen als nur gegen die Regierung gerichtet darzustellen, die nicht die Bevölkerung betreffen.

3. Der Bundespräsident als Hüter des Ganzen ist dazu berufen, für die Beendigung der Sanktionen einzutreten, weil eine Isolation Österreichs – auch wenn sie nur die neue Bundesregierung betrifft – nicht im Interesse des Landes sein kann.

2.2.1 Die ÖVP

Die ÖVP versucht die juristische Fragwürdigkeit der Sanktionen herauszustreichen: Die Maßnahmen sind eine

> „Verletzung der EU-Spielregeln durch die Vierzehn" (Schüssel, 8. NRSP, 39) und „in Wirklichkeit in geheimen Direktkontakten zwischen den Regierungschefs über das Wochenende (...) zustande gekommen" (ebd., 40).

Für Schüssel sind sie eine „Kollektivfehlentscheidung der 14." (Schüssel, 36. NRSP, 41) Michael Spindelegger weit schärfer meint, es sei

> „(...) ein europäischer Schauprozess (...), der kein Maß und kein Ziel hat (...) (und) eine Einmischung in innere Angelegenheiten(...), die in der Art und Weise noch nicht stattgefunden hat" (Spindelegger, 8. NRSP, 57).

Wolfgang Großruck spricht von einer „(…) Beschimpfung Österreichs vom Ausland her (…)" (Großruck, 9. NRSP, 224) und Khol von einem „Feme-Verfahren" (Khol, 19. NRSP, 102), von „internationalem Mobbing im Ausland", „Ostrazismen" und „Scherbengerichten" (Khol, 36. NRSP, 52).

Diese Etikettierungen vermitteln natürlich ein bestimmtes Weltbild: Das Ausland – pauschal und plakativ als Feindbild stilisiert – mischt sich ein, und zwar in einer Weise, die Empörung hervorrufen muss: Ein Geheimverfahren, in seiner Art einmalig (Singularitätstopos), das sogar noch über das Wochenende stattgefunden hat. Alle Beschreibungen erwecken den Eindruck, als gebe es keinen Grund, die die Reaktion der 14 erklären würde: „Wochenendaktion" impliziert eine impulsive Ad-hoc-Reaktion, ohne das viel darüber nachgedacht wurde. Schauprozesse sind bekannt aus totalitären Systemen und dienen zur Abschreckung, Femegerichte waren geheime Verfahren im Mittelalter.

Der Abgeordnete Bruckmann kleidet das ganze in ein einfaches Weltbild ein:

> „Ein Wolf und ein Lamm trinken nebeneinander aus einem Bach. Der Wolf sagt: Du hast durch dein Mittrinken mein Wasser verschmutzt; zur Strafe werde ich dich fressen. Das Lamm antwortet: Aber ich habe doch unterhalb von dir aus dem Bach getrunken, konnte also dein Wasser gar nicht verschmutzt haben. Darauf der Wolf: Das interessiert mich nicht – und frisst das Lamm. (…) Nach der Aktion der 14 Staats- und Regierungschefs ist mir die Aussage der Fabel klar geworden: Macht geht vor Recht. (…) Durch den Aufbau eines künstlichen Feindbildes wird versucht von der Fragwürdigkeit der eigenen macht abzulenken. Fakten interessieren den Wolf nicht; und dass der Wehrlose dem Mächtigen oft moralisch weit überlegen ist, verstärkt nur das Vorurteil des Mächtigen" (Bruckmann, 22. NRSP, 166).

Dieses längere Zitat beschreibt ziemlich genau, welches Bild die ÖVP sich von den Sanktionen macht: Von der eigenen Unschuld überzeugt (das Lamm als Metapher der Unschuld) ist dem bösen Wolf ausgeliefert, nur weil er mächtiger ist und seine Macht unter Beweis stellen will. Bei den Sanktionen geht es also vor allem um Macht. Man sieht sich als unschuldiges Opfer, tröstet sich aber damit, dass man von der Richtigkeit des eigenen Tuns überzeugt ist. Dazu Bundeskanzler Schüssel:

„Ich bin sicher, dass das richtig ist, was wir tun. Und ich weiß, wenn man das Richtige tut, kann man am Ende nie verlieren" (Schüssel, Format, 07. 02. 2000, 36).[85]

Die Fabel ist natürlich eine Schwarz-Weiß-Malerei (das haben Fabeln an sich) mit einer klaren Botschaft: Wir sind (moralisch) besser als die anderen.

Wer verbirgt sich hinter der Maske des Wolfes? Alle, die für die Maßnahmen sind oder sie nicht in gleicher Weise verurteilen. Zunächst sind einmal die EU-14 angesprochen. Ihnen wird ein anderes, schlechteres Motiv unterstellt, als sie vorgeben; Bruckmann glaubt, es geht um Machtgewinn. Dazu Gertrude Brinek:

„Es ist notwendig, darauf hinzuweisen, dass (...) damit die EU-Spezial- und Nationalprobleme verdeckt worden sind. Welche zum Beispiel? – Die EU-Rassismusbeobachtungsstelle hat genannt, wo die Problemzonen in Europa liegen. Wo gibt es die größten Rassismusprobleme? – In Frankreich und Belgien. Die EU-Gremien haben – und das ist auch deutlich zu sagen – in der Erweiterungsfrage gemeint, man könne mit Österreich-Maßnahmen Ablenkungsmanöver vorbereiten, dass die fünf Großen in Wirklichkeit das Sagen hätten. Angesprochen ist auch das Abgehen-Wollen vom Einstimmigkeitsprinzip" (Brinek, 19. NRSP, 125).

Die Abgeordnete macht nichts anderes, als auf mögliche sekundäre und tertiäre Dimensionen bei den Sanktionen hinzuweisen. Für sie sind das aber die eigentlichen Gründe, warum es zu den Sanktionen kam, und damit konnte sie von der Kritik, die es gibt, ablenken.

---

85 Diese Opferthese unterstreicht auch folgendes Zitat: „(. . .) Niemand von uns will eskalieren. Kein Mensch in der FPÖ ist an einer Eskalation interessiert. (. . .) Sämtliche Eskalationen sind von der EU und Teilen der EU ausgegangen" (Schüssel, Die Presse, 19. 04. 2000). Die „Täter" sind immer die anderen, wir haben nichts Schlimmes getan. Ergänzt wird diese Opferrolle durch das Topos der Unwissenheit: „Es ist vollkommen richtig, dass immer wieder Sorge und Besorgnis geäußert wurden (. . .) (aber) es gab keinerlei Ankündigung einer konkreten Sanktion" (Schüssel, 8. NRSP, 59). Wir haben nicht gewusst, was auf uns zukommt; für die Sanktionen sind wir nicht verantwortlich.

Die ÖVP unterscheidet aber in ihrem Diskurs häufig zwischen Kritik einerseits und Sorgen andererseits: Während man Sorgen und Ängste durchaus versteht, wird die Kritik stets negativ konnotiert:

> „Wir respektieren Bedenken und Sorgen des Auslands. Wir müssen aber irrationalen Bedenken, Beschwerden, Verdächtigungen, Unterstellungen und Vorurteilen natürlicherweise selbstbewusst entgegentreten" (Puttinger, 9. NRSP, 144).

Dieses Argumentationsmuster zieht sich durch den gesamten Diskurs: die Dichotomie zwischen Kritik und Sorgen. Denn während man Sorgen (vor dem Neuen) durch Information aufklären kann, ist die Kritik bereits ein aus gegebenen Informationen gebildetes Urteil und bezieht sich auf die Regierungsbildung per se; ein solches Urteil kann man nicht so leicht unter den Teppich kehren. Daher wird Kritik häufig mit Vorurteil oder Vorverurteilung in Verbindung gebracht. Dazu Schüssel:

> „Es ist Zeit, die Skeptiker im In- und Ausland durch eine Politik der richtigen Taten und der richtigen Worte zu überzeugen. Ich fordere alle Kritiker (…) auf, ihre Vorurteile und vorgefassten Meinungen im Lichte der österreichischen Wirklichkeit zu überdenken" (Schüssel, 9. NRSP, 11).

Die Kritiker erscheinen als bloße „Skeptiker" mit „Vorurteilen und vorgefassten Meinungen". Dadurch entzieht er sich bereits jeder Auseinandersetzung, weil es nur eine „richtige" Meinung geben kann. Durch das Verständnis für Sorgen und Ängste soll Entgegenkommen signalisiert und ein Zugeständnis gemacht werden.

Zu den „anderen" gehört auch die Opposition:

> „Was steckt denn wirklich hinter der Aufregung der letzten Tage? – Die SPÖ hat nach genau 30 Jahren den Bundeskanzler verloren. Was in anderen Demokratien Europas selbstverständlich ist, gerät in Österreich zur inszenierten Staatskrise" (Puttinger, 9. NRSP, 143).

Auch in dieser Aussage soll das „wahre" Motiv für die Sanktionen benannt werden: der Machtverlust der SPÖ.

Die Gruppe der „anderen" wird schließlich zur Verschwörungsgemeinschaft stilisiert. Der Diskurs bietet unzählige Beispiele dafür; manchmal kommt das Bild der Verschwörung in eindeutiger, manchmal in verdeckter Form – durch die Strategie des Zweifel-Streuens – zum Ausdruck. So z. B. bei Günter Stummvoll:

> „Ich bin der Letzte, der sich nicht zur Unschuldsvermutung bekennt. (...) Aber ich muss schon sagen(...): Was in Stockholm am 26. und 27. Jänner tatsächlich passiert ist, würde uns wirklich interessieren" (Stummvoll, 9. NRSP, 54).

Der Abgeordnete beginnt mit einem Zugeständnis, die Ja-Aber-Konstruktion verrät aber seine Intention: Das Stockholmer Holocaust-Treffen wird als das entscheidende Geheimtreffen angeführt, bei welchem die Sanktionen auf Initiative von Klima hin beschlossen wurden. Am Ende seiner Rede steht für Stummvoll daher fest:

> „Die Sozialistische Internationale funktioniert noch hervorragend(...)" (ebd., 55).

Die „Sozialistische Internationale" wird zu einer Gemeinschaft mit „hervorragenden" Beziehungen und vor allem mit viel Macht konstruiert.

Das Attribut „sozialistisch" – nicht sozialdemokratisch – wird bei jeder Gelegenheit angeführt (u. z. immer dann, wenn das machtpolitische Motiv in den Vordergrund gerückt werden soll) und erhält eine negative Färbung:

> Der „belgisch liberale Ministerpräsident mit sozialistischer Unterstützung (...)" (Khol, 9. NRSP, 40).

> „Aber es ist ihm nicht gelungen seine sozialdemokratischen Staats- und Regierungschefs davon zu überzeugen, dass sie auf internationaler Ebene ein verzerrtes Österreich-Bild wiedergegeben haben" (Stummvoll, 9. NRSP, 54).

> „Was sagen Sie Ihren Freunden in der Sozialistischen Internationale" (Amon, 19. NRSP, 136)?

> „Wer ist jener portugiesische Ministerpräsident? In welcher Dreifachfunktion agiert er denn? Zugegebenermaßen als engagierter portugiesischer Minis-

terpräsident. Er ist auch Ratspräsident der EU. Aber er ist gleichzeitig auch der vorsitzende der Sozialistischen Internationale" (Kiss, 8. NRSP, 49).

„(...) denn es handelt sich offensichtlich um eine Aktion von der vereinten sozialistischen Genossenschaft Europas gegen Österreich" (Großruck, 22. NRSP, 151).

Diese Beispiele genügen, um das Verschwörungsszenario, das die ÖVP konstruiert, aufzuzeigen. Durch die Possessivpronomen („seine", „ihre"...) wird die direkte Urheberschaft und Kontrolle der gesamten Aktion bei der SPÖ – teilweise auch bei den Grünen – angesiedelt. Die Folge ist, dass die Oppositionsparteien als „Österreich-Vernaderer" oder „Staatsverräter" gebrandmarkt werden.

Dieses Verschwörungsbild und die Brandmarkung der Opposition führen dann auch zu so genannten Adhominem-Attacken, die den politischen Gegner endgültig abwerten:

„(...) machen Sie nicht ein neues Reisebüro auf, das da heißt: Gusenbauer-Vernaderungs-GesmbH, das Sie vielleicht mit einer Tupolev oder einer Iljuschin wahrscheinlich nach Havanna oder Moskau bringt, wo Sie noch Bodenproben nehmen, und dann zurückfliegt über Pnom Penh und Managua" (Großruck, 22. NRSP, 152).

Die Absicht ist, den Gegner lächerlich zu machen, seine Würde anzugreifen und die Kritik durch persönliche Angriffe vollkommen zuzudecken. Hier wird das Feindbild Kommunismus in einer Weise strapaziert, wie es nach Ende des Kalten Krieges nicht mehr vorkommen sollte. Das Metonym Pnom Penh soll etwa für das verbrecherische Regime der Roten Khmer in Kambodscha stehen. Abwertende Wortspiele gibt es auch in Richtung der Grünen, wiederum Wolfgang Großruck:

„Herr Pilz hat ja gestern eine peinliche Befragung gemacht. (...) Vielleicht hat er sich am Grabstein von Karl Marx eine Rechtsauskunft eingeholt. (...) Wir nehmen die Pilz-Gerichte, und zwar sind es grüne Knollenblätterpilze (...) nicht an" (Großruck, 9. NRSP, 224f.).

Das „Wir“ als Gegenüber ist nicht nur die Regierung bzw. die Koalitionsparteien, sondern auch die österreichische Bevölkerung. Diese Vereinnahmung ist notwendig, um die erforderliche Solidarisierung zu erreichen:

> „Es kann doch nur jeder ja sagen, wenn wir fordern, dass diese Sanktionen gegen unser Volk, gegen unsere Regierung so schnell wie möglich aufgehoben werden sollen" (Khol, 19. NRSP, 101)!

So wie Khol versuchen alle ÖVP-Redner eine Gemeinschaft zu konstruieren, die sowohl Regierung als auch die Bevölkerung umfasst. Die Sanktionen richten sich gegen alle. Alle, das sind die Patrioten, die ihre Heimat gegen „das Ausland“ verteidigen. Schüssel erklärt:

> „Diese Sanktionen treffen uns alle. Sie treffen uns als Minister, sie treffen aber auch die Bürger, und sie treffen damit ein ganzes Land. Man kann nicht zwischen einer letztlich über eine demokratische Wahl zustande gekommene Regierung und einem Volk, das diese Parteien gewählt hat, unterscheiden. Das geht in einer Demokratie nicht" (19. NRSP, 107).

Der Bundeskanzler vereinnahmt nicht nur jene WählerInnen, die ÖVP und FPÖ gewählt haben, sondern spricht von „einem Volk“ (und einem Volkswillen); eine Differenzierung ist nicht erwünscht. Seine These lautet: Wenn man eine demokratische Regierung kritisiert, kritisiert man das Volk. Die Konstruktionsstrategie beinhaltet auch einen Aufruf zum Zusammenhalten. Während Khol die Oppositionsparteien noch außerhalb der „patriotischen Gemeinschaft“ situiert und gleichzeitig noch Vorwürfe bekräftigt[86], versucht der Bundeskanzler ohne Anschuldigungen an die Gemeinschaft zu appellieren:

---

86 „Es ist die ‚SPÖ alt', die diese EU-Sanktionen begrüßt hat, die diese EU-Sanktionen als gerechtfertigt bezeichnet hat. Zeigen Sie, dass es eine ‚SPÖ neu‘ gibt, (. . .) die eine patriotische SPÖ ist, die gegen diese EU-Sanktionen auftritt und die sich mit dem Volk identifiziert.“ Und etwas später folgt dann: „Entkräften Sie die Gerüchte, Behauptungen, Annahmen, Spekulationen, dass diese EU-Maßnahmen von der Sozialistischen Internationale geplant wurden, durchgeführt und unterstützt werden“ (Khol, 19. NRSP, 104f.).

„Es geht dabei wirklich um Österreich. Es geht nicht um Rot, um Grün, um Blau, um Schwarz: Es geht um die Casa Austria, es geht um unsere Heimat. Es geht darum, dass wir klar zum Ausdruck bringen(...), dass diese Vorgangsweise nicht korrekt gewesen ist, dass wir gemeinsam fest dastehen müssen" (Schüssel, 8. NRSP, 59).

Die sehr metaphorisch geprägte und Appell-artige Sprache („gemeinsam", „wir müssen"...) soll Emotionen wecken (Österreich als gemeinsames Haus, als „unsere Heimat") und das Verbindende in den Vordergrund rücken. Die Bootsmetapher, die Schüssel in derselben Rede zuvor verwendet, bringt genau dies zum Ausdruck:

„(...) Wir sitzen in Wahrheit in einem Boot." (Schüssel, 8. NRSP, 40)

2.2.2 Die FPÖ

Auch bei der FPÖ finden sich dieselben Strategien und Etikettierungen, wie bei ihrem Koalitionspartner ÖVP; die Sprache ist wie üblich schärfer und der Ton rauer. Für die FPÖ ist eines völlig klar:

„(...) Immer wieder versucht" (die Opposition, K. P.) „Begründungen für diese Sanktionen vorzutragen (...) obwohl es keinen tatsächlichen Grund dafür gibt" (Schweitzer, 22. NRSP, 133).

Westenthaler meint:

„Diese Sanktionen der EU-14 sind politisch absurd, sie sind ungerecht, sie sind rechtswidrig (...)" (Westenthaler, 19. NRSP, 109).

Bestätigt fühlt sich die FPÖ durch internationale Zeitungskommentatoren, denen „Angesehenheit" attestiert wird[87]. Durch dieses Autoritätstopos sollen „Experten" zu Wort kommen, und durch die „Objektivität" ihrer Aussagen soll eine überparteiliche Sichtweise konstruiert werden. Nur ist festzuhalten, dass auch anderen Kom-

87 Meistens in der Form: „Die angesehene britische ‚Financial Times' schreibt (...)" (Westenthaler, 8. NRSP, 52).

mentatoren, von der FPÖ abweichenden Meinung, dieses „Expertentum" zugesprochen werden kann. Die Auswahl bleibt immer selektiv.

Warum gibt es also nach Meinung der FPÖ die Sanktionen überhaupt?

> „Die Sanktionenfrage war der Fluch der bösen Tat. Jahrelang hat es viele in Österreich gegeben, in der Bundesregierung und im diplomatischen Dienst, die mit einem gewissen Wohlwollen die Dämonisierung und Kriminalisierung der FPÖ im Ausland betrieben haben" (Riess-Passer, Der Standard, 18. 09. 2000).

Riess-Passer aktualisiert wieder die Opferthese: Nicht die FPÖ ist schuld, sondern jene, die die FPÖ dämonisieren. Die Kritiker der FPÖ tragen also die Verantwortung für die Sanktionen, weil sie ein falsches Bild von den Freiheitlichen zeichnen.

Ähnlich wie bei der ÖVP vermutet man den Machtverlust der SPÖ als ausschlaggebendes Motiv für die Reaktion der EU-14.

> „Meine sehr geehrten Damen und Herren von der Sozialistischen Partei! Ich sehe schon ein, dass es schwer ist, Abschied zu nehmen. Nach 30 Jahren an der Regierung ist es schwer, der Macht Adieu zu sagen. Aber sie bewältigen das Problem falsch, sie sollten wirklich professionelle Hilfe in Anspruch nehmen" (Partik-Pablé, 8. NRSP, 68).

Die Kritik des politischen Gegners wird delegitimiert, sogar lächerlich gemacht. Die Kritik wird als „falsche Therapie" heruntergespielt und mit psychischer Krankheit assoziiert. Eine Auseinandersetzung um Inhalte wird überflüssig. Und die bewusste Apostrophierung als „sozialistisch" – nicht sozialdemokratisch – verweist schon auf das Verschwörungsszenario, welches die FPÖ mitkonstruiert. Herbert Haupt spricht von

> „(...) der Kampagne, die über Europa hinwegfegt und die Österreich in eine Isolation gebracht hat (...)" (Haupt, 8. NRSP, 66).

> „(...) dass die Sozialistische Internationale in Europa einmal so auftritt, wie es für demokratische Parteien gehört, und europaweit einmal mit der Hetzkampagne aufhört" (Gaugg, 9. NRSP, 136).

„(...) es ist nicht ungeheuerlich, dass diese beiden Parteien gegen den Willen einer roten Meinungsallianz, an ihrem Selbstbestimmungsrecht festhalten" (Schweitzer, 19. NRSP, 120).

Die naturalisierende Metapher von „der Kampagne, die über Europa hinwegfegt" erzeugt ein Bild der Bedrohung, ohne genau zu nennen, wer sich dahinter verbirgt. Die angeblichen „Drahtzieher" werden nur in verschleierter und vager Form genannt. Das ist für das Ziel, ein Feindbild zu konstruieren, auch nicht notwendig. Durch die Verknüpfungen sozialistisch-rot-Allianz-Kampagne-internationl-Ausland-Einmischung werden genügend Assoziationen freigesetzt. Und durch die Anonymisierung bekommt das ganze noch einen stärkeren Charakter der Bedrohung: Die Gefahr kommt von überall her. Diese Gefahr, von den anderen bevormundet zu werden, kommt auch durch den Begriff „Selbstbestimmungsrecht" zum Ausdruck, als ob Österreich durch die Maßnahmen unterdrückt würde.[88]

Auch der Vergleich unterstützt die oben genannten Assoziativverbindungen: Allein der Ausdruck „Kampagne" erinnert schon an die „Waldheimaffäre": Während der Auseinandersetzung um die Person Kurt Waldheims, wurde dieser Begriff häufig von den Verteidigern des Bundespräsidentschaftskandidaten verwendet, um die Berichte um seine Vergangenheit zu verunglimpfen. „Kampagne" hat also schon eine bestimmte historische Prägung erfahren.[89] Im folgenden Zitat wird explizit ein Vergleich hergestellt:

„Es ist Mode in Österreich geworden, Innenpolitik über das Ausland zu machen. Wir wissen das nicht erst seit der Affäre Waldheim, wir haben es diesmal wieder erlebt (...). das zeigt (...), wie das Bemühen von entsprechenden Agitatoren im Ausland, wieder einmal gegen Österreich mobil zu machen, schief gegangen ist (...)" (Ofner, 36. NRSP, 75).

---

88 Auch das folgende Zitat transportiert das Bild von Unterdrückung bzw. Selbstbestimmung: „Viele Ältere haben sich an die Bevormundung Österreichs in der Vergangenheit erinnert. Manche hatten sogar den Eindruck, als würde unser Staat, unser souveräner Staat, wie ein französische oder belgische Kolonie im 19. Jahrhundert behandelt. (Kurzmann, 36. NRSP, 150)

89 vgl. WODAK u. a., 1990, S. 59ff.

Hier wird eine direkte Entwicklungslinie von 1986 bis 2000 gezogen (Kontinuitätsstrategie). Auch „diesmal“ versucht „das Ausland gegen Österreich mobil zu machen“. Die gesamte Debatte um Waldheim – die Themen, die Feindbilder etc. – werden wieder in Erinnerung gerufen und schwingen so im Hintergrund mit.

Auffallend – und wie schon bei der ÖVP – die Vereinnahmung, die Ofner macht: Gegen Österreich richtet sich die Kritik:

> „Es ist aber genauso politisch absurd, ungerecht und widerspricht den fundamentalen Prinzipien der Gemeinschaft der Europäischen Union, wenn europäische Spitzenpolitiker (...) Österreich als außerhalb der europäischen Wertegemeinschaft stehend sehen, also als zweitklassig hinstellen wollen, seine Bürger als zweitklassig hinstellen wollen, oder seine Politiker als zweitklassig hinstellen wollen“ (Westenthaler, 19. NRSP, 110).

Es ist ganz egal, ob österreichische Politiker oder die Bürger kritisiert werden, letzten Endes trifft man immer Österreich als ganzes. Da kann man keinen Unterschied machen, denn alle gehören zur Gemeinschaft, die sich Österreich nennt, jedenfalls

> „jene Menschen in Österreich, die an Österreich interessiert sind und (...) sich in zunehmender Weise mit dieser neuen Bundesregierung (solidarisieren) (...)“ (Haupt, 9. NRSP, 63).

Entweder-Oder lautet die Devise: Wenn ein Teil „angegriffen“ wird, ist das Ganze betroffen:

> „Und das würde Ihnen zustehen, dass Sie das Ganze, das Land, die Demokratie und seine parlamentarischen Parteien auch im Ausland gegenüber ungerechtfertigten Angriffen verteidigen“ (Westenthaler, 19. NRSP, 110f.).

Die Opposition muss sich demnach entscheiden, ob sie auf der Seite Österreichs – d. h. der Bevölkerung, der Regierung, aber auch der FPÖ – steht, oder ob sie die

„(...) Strategie, nämlich mit der Vernaderung im Ausland diese Regierung zu stürzen (...)“ (Haigermoser, 19. NRSP, 137). fortfahren will. Es gibt laut FPÖ-Diktion nur zwei Gruppen in dieser Debatte: Patrioten und Vernaderer, jeder und jede muss sich für eine Seite entscheiden. Die FPÖ ist aber bemüht, das innere Feindbild (die

Opposition, vor allem die SPÖ) aufrechtzuerhalten – eine „Wir"-Gruppe benötigt immer ein Gegenüber – und wirft der Opposition ununterbrochen vor

> „(...) den Schulterschluss mit dem Ausland gegenüber einem rot-weiß-roten Konsens vorzuziehen (...)" (Schweitzer, 19. NRSP, 121). „Es ist ein Faktum: Die SPÖ hat via Sozialistische Internationale das eigene Land im Ausland angeschwärzt" (Haigermoser, 22. NRSP, 164).

So lässt sich die These der FPÖ auf einen Nenner bringen: Die SPÖ als Urheber und Verursacher, die Sozialistische Internationale als Durchführungsorgan kritisieren ein ganzes Land (sei es auch nur ein Teil davon) unschuldigerweise (das impliziert das Verb „anschwärzen") im unbeliebten Ausland.

Interessant ist allerdings folgende Aussage Jörg Haiders in einem Format-Interview:

> „Na ja, im Grunde genommen hat uns diese Diskussion insofern nicht geschadet, als innenpolitisch diese neue Regierung dank der EU-Sanktionen eine Festigkeit bekommen hat, die sie sonst nicht bekommen hätte. Dadurch ist sie handlungsfähig, stark geworden, und unsere Minister konnten sich profilieren" (Haider, Format, 12. 09. 2000, 37).

Was ansonsten immer vermieden wird zu sagen, nämlich dass die Maßnahmen auch einen innenpolitischen Nutzen für die Koalition haben, spricht Haider offen an. Im Diskurs ist allerdings die Opferthese und die Belastung durch die Sanktionen vorherrschend: ÖVP und FPÖ können nicht offen zugeben, dass sie von den Sanktionen profitieren würden („rally-round-the-flag").[90] Die beiden Koalitionsparteien müssen gegen die Sanktionen auftreten, d. h. aber nicht, dass sie nicht doch Nutznießer sind und von diesem Nutzen auch wissen.[91]

---

90 vgl. etwa Amon: „(. . .) die Aussage, dass sich die Regierungsparteien die Sanktionen quasi wünschen beziehungsweise wollen, dass sie aufrecht bleiben (. . .), ist ja völlig absurd" (Amon, 19. NRSP, 135f.).

91 vgl. auch die Aussage Schüssels zum Weisenbericht: „Sie haben den ganzen Sommer geopfert und für die 14 einen Ausstiegsweg ermöglicht" (Schüssel, 36. NRSP, 41). Obwohl immer wieder die Aufhebung der Maßnahmen gefordert wurde – und der Weisenbericht ist ein solcher diplomatischer Mechanismus –, stellt Schüssel im Nachhinein die Situation so dar, als ob es um einen Aus-

2.2.3 Die SPÖ

Die SPÖ – attackiert von den Regierungsparteien – versucht ihre Sichtweise zu den „Sanktionen" darzulegen; sie muss sich bemühen, die Ursachen, Folgen und den Ausweg aus den Maßnahmen der EU-14 auf ihre Weise darzulegen:

> „Niemand in Österreich kann und darf sich über die Reaktion der EU und der internationalen Staatengemeinschaft freuen, denn diese Reaktionen werden für Österreich eine schwere Belastung darstellen. Aber die Frage ist doch: Waren diese Reaktionen vorhersehbar oder abwendbar" (Gusenbauer, 8. NRSP, 47)?

Gusenbauer macht ein Zugeständnis: Die Sanktionen sind alles andere als erfreulich, weil sie Österreich belasten. Damit scheint er auf einer Linie mit ÖVP und FPÖ zu sein. Doch es wird noch gezeigt werden, dass die SPÖ nicht dasselbe Österreich meint, wie die Koalitionsparteien. Überhaupt bemühen sich die SPÖ-Exponenten um eine differenzierte Sichtweise in Bezug auf die Sanktionen, vermeiden daher manchmal bewusst diesen Ausdruck (die SPÖ spricht lieber von „Maßnahmen"), um sich von der VP-FP-Diktion abzugrenzen und die Unterschiede zu unterstreichen. Dazu Caspar Einem:

> „Es ist eines der Probleme der Politik, dass es nicht möglich ist, die Dinge differenziert zu vermitteln" (Einem, Die Presse, 13. 06. 2000).

Der erste Unterschied zu den Regierungsfraktionen: Die SPÖ zeigt Verständnis für die Reaktion der 14 und gewinnt dieser auch positive Aspekte ab.

> „Denn eigentlich freue ich mich darüber, dass die Union sich darum kümmert, wie die Entwicklung in den einzelnen Ländern verläuft" (Schieder, Die Presse, 21. 02. 2000).

Oder die bereits zitierte Stellungnahme der Abgeordneten Elisabeth Pittermann:

---

stieg für die EU-14, und nicht für Österreich ging. Daraus lässt sich der Schluss ziehen, dass die Regierung mit den Sanktionen nicht so schlecht gelebt hat, wie sie immer wieder behauptet hat.

„So sehr ich bedauere, dass Österreich international geächtet wird – und das nicht nur in politischer Hinsicht (...), sosehr ich mich vor den wirtschaftlichen Folgen, die in erster Linie Ärmere und Schwächere treffen, fürchte, so sehr beruhigt es mich, als eine von jenen, deren Familie durch die Shoah bitteres Leid widerfuhr, dass diesmal die Welt früher reagiert" (Pittermann, 8. NRSP, 65).

In beiden Äußerungen werden die Maßnahmen als positives Signal verstanden, dass sich die „Union" oder „die Welt" um die innenpolitische Entwicklung in Österreich kümmert, bei Pittermann wird sogar der Vergleich zur NS-Zeit gezogen. Die von ÖVP und FPÖ kritisierte „Einmischung" wird als berechtigt dargestellt, um vielleicht eine Katastrophe – wie es der Vergleich Pittermanns nahe legt – zu verhindern.

Sind solche Äußerungen nicht politischer Selbstmord? Die SPÖ-RednerInnen konstruieren daher gleichzeitig ihre eigene Solidargemeinschaft:

„Wir werden im Inland (...) mit allen demokratischen Mitteln gegen diese Regierung kämpfen, wir werden aber weiter Europa und die Welt ersuchen, dieses Land, seine Menschen, seine Wirtschaft und seine Kultur nicht pauschaliter für diese Regierung leiden zu lassen" (Schieder, 8. NRSP, 56).

Wie bereits das Eingangszitat Gusenbauers kommt auch hier zum Ausdruck, dass die Folgen der Sanktionen „unangenehm" sind. Die SPÖ spricht sich aber deshalb gegen die Maßnahmen aus, weil „dieses Land etc." „für diese Regierung" leidet. Die SPÖ solidarisiert sich mit Österreich, allerdings „diese Regierung" gehört nicht dazu, denn sie ist die eigentliche Ursache. Klar zum Ausdruck kommt diese „Wir"-Gemeinschaft (alle, außer die Regierungskoalition) im folgenden Zitat, ebenfalls von Peter Schieder:

Die Äußerungen der FPÖ „(...) sind kontraproduktiv und schaffen wieder jene Probleme, unter denen wir dann alle zu leiden haben" (Schieder, 22. NRSP, 126).

Hier wird auch „(…) das Grunddilemma dieser Regierung (…)“ (Cap, 22. NRSP, 139) genannt, nämlich die FPÖ. Ihre Politik, ihr Auftreten und ihre Äußerungen werden als Ursache für die Maßnahmen angesehen:

> „Der Grund für die Situation, in die die Regierung und damit Österreich gekommen ist, ist (…), dass die FPÖ bei den letzten Nationalratswahlen einen menschenverachtenden Wahlkampf geführt hat (…)" (Gusenbauer, 36. NRSP, 48).

Nochmals wird betont, dass die Maßnahmen sich eigentlich gegen die Regierung richten, aber „damit“ auch ganz Österreich treffen. Aber auch die ÖVP, vor allem Schüssel, wird zur Verantwortung gezogen, ihm wird ein Machtmotiv unterstellt:

> „Oder Sie haben manche dieser Äußerungen" (der EU und der Welt, K. P.) „bewusst verheimlicht oder verdrängt, um den Kanzlersessel für Schüssel nicht zu gefährden" (Schieder, 8. NRSP, 56).

Auf jeden Fall tragen ÖVP und FPÖ die Verantwortung für die Sanktionen: Die FPÖ wegen ihrer „bekannten furchtbaren Äußerungen“ (Schieder, ebd.), die ÖVP, weil sie eine solche Partei in die Regierung einbindet. Die „Verschwörungstheorie“ ist der Versuch

> „(…) von der internationalen Blamage der Regierungsbildung (…) abzulenken (…)" (Gusenbauer, 9. NRSP, 222).

Die SPÖ geht durch die These vom „Ablenkungsmanöver“ erst gar nicht auf die Kritik ein; indem sie es vermeidet über das Holocaust-Treffen in Stockholm zu sprechen, lässt sie Zweifel, welche ÖVP und FPÖ streuen, offen.

Immer mehr in den Vordergrund des SPÖ-Diskurses rückt die Behauptung, dass die Sanktionen der Regierung nützen würden, u. z. in doppelter Hinsicht:

> „(…) dass sie damit nämlich erstens eine Solidarisierung erreichen und zweitens der Vorhang, der wehende Nebelschleier, der Paravent erhalten bleibt, hinter dem Sie ungestört Ihre innenpolitische, sozialabbauenden Maßnahmen setzen können" (Schieder, 36. NRSP, 79).

Daher würde die Regierung auch nicht wirklich an einer Aufhebung interessiert sein:

> „Wie hat Herr Schüssel gegenüber der ‚Presse' gesagt? – Das Schlimmste, was passieren könnte, wäre, dass man nicht mehr über die EU-Sanktionen spricht. Denn dann spricht man über die Sparpakete, über Steuererhöhungen, über all diese Dinge" (Cap, 19. NRSP, 134).

Josef Cap wendet hier einen „faulen Trick" an: Er verwendet ein Zitat Schüssels, interpretiert es aber in seinem Sinn um und kann es so als Argument für die „Verschleierungsthese" heranziehen (Verdrehungstechnik). Durch das Zitieren des politischen Gegners soll die Aussage mehr an „Authentizität" bekommen.

Caspar Einem stellt einen Vergleich an, um die Solidarisierung der österreichischen Bevölkerung mit der Regierung zu erklären:

> „Wenn die Bevölkerung das Gefühl bekommt, das Land wird angegriffen, haben sie sich immer hinter ihrer Regierung zu verschanzen (versucht, Anmerk., K. P.), ganz gleich wie sehr diese Regierung abzulehnen ist. Noch vor kurzem hat man in Österreich nicht verstanden, wieso die Serben sich hinter Milosevic versammeln, obwohl doch klar ist, dass der ein Schurke ist. Es ist der gleiche Solidarisierungseffekt" (Einem, Die Presse, 13. 06.).

Vergleiche stellen die Situation immer in einen bestimmten Zusammenhang, lassen Dinge in einem anderen Licht erscheinen. Einem spricht den „rally-round-the-flag"-Effekt an; dieser Solidarisierungseffekt ist allerdings nur eine Folge der Sanktionen und der erfolgreichen Rhetorik der Regierenden, die es geschafft haben, die Sanktionen als „Angriff gegen alle" darzustellen. Trotzdem: Wie bei Milosevic, lässt sich daraus keine Rechtfertigung für die Regierung ableiten, im Gegenteil, sie kann trotz allem „schurkenhaft" sein. Das heißt, in der Sache – in der Ablehnung der Regierung – ist sich die SPÖ sicher, doch die Sanktionen sind auch ein Hindernis für die SPÖ und ihre Oppositionsarbeit.

> „(...) diese Maßnahmen (sind) (...) für das Land und (...) auch für uns Sozialdemokraten schlecht" (ebd.).

Die Bevölkerung solidarisiert sich einerseits mit der Regierung – hier scheint der Regierung die Hegemonialisierung ihres Diskursangebotes gelungen zu sein –, andererseits „lenken“ sie von den für die Opposition typisch kontroversiellen Themen (wie Budget) ab. Daher stellt Gusenbauer nach Aufhebung der Sanktionen fest:

> „Wir haben nun die Gelegenheit, jene Oppositionspolitik zu machen, die wir für richtig halten" (Format, 12. 09. 2000, 33).

2.2.4 Die Grünen

Die Argumentationslinien der Grünen decken sich im Großen und Ganzen mit jenen der SPÖ.

> „Die Frage der Sanktionen der Europäischen Union werden wir sehr genau, sehr differenziert und sehr verantwortungsvoll besprechen müssen. Es besteht nämlich eine wirklich große Gefahr, dass sich die Sanktionen und der Boykott ausweiten zu Sanktionen gegen die österreichische Bevölkerung und zu einem Boykott der österreichischen Wirtschaft. Dass das nicht im österreichischen Interesse ist, ist eine Selbstverständlichkeit. (...) Ich sage Ihnen ganz offen: Wenn Vertreter einer rechtsextremen Partei in eine Regierung aufgenommen werden, dann habe ich politisch Verständnis dafür, dass unsere Partner der anderen 14 Ländern der EU sagen: Wir wollen mit euch auf politischer Ebene nichts zu tun haben" (Pilz, 9. NRSP, 64).

Darin sind die wesentlichen Punkte angesprochen: die Ursache für die Maßnahmen ist die rechtsextreme Politik der FPÖ. Für die Reaktion der 14 zeigen die Grünen „politisch Verständnis“. Dieses Attribut „politisch“ scheint deshalb so wichtig zu sein, weil die Rechtsfrage, d. h. die Frage nach der Legalität der Maßnahmen nicht beantwortet werden kann oder nicht beantwortet werden will:

> „Die Erklärung der 14 Staaten der EU – worauf immer sie sich rechtlich auch stützen mag oder nicht stützen mag – ist eine politische Erklärung (...)" (Van der Bellen, 8. NRSP, 34).

Van der Bellen vermeidet es, diese Frage zu beantworten und streift diesen legistischen Aspekt nur, um festzuhalten, dass die Sanktionen politisch gesehen legitim sind.[92]

Die Maßnahmen der EU-14 richten sich primär gegen die Regierung, auch wenn sie noch Auswirkungen auf die Bevölkerung und auf die Wirtschaft haben können. Dafür hat man kein Verständnis, und dagegen will man etwas unternehmen. Und über allem steht das Prinzip der differenzierten Sichtweise. Dazu Eva Lichtenberger:

> „Ein (...) Problem ist (...) die ständige und gezielte Verwechslung der Maßnahmen der EU-14 mit den so genannten Sanktionen der EU. Mit dieser banalen, billigen Verkürzung will man doch nur Stimmung machen" (Lichtenberger 22. NRSP, 154).

Auch die Grünen unterstellen den Regierungsparteien eine „Sanktionstaktik", die nicht auf eine Aufhebung der Maßnahmen hinausläuft – im Gegenteil:

> „Deswegen unterstellen Ihnen (...) nicht nur Mitglieder der Opposition in diesem Haus, und zwar mit wachsendem Recht, dass es Ihnen immer weniger um Außenpolitik, (...) sondern immer mehr um innenpolitischen Gewinn geht. (...) Von der Einbunkerung Österreichs profitiert vor allem die österreichische Volkspartei" (Pilz, 22. NRSP, 145).

Deswegen stellt Pilz auch die Frage:

> „Das sind Sanktionen? – Ständig sitzen Sie offensichtlich mit denjenigen Personen, von denen Sie sich boykottiert fühlen, zusammen und erklären ihnen die Details der österreichischen Regierungspolitik und dann verlangen Sie gegenüber Ihren Gesprächspartnern einen nationalen Schulterschluss" (Pilz, 19. NRSP, 120)?

---

92 Ähnlich die SPÖ: „Wenn Sie mit ‚gerechtfertigt' fragen, ob die Sanktionen durch das Rechtssystem der Union gedeckt sind, dann ist meine Antwort nein (. . .) Vieles entsteht im Völkerrecht durch derlei Akte und wird dann zu Gewohnheitsrecht" (Schieder, Die Presse, 21. 02. 2000).

Pilz stellt damit überhaupt in Frage, dass die Sanktionen irgendwelche Folgen für die Regierungsarbeit hätten. Damit widerspricht er z. T. Van der Bellen, der nach der Verhängung der Maßnahmen die Auswirkungen sehr wohl düster zeichnet. Seine Strategie war es, die Folgen zu benennen, für die er die Regierung verantwortlich machte. Die beiden Strategien – das Unterstellen einer „Sanktionstaktik" einerseits und die Beschreibung der Konsequenzen der Sanktionen andererseits – widersprechen sich in der Zielsetzung: Erstere will die Sanktionen als innenpolitisches Theater der Regierung demaskieren und bloßstellen, zweitere will die Regierung für die Isolation Österreichs verantwortlich machen:

> „Österreichische Botschafter werden in den EU-Hauptstädten nur noch auf technischer Ebene empfangen. Sie wissen, was das bedeutet: Das sind Beamtenkontakte, und das ist kein business as usual in den bilteralen Beziehungen (...). Dort fallen ja die Entscheidungen, nicht in den multilateralen Sitzungen, wenn alles schon beschlossen ist" (Van der Bellen, 8. NRSP, 34).

Der Grünen-Parteichef verwendet dabei die Technik der Detaillierung, d. h. „was sich mit einem treffenden Wort sagen ließe, wird in allen Einzelheiten ausgemalt" (SCHLÜTER, 1974, 44). Dadurch erreicht die Aussage mehr Überzeugungskraft.

In jenem Punkt, dass die Maßnahmen durchaus auch Auswirkungen auf die Bevölkerung hätten (z. B. Stornowelle im Tourismus) widersprechen sich Pilz und Van der Bellen nicht: Denn die Grünen sind wie die SPÖ bemüht, den Unterschied zwischen Regierung und Bevölkerung hervorzuheben. Van der Bellen spricht von einer „(...) Geiselhaft der blau-schwarzen Regierung (...)" (ebd.). Die Folgen werden nicht geleugnet, aber die Verantwortung dafür tragen ÖVP und FPÖ, sie sind sozusagen die „Geiselnehmer". Während die Regierungsparteien, die die Konsequenzen der Maßnahmen ebenfalls thematisieren, die EU-14 dafür verantwortlich machen[93], kritisieren die Grünen diese Opferthese:

---

93 vgl. z. B. Schüssel: „Wir haben im wirtschaftlichen Bereich und im Tourismusbereich die Konsequenzen daraus zu tragen. (. . .) Wie kommt denn ein kleiner Hotelier oder ein kleiner Wirtschaftstreibender dazu (. . .)" Die EU-14 sind „(. . .) letztlich für all diese Maßnahmen verantwortlich (. . .)" (Schüssel, 19. NRSP, 108). Schüssel konstruiert eine „Leidensgemeinschaft" durch das unspezifische „Wir", obwohl er danach die eigentlich Betroffenen anspricht. Dabei möchte ich noch

„Sie erhalten nämlich etwas aufrecht, was diesem Land schon in der Vergangenheit nicht sehr gut getan hat und zwar so etwas wie einen Opfer-Mythos nach dem Motto: Immer sind die anderen schuld, wir sind nie schuld, es sind immer die anderen verantwortlich. (Lunacek, 19. NRSP, 127).

Durch den Vergleich mit dem Opfermythos nach dem 2. Weltkrieg (Österreich als erstes Opfer der Aggressionspolitik des Dritten Reiches) soll die damals fehlgeschlagene Strategie in einen aktuellen Zusammenhang gebracht werden: der Opfermythos schadet letztendlich dem Ansehen Österreichs, früher oder später wird über die „Mittäterschaft" zu reden sein.

Ebenfalls mit einem Vergleich über das Verdrängen spricht der Abgeordnete Grünewald das Unwissenheitstopos der Regierung an und demontiert es:

„Die Sätze: ‚Das habe ich nicht gewusst und nicht geahnt und nicht geglaubt!' (...) sind uns aus jüngster Vergangenheit bekannt. Ein Zurück- und Vorausdenken ist aber Teil des Pflichtenkataloges" (Grünewald 8. NRSP, 64).

Durch das historische Wissen und die geschichtliche Erfahrung sind solche Sätze nicht mehr ausreichend, um das eigene Handeln zu entschuldigen. Der Abgeordnete benutzt also das Topos der Geschichte als Lehrmeisterin, um die Rechtfertigungsstrategie der Koalitionsparteien zu kritisieren.

2.2.5 Der Bundespräsident

Der Bundespräsident personifiziert als Institution das Gemeinwohl. Daher weist er immer darauf hin, dass die Sanktionen aufgehoben werden sollen. Er sorgt sich um das Ganze.

---

festhalten, dass auch die Regierung je nach Intention von den ökonomischen Folgen spricht oder auch nicht: Kurz nach Inkrafttreten der Maßnahmen vermeidet sie es davon zu sprechen – man könnte sie dafür verantwortlich machen –, später greift man diese These auf, um die notwendige Solidarisierung (siehe Zitat) zu erreichen.

„Heftige innen- und außenpolitische Diskussionen sind dieser Regierungsbildung vorangegangen, die mich mit Sorge und Betroffenheit erfüllen" (Klestil, Rede vom 04. 02. 2000.

Wenn Klestil also die Aufhebung der Sanktionen fordert, dann weil

„die Situation, in der sich Österreich derzeit befindet, (...) für mein Land und vor allem für seine Menschen unangenehm und folgenschwer (ist)" (Klestil, Rede vom 12. 04. 2000).

Der Bundespräsident sorgt sich um „sein" Land – das Possessivpronomen drückt emotionale Verbundenheit und Verpflichtung aus – meint aber damit „vor allem seine Menschen". Klestil wird nicht zum Verteidiger der Regierung, sondern ihm geht es um die österreichische Bevölkerung. Auch wenn die Regierung nicht explizit von diesem „Wir" ausgeschlossen ist, bleibt sie auf jeden Fall nebensächlich in den Reden Klestils. Allerdings appelliert es stets, der Regierung eine Chance zu geben:

„Ich bitte daher alle politischen Kräfte unseres Landes, alle Österreicherinnen und Österreicher und auch unsere Partner in der Europäischen Union und in der Welt, der neuen Bundesregierung eine Chance zu geben und sie nach ihrer Arbeit zu beurteilen" (Klestil, Rede vom 04. 02. 2000).

Dieser Appell an Zusammenhalt und Zusammenarbeit (Aufruf an alle) entspricht der traditionellen Rolle des Bundespräsidenten, der sich gerade in Krisensituationen um das Gemeinwohl kümmert.

Klestil verzichtet daher auch auf Schuldzuweisungen, auch wenn er zu seiner Verteidigung klarstellt, dass

„diese Kritik (...) zu erwarten (war) (...). Bei meinen zahlreichen Kontakten mit ausländischen Staats- und Regierungschefs (...) nach dem 3. Oktober sind mir diese Sanktionen angekündigt worden – und eine Isolation Österreichs. Ich habe die österreichischen Politiker hierüber informiert" (Klestil, News, 03. 02. 2000, 16).

Ansonsten steht das Ziel, die Aufhebung der Maßnahmen der 14, im Vordergrund, und dabei sind Schuldzuweisungen weder hilfreich, noch würden sie dem Rollenbild eines integrativen Bundespräsidenten, der sich von der „Niederungen" der Parteienpolitik abhebt, entsprechen.

Obwohl Klestil daher auf seine Terminologie achtet[94], spricht auch er vom „(...) Beschluss der 14 EU Staats- und Regierungschefs gegenüber Österreich" (Klestil, Rede vor der Kommission, 08. 03. 2000) und sogar von „EU-Sanktionen" (ebd.).

Beide ungenauen Termini sind nur im Kontext der Strategie zu verstehen: Der Bundespräsident wirbt für Österreich, daher muss auch klar werden, dass Österreich als Ganzes von den Maßnahmen betroffen ist.

Klestil weist auch darauf hin, dass

> „die Situation, in der sich Österreich aber auch seine 14 EU-Partner befinden, (...) für alle 15 eine sehr unangenehme ist, so dass es unser Ziel sein muss, raschestmöglich einen Ausweg aus dieser Situation zu suchen und zu finden" (ebd.).

Damit versucht Klestil das Problem auf eine europäische Ebene zu heben, seine Sorge gilt auch der EU. Im Unterschied zu den Regierungsparteien, die auch von einer Bedrohung des europäischen Einigungswerkes sprechen, spielt Klestil diese Gefahr nicht gegen die EU-14 aus. In diesem Sinn ist auch die Reaktion Klestils auf die Aufhebung der Sanktionen zu verstehen:

> „Ich bin sehr froh, dass der Bericht der Weisen zu einer Aufhebung der Maßnahmen geführt hat, aber es gibt keine Gewinner. Europa hat Schaden genommen und auch Österreich" (Klestil, profil, 18. 09. 2000).

---

94 „An dieser Stelle möchte ich einmal festhalten, dass der Terminus ‚EU-Sanktionen' unrichtig ist, weil die ‚Erklärung der portugiesischen Präsidentschaft der Europäischen Union im Namen von 14 Mitgliedsstaaten' außerhalb des einheitlichen institutionellen Rahmens der EU erfolgte" (Klestil, News, 05. 05. 2000, 18).

3. Über Österreich

„Österreich als politischer Raum und als politische Identität, das ist zunächst einmal das Resultat eines Auseinanderfallens – und Österreich ist, wiederum als Raum und Identität, etwas von oben und von außen Aufgezwungenes."

PELINKA 1990, 147

3.1 Österreich – eine Geschichte der Problematisierung

2000 waren 77% der Befragten der Meinung, Österreich sei eine eigene Nation, was immer darunter auch zu verstehen ist. Eine Selbstverständlichkeit? Mitnichten: 1964, also nur mehr als 30 Jahre vorher, bejahten lediglich 47% diese Frage (vgl. ULRAM/GfK 2000). Diese demoskopische Erhebung bestätigt die allgemein akzeptierte These, dass das Nationalbewusstsein das Produkt der Zweiten Republik ist (vgl. BRUCKMÜLLER 1994, 18), oder wie Bundespräsident Klestil anlässlich des 80. Verfassungstages meinte: „(...) der erfolgreiche Weg vom ‚Staat, den keiner wollte' – zur ‚Republik, die alle wollen'(...)" (KLESTIL, Rede vom 02. 10. 2000).

Österreich, dem Eingangszitat Pelinkas folgend, war am Anfang etwas Zufälliges und Ungewolltes: Das Ende der Monarchie hinterließ einen deutschsprachigen, orientierungs- und identitätslosen Rest. An diesen Rest konnte kaum jemand glauben, die Lösung sah die Provisorische Nationalversammlung von 1918 in einem Anschluss an Deutschland. Die Legitimitätskrise des neuen Staates erwuchs aus einer Identitätskrise: Man fühlte sich dem deutschen Kulturraum zugehörig. Die Sozialdemokraten (SDAP) sahen in Deutschland auch die Chance für die Etablierung eines fortschrittlichen, sozialistischen Systems, Österreich hingegen stand für das alte habsburgische Reich. Allerdings vereitelten die Siegermächte diesen Plan, Österreich musste selbständig bleiben. Die politischen Eliten – Sozialdemokraten und Christlich-Soziale – mussten sich zusammenraufen: Durch einen Verfassungskompromiss 1920 entstand die Erste Republik, die auch für das heutige politische System die Grundlage darstellt. Nach Ausgestaltung des politisch institutionellen Rahmens traten aber die ideologischen Unterschiede zwischen den großen Parteien in den Vordergrund. Die „Große Koalition" brach auseinander und an dessen Stelle folgten nur mehr Regierungen des so genannten „Bürgerblocks"; die SDAP befand sich von nun an in Opposition. Christlich-Soziale und Deutschnationale wollten nun ihre Vorstellungen einer politischen Ordnung durchsetzen und begannen mehr Druck in Richtung Verfassungsänderung auszuüben: Stärkung der Exekutive, Schwächung der Legislative. Die Sozialdemokraten waren unter den latenten Putschdrohungen zu Kompromissen bereit. Die Verfassungsnovelle von 1929 führte zu einer Aufwertung des Bundespräsidentenamtes: Direktwahl durch das Volk, Ernennungsrecht der Regierung, Auflösungsrecht gegenüber dem Nationalrat, Notverordnungsrecht, Oberbefehl über das Bundesheer. Die Konfrontation zwischen den politischen Lagern schlug sich auch in einer Militarisierung nieder: Auf beiden Seiten gab es bewaffnete Wehrverbände zum Schutz der eigenen Interessen. Verstärkt wurde diese politische Polarisierung durch eine ökonomische Krise: hohe Arbeitslosigkeit, gebremstes Wachstum, Strukturprobleme in wichtigen Wirtschaftsbereichen. Das junge Österreich konnte nicht zu einer „neuen Heimat" werden.

Die Politik-, Wirtschafts- und Identitätskrise beantworteten die Christlich-Sozialen mit einem autoritärer werdenden Kurs. Ein Geschäftsordnungsstreit des Nationalrates 1933 wurde zum Anlass genommen, um die Demokratie auszuschalten und ein faschistisches Regime zu installieren. Im Februar 1934 kam es zur offenen Konfrontation zwischen den sozialdemokratischen Schutzbündlern und den christlichsozialen Heimwehren. Alle Parteien bis auf die faschistische Einheitspartei wurden verboten. Das austrofaschistische Regime verstand sich als das bessere Deutschland (katholisch geprägter Patriotismus) und wehrte sich gegen den stärker werdenden Druck Nazi-Deutschlands. 1938 allerdings erfolgte der militärisch gewaltsame, aber von großen Teilen der Bevölkerung euphorisch begrüßte Anschluss an das Dritte Reich, Österreich verschwand von der Landkarte (vgl. BREUSS u. a. 1995, 258ff. ; HALLER 1996, 80ff. ; PELINKA 1990, 14ff.).

Die Wiedererlangung der Souveränität und Wiedererrichtung der Demokratie kam von außen durch den Sieg der Alliierten über Hitlerdeutschland. „Dieses vierte Österreich[95] war jedoch nur teilweise, nur oberflächlich vom Österreich-Patriotismus geprägt. Hinter einer nun deutlich nicht deutsch geprägten nationalen Identität stand eine intakte Lagermentalität[96]" (PELINKA 1990, 16). Den politischen Eliten kam nach dem Zweiten Weltkrieg eine wichtige Rolle zur Identitätsstiftung zu. Die beiden großen Parteien – nunmehr SPÖ und ÖVP – bezogen ihre Legitimität aus dem Widerstand, der Antifaschismus wurde zur Grundlage einer neuen Zusammenarbeit. Daher kommen Haller und Gruber zum Schluss, „(...) dass die kollektive Definition der österreichischen Identität, wie sie durch die Programme, Schriften und Reden der Parteien und ihrer maßgeblichen Persönlichkeiten, aber auch durch ihre faktische Politik mitgestaltet wurde und wird, einen außerordentlich bedeutsamen Effekt zumindest für die Vorstellungen jener Menschen hat, die ihnen weltanschaulich sehr nahe stehen" (HALLER/GRUBER 1996, 95).

Einige der wichtigsten Elemente der Österreichidentität, geprägt und entstanden durch die Zweite Republik, sind:

1. Die Abkehr von Deutschland: Deutschland wurde als „das böse" und für den Nationalsozialismus verantwortliche Land identifiziert und stigmatisiert, Österreich als „Opfer" mystifiziert, der Deutschnationalismus diskreditiert. Die politischen Parteien waren an einer raschen Identitätsstiftung interessiert, eine Debatte um die jüngere Vergangenheit stand dem im Weg. „Diese Abwehr gegenüber jeder grundsätzlichen Problematisierung der Republik wird gerne mit der traumatischen Erfahrung begründet, die mit der Ersten Republik gemacht worden war: dass ein Staat untergehen kann, wenn nicht an ihn geglaubt wird.

95 Das erste Österreich ist jenes zur Zeit der Habsburgmonarchie, das zweite Österreich bezieht sich auf die Erste Republik und das dritte Österreich meint das faschistische Dollfuß- bzw. Schuschniggregime (vgl. PELINKA 1990, 13ff.).

96 Dieser „Lagerpatriotismus" entstand bereits in der Monarchie, „(. . .) der Vielvölkerstaat Österreich konnte keine Emotionen binden." (PELINKA/ROSENBERGER 2000, 22) Auch in der Ersten Republik waren diese Lager angesichts mangelnder Identifikation mit Österreich fixe Orientierungspunkte der Menschen. Diese Tradition der „Subgesellschaften" setzte sich in der Zweiten Republik lange Zeit fort.

An die Zweite Republik musste daher bedingungslos und ohne Widerspruch geglaubt werden" (MENASSE 1993, 12f.).[97]

2. Die österreichische „Erfolgsstory": Damit ist der rasche wirtschaftliche Wiederaufbau in der Nachkriegszeit, besonders aber auch die Kreisky-Ära in den 70er Jahren[98] (Modernisierung, „österreichischer Weg") gemeint. Der Elitenkonsens von SPÖ und ÖVP (im Gegensatz zur konfrontativen Auseinandersetzung in der Ersten Republik), die Etablierung der Sozialpartnerschaft, die Verstaatlichung wesentlicher Wirtschaftszweige gepaart mit einem Klientelismus der „Lager" ließ den sozialen Frieden und ökonomischen Wohlstand (hohe Wachstumsraten, geringe Arbeitslosigkeit) zu einem wichtigen Identifikationsmerkmal werden.

3. Die Neutralität: „Die mythologische Auskleidung der Neutralität ist die ‚origo gentis', die Stammessage der Österreicher der zweiten (sic!) Republik" (BRUCKMÜLLER 1996, 135). Die Neutralität - auch wenn sie im untersuchten Diskurs keine Rolle spielt - wurde zum Symbol der staatlichen Unabhängigkeit und Eigenständigkeit, da sie schließlich eng mit der Wiedererlangung der vollen Souveränität verbunden ist. Durch österreichische Politiker, die die außenpolitische Rolle der Neutralität und Österreichs besonders prägten (vor allem Kreisky), wurde die Neutralität zu einem wichtigen Identifikationspunkt für die Bevölkerung. Dieser aktiven Neutralitätspolitik entspringt auch das Bild von Österreich als „Brücke" und als „neutrale Friedenszone" (vgl. BRUCKMÜLLER 1994, 133).

Die Erosion wichtiger Identifikationsmerkmale bedingt auch einen Wandel des Österreichbewusstseins. „Spätestens mit der Affäre um Kurt Waldheim[99] verlor der

97 Verständnis für dieses Verhalten der Großparteien zeigen Haller und Gruber: „Wenn in den Jahrzehnten nachher wenig über die österreichische Mitschuld am Nationalsozialismus, den Ständestaat usw. diskutiert wurde, kann man dies nicht nur als Verdrängung sehen, sondern muss es auch als Teilaspekt dieser Neuorientierung sehen" (HALLER/GRUBER 1996, 85).

98 Dies belegen Umfragen, wann es den Österreichern am besten ging: 45% sind der Meinung, das war in den 70er Jahren, 33% sagen, erst in den letzten Jahren sei dies der Fall gewesen (SWS-Bildstatistiken 2/1994, 215).

99 Zur Waldheimaffäre siehe S. 139ff.

Österreich-Patriotismus seine verbindende Überzeugungskraft (...). Verschlampung der Vergangenheit und österreichischer Patriotismus in Kombination – das bewirkte, wohl endgültig, dass ein Patriotismus nicht mehr von vornherein und uneingeschränkt als zukunftsweisende Identität des Landes verstanden werden kann" (PELINKA 1990, 18).

Und noch etwas verlor zu Beginn der 80iger Jahre an Anziehungskraft: die Lagerbindung. Die schlechter werdende Wirtschaftslage und der ideologische Wandel in der Wirtschaftspolitik (Thatcherismus, Reaganismus) erschwerte die totale „Fürsorge"; die alte Parteienbindung ging zusehends zurück, auch auf Grund höherem Bildungsniveaus und größerer Mobilität in der Bevölkerung. Und nach dem Fall des Eisernen Vorhangs und der Hinwendung zur EG/EU kam auch der letzte Pfeiler der österreichischen Identität – die Neutralität – ins Wanken, wenn auch nicht zum Einsturz.

3.2 Das Österreichbild in der „Sanktionendebatte"

„Kritische Fremdbilder von der eigenen Gruppe können das Selbstbewusstsein mobilisieren, aber auch modifizieren: Die Österreichkritik der 1980er Jahre führte zu einer deutlichen Veränderung des Selbstbildes. ‚Österreich' sieht sich selbst nun weniger als geliebte und gelobte, international aktive ‚Insel der Seligen' (...)" (BRUCKMÜLLER 1994, 122)

Die Maßnahmen der EU-14 waren Anlass für internationale Medien, sich wieder intensiver mit Österreich auseinanderzusetzen. Diese „Fremdbilder" über Österreich waren wiederum Anstoß für die Österreicher selbst, über ihr eigenes Land nachzudenken. Was ist Österreich? Was macht Österreich aus? Und hat sich Österreich verändert? Diese Fragen kennzeichnen auch die Auseinandersetzung zwischen den Parteien und den Diskurs des Bundespräsidenten, wobei sich im Österreichbild mehr Konsensbereiche ausmachen lassen als bei den vorhergehenden Diskurssträngen, wie auch eine erste Übersicht der verschiedenen Positionen der Akteure zeigt:

1. Die ÖVP ist angesichts ihrer geschichtlichen Tradition von einem starken Österreichbekenntnis geprägt und prägt es mit, auch wenn dieses seit der Forcierung und Umsetzung des EU-Beitritts einige Veränderungen erfahren hat. Die Kanzlerpartei wird einerseits den erfolgreichen „Österreich-Weg" fortsetzen wollen (Kontinuitätsstrategie), andererseits auch für Veränderungen eintreten (Transformationsstrategie), weil sie gerade deswegen einen Koalitionswechsel anstrebte.
2. Die SPÖ hat durch ihre fast ununterbrochene Regierungstätigkeit ähnlich wie die ÖVP „Österreich" mitgestaltet. Ihr wird es vor allem darum gehen, das Erreichte zu bewahren und auf mögliche negative Folgen der „Wende" aufmerksam machen (Bewahrungsstrategie).
3. Bei der FPÖ wird seit der Entdeckung des EU-kritischen Wählerpotentials der Österreichpatriotismus großgeschrieben. Dabei handelt es sich z. T. um einen chauvinistisch geprägten Patriotismus, der alles, was „sozialistisch" ist, ablehnt. Die FPÖ steht für Veränderung wichtiger Elemente des politischen Systems.
4. Die Grünen halten mehr von Weltoffenheit als Patriotismus, auch wenn in dieser polarisierten Situation auch die Grünen sich dezidiert als Patrioten deklarieren. Trotzdem sind die Grünen die Partei, die eine selbstreflexive, kritische und differenzierte Bewertung Österreichs gegenüber einer „Beweihräucherung" bevorzugen.
5. Für den Bundespräsidenten wiederum ist die Bewahrung und Verteidigung des Ansehens Österreichs in der Welt eine zentrale Aufgabe; das wird von ihm erwartet und so versteht er sich selbst. Wenn es um Österreich geht, setzt er seine gesamte Autorität ein, um ein positives Bild „seines" Landes zu verbreiten.

3.2.1 Die ÖVP

> „Die Republik Österreich ist von sehr schwierigen Anfängen nach dem Zweiten Weltkrieg zu einem wirtschaftlichen Musterland aufgestiegen. Die Österreicherinnen und Österreicher haben durch ihren Fleiß und ihren Einsatz dieses Land zum Blühen gebracht. (...) Das ist unsere ökonomische Erfolgs-

bilanz. Österreich ist heute eine stabile Demokratie. (...) Trotz der Demonstrationen in diesen Tagen sind radikale Auswüchse, wie sie in vielen anderen Ländern auf der Tagesordnung stehen, in der Geschichte der Zweiten Republik ebenso selten wie große Streikbewegungen oder Konflikte mit Minderheiten. Unser gesellschaftlicher Konsens, Polarisierung abzulehnen, und die Überzeugung, dass der demokratische Dialog zu den besten Lösungen führt, sind jener Boden, auf dem Österreich gut gewachsen ist. Und dies ist unsere demokratische Erfolgsbilanz" (Schüssel, 9. NRSP, 10).

Der Bundeskanzler zieht anlässlich seiner Regierungserklärung eine positive Bilanz der Zweiten Republik, die von Erfolg geprägt ist. Österreich wird als „wirtschaftliches Musterland", als ein „blühendes" Land charakterisiert. Das Österreichbild ist geprägt von positiven, metaphorischen Etikettierungen (man beachte die botanische Metapher des „Blühens") und Attributen. Die „ökonomische Erfolgsbilanz" ist ein wesentlicher Punkt der Österreichidentifikation, die der Kanzler hier nochmals in Erinnerung ruft. Diese Bilanz ist eine „gemeinsame": Schüssels Gemeinschaft schließt alle Parteien, aber auch die Bevölkerung mit ein. Seine Konstruktion bezieht sich aber auch auf all diejenigen, die seit 1945 am Aufbau mitgewirkt haben (auch auf die Toten); Schüssel stellt somit gleichzeitig eine historische Gemeinschaft her.

Eng mit der „Erfolgsstory" verknüpft ist das Bild des „sozialen Friedens", der „Konsensdemokratie". Schüssel bezeichnet Demonstrationen als „radikale Auswüchse" (das Bild ist wiederum der Botanik entliehen); in einem Land, in dem man bisher von „Streiksekunden" sprach, ist diese Negativbewertung von Polarisierung eine tradierte Vorstellung. Diese wurde wesentlich durch Große Koalition und Sozialpartnerschaft geprägt. Felix Kreissler erklärt dies folgendermaßen: „Da die Sozialpartnerschaft jeden vehementen Umsturz, ja auch jede ‚außerparlamentarische' Aktion ausschließt, wie etwa Demonstrationen und Streiks, werden diese von vornherein verdammt und als Putschversuche gebrandmarkt, als Versuche mit Gewalt die bestehende Ordnung zu stürzen" (KREISSLER 1984, 424). Die Bewahrungsstrategie des Bundeskanzlers dient in diesem Fall dazu, die Demonstrationen gegen Schwarz-Blau zu diffamieren und als nicht „österreichisch" zu brandmarken. Dadurch sollen die Demonstrationen auch Ablehnung bei der Zuhörerschaft auslösen. Klar zum Ausdruck kommt die Bewahrungsstrategie des Kanzlers in einem anderen Zitat:

> „Dieses Österreich – ich sage das mit aller Deutlichkeit – hat sich in den vergangenen Tagen nicht verändert. Bei manchen in- und ausländischen Beobachtern hat sich aber der Blickwinkel auf unser Land gewandelt (...)" (ebd., 11)

Warum es überhaupt zu einer Debatte über „Österreich" gekommen ist, hat mit einem veränderten „Blickwinkel" von außen zu tun. Schüssel beruhigt: Österreich hat sich nicht verändert.

Auch bei der „humanitären Tradition" Österreichs will Schüssel anknüpfen und diese bewahren:

> „Österreich war und ist ein aufnahmebereites Mitgliedsland für Flüchtlinge und Asylanten. 1956 haben wir über 200. 000 Flüchtlinge aus Ungarn aufgenommen und 1968 100. 000 Flüchtlinge aus der Tschechoslowakei. Wir waren Transitland für 367. 000 Juden aus der Sowjetunion, und in den neunziger Jahren kamen Hunderttausende von Flüchtlingen aus dem ehemaligen Jugoslawien. (...) Wir haben 9,2% Ausländeranteil in Österreich. Wien hat mit über 17 Prozent legalen Ausländern aus Nicht-EU Ländern einen weit aus höheren Anteil als die meisten europäischen Metropolen" (Schüssel, 19. NRSP, 107).

Durch die Problematisierung der xenophoben Wahlkampfparolen der FPÖ ist ein positives Image Österreichs als aufnahmebereites Flüchtlingsland eine wichtige Gegenstrategie. Die Formel „war und ist" soll auf die Kontinuität der Hilfsbereitschaft Österreichs hindeuten. Dieses positive Bild des Kanzlers[100] – bewusst in Kontrast zu den anderen Mitgliedsstaaten gestellt (Topos: „Wir sind besser als die anderen") – ist sicherlich richtig, nur ist es gleichzeitig auch eine Schwarz-Weiß-Male-

100 „Niemand soll daran zweifeln, dass wir uns glaubhaft zu Toleranz, Offenheit und zur Wahrung der Menschenrechte bekennen." (9. NRSP, 10f.) Dieses „Wir" ist gezielt sehr unpräzise ausgefallen: Dadurch kann der Kanzler das positive Bild über die österreichische „Gastfreundschaft" auch auf die Regierung und die FPÖ übertragen (Vereinnahmung).

rei. Eine überwältigende Mehrheit der ÖsterreicherInnen ist auch der Meinung, Zuwanderer würden die Kriminalität erhöhen und begrüßen daher eine Begrenzung der Zuwanderung. Vor allem, was die Kriegsflüchtlinge aus dem ehemaligen Jugoslawien betrifft, meinen 65%, diese hätten ein problematisches Ausmaß erreicht (vgl. HALLER 1996, 518). Obwohl die politische Elite gerne die Aufnahmebereitschaft Österreichs preist, gibt es in der Bevölkerung einen signifikanten Anteil, der eine ablehnende bis chauvinistische Haltung gegenüber „Fremden“ einnimmt.[101]

Die Kontinuitäts- bzw. Bewahrungsstrategie ist aber nur die Voraussetzung für die Transformationsstrategie:

> „Unsere lokale Welt verändert sich zu einer globalen Gesellschaft, und wenn wir international mithalten wollen und die österreichische Erfolgsgeschichte fortschreiben wollen, dann müssen wir vieles erneuern" (Schüssel, 9. NRSP, 12).

Die Modalverben „wollen“ und „müssen“ weisen auf die angebliche Notwendigkeit für Veränderungen hin, um nicht den internationalen Anschluss zu verlieren. Das Bedrohungstopos ist nichts Geringeres als der Verlust des bisherigen Erfolges; die „Bedrohung“ ist extern und heteronom („internationaler Wettbewerb“). Während das Bedrohungstopos im Falle der Bewahrungsstrategie vor Veränderungen warnen soll, dient bei der Transformationsstrategie das Bedrohungsszenario dazu, Reformen als Ausweg aufzuzeigen. Die Veränderung durch die Regierungsbildung wird mit positiven Attributen versehen:

> „Es geht wie eine Befreiung durch dieses Land, dass hier dynamisch regiert wird, erfolgreich regiert wird und endlich die heißen Eisen angepackt werden" (Khol 22. NRSP, 17).

---

101 Siehe dazu auch die Tabellen in BRUCKMÜLLER 1994 in Bezug auf Ausländer: „Fordern durch ihr Verhalten Feindseligkeit heraus“ (Serben: 32%, Türken: 24%, Polen: 21%) und „Lieber nicht als Nachbarn“ (Zigeuner: 49%, Serben: 43%, Türken: 41%, Juden: 31%), beide S. 156.

„Das Regierungsprogramm der ÖVP und FPÖ stellt eine Zäsur in der Zweiten Republik dar. Durch wohl durchdachte strukturelle Maßnahmen bekommt die Wirtschaft mehr Luft zum Atmen (Puttinger 9. NRSP, 144).

Befreiung – Dynamik – mehr Luft zum Atmen: Alle diese Beschreibungen und Metaphern vermitteln den Eindruck, als ob Österreich durch die neue Regierung endlich von schweren Lasten und Belastungen erlöst würde. Durch die unterschiedliche Bedeutung der Bedrohung (und der Frage nach Veränderung) ergeben sich auch Widersprüche:

„Und zweitens, dass ich mitwirken kann, in einer neuen Epoche, in der wir vom übermächtigen Konsensstreben hin zu einer Diskussionskultur kommen, wo man hie und da etwas beschließt, bei dem manche Gruppierungen nicht zustimmen. Das ist eine echte Wende in Österreich. Es wird in Zukunft wahrscheinlicher werden, dass nicht alle Seiten zustimmen (...)" (Gehrer, Die Presse, 05. 08. 2000).

Hebt Schüssel noch den Interessensausgleich und den Konsens hervor (Bedrohung durch Demonstrationen), lobt Gehrer den Beginn einer „neuen Epoche" (ein Ausdruck, der große Veränderungen impliziert und daher bedeutsam für die Geschichte sein wird) und die Ablöse des „übermächtigen Konsensstrebens" durch eine geregelte Konfliktkultur. Der Konsens erscheint als Belastung und Bedrohung. Diese Widersprüche ergeben sich zwangsläufig, will man gleichzeitig bewahren und verändern.

Zum Abschluss noch ein Österreichbild, das gerne erwähnt wird und „(...) ein äußerst beliebtes Klischee(...)" (BRUCKMÜLLER 1994, 132) der österreichischen Identität ist: Österreich als Land im „Herzen Europas":

„Ich glaube, wir sollten alles tun, um eben als ein Land im Zentrum Europas diese geostrategische Position tatsächlich nützen und auch die Länder an die Union heranführen, die derzeit noch nicht im Kandidatenstatus sind" (Ferrero-Waldner 36. NRSP, 77).

Dieses Bild von Österreich als Verbindung zwischen „Ost" und „West" schreibt man sich gerne zu. Ein „Herz", ein „Zentrum" ist tatsächlich eine wichtige Position –

davon hängt vieles ab. Erhard Busek – zunächst EU-Osterweiterungsbeauftragter der Regierung – gibt allerdings eine realistischere Einschätzung ab:

> „Es mag uns eigentlich niemand, und es braucht uns niemand. (...) Immer hat man mit erhobenem Zeigefinger den anderen die Welt erklärt (...) Darüber hinaus hat man vor allem die Nachbarstaaten im Osten nicht gut behandelt und vernachlässigt. (...) Europa braucht Österreich nicht" (Busek, Die Presse, 08. 02. 2000).

Das Herz „Österreich" ist doch nicht so wichtig, wie man gerne glauben möchte. Es genügt nicht nur, sich als Zentrum zu bezeichnen, man muss auch demnach handeln.

3.2.2 Die SPÖ

Die Sozialdemokraten wollen die bisherigen Errungenschaften bewahren – sie waren maßgeblich daran beteiligt – und eine Differenz zur zukünftigen Politik der neuen Regierung herstellen:

> „Als Opposition in diesem Hause werden wir nicht zulassen, dass Sie all das, worauf wir in dieser Republik stolz sind, in den nächsten Monaten und Jahren schlecht machen" (Schlögl, 9. NRSP, 135).

Die Errungenschaften der Zweiten Republik sieht die SPÖ durch die neue Koalition in Gefahr (Bedrohungstopos). Die SPÖ stellt ihre Regierungsarbeit in schillernden Tönen dar, Edlinger spricht sogar von „drei großen sozialdemokratischen Erfolgsbilanzen" (9. NRSP, 76) und meint damit – ähnlich wie Schüssel – die erreichten ökonomischen, demokratischen und sozialen Standards in Österreich. Der Unterschied zwischen beiden Politikern besteht allerdings in der Vereinnahmung, die Edlinger vornimmt: Diese Vereinnahmung („sozialdemokratische" versus „gemeinsame Erfolgsbilanz") ist in der Logik der SPÖ-Strategie sicher sinnvoll, will man ein Bedrohungsszenario konstruieren. Indem die SPÖ sich als Hauptverantwortlicher und Garant für das bisher Erreichte darstellt, ist die Kontinuität dieser „Erfolgsgeschichte" tatsächlich in Gefahr, wenn sie nun nicht mehr Regierungsfunktionen übernimmt.[102]

Die Bedrohung wird dann auch namentlich genannt:

> „Sie von der freiheitlich-schwarzen Bundesregierung haben es zustande gebracht, schon nach wenigen Tagen Regierung diese Republik innerlich zu spalten, international zu isolieren und bloßzustellen" (Schlögl, 9. NRSP, 134).

> „Österreich hat sich nämlich geändert: Ich kann mich nicht erinnern, dass ich jemals an Polizeisperren vorbeigehen musste, um dieses Haus zu betreten (...). Das ist das Klima, das Sie in diesem Lande erzeugt haben" (Edlinger, 9. NRSP, 77).

> „Österreichs mühselig aufgebautes Ansehen in der Welt wurde mit einem Schlag schwer geschädigt" (Pittermann, 8. NRSP, 66).

> „In nur wenigen Tagen haben Sie es fertig gebracht, aus dem positiven Begriff ‚Wende', der Hoffnung vermittelt hat, einen Begriff der Angst zu machen" (Kostelka, 9. NRSP, 25).

Bedroht ist der österreichische Konsens in der Gesellschaft, stattdessen droht Polarisierung und Spaltung.[103] Bedroht ist das Ansehen Österreichs, stattdessen droht internationale Isolation. Und die Veränderungen sind mit Angst statt mit Hoffnung verbunden.

Diese „Antimiranda"[104] von den negativen Konsequenzen durch die Wende sollen von den angeblich notwendigen Veränderungen abraten. Die Zukunft Österreichs

---

102 Genauso ist es für die ÖVP sinnvoll an Vergangenes – das allgemein positiv bewertet wird – anzuknüpfen, um eine Kontinuität zwischen Vergangenheit und Zukunft herzustellen.

103 Auch Schüssel sieht den Konsens in Österreich bedroht, allerdings nicht durch die von ihm geführte Regierung, sondern durch die „radikalen Auswüchse".

104 Miranda sind Symbole, die Bewunderung erwecken und die Gesinnung ansprechen. „Sie dienen der Stärkung der Loyalität gegenüber (...) der Gruppe und der Stützung des Zusammen-

erscheint bedrohlich und beängstigend, die Vergangenheit als glorreich und erfolgreich – eine Schwarz-Weiß-Malerei ist Teil der Strategie. Warum also etwas ändern? Das Thema „Veränderung" wird im SPÖ-Diskurs weitgehend ausgespart.

Dass aber auch die SPÖ an der Aufrechterhaltung eines positiven Österreichimages im Ausland interessiert ist, zeigt folgender Vergleich Gusenbauers:

> „Dass im Europarat der Antrag auf ein Monitoring-Verfahren gegen ein Land eingebracht wurde, ist in der Vergangenheit bei der Slowakei, bei Weißrussland oder bei anderen Ländern der Fall gewesen. Wenn gegen Österreich solch ein Antrag eingebracht wird, dann werden wir implizit auf dieselbe Stufe gestellt, und daher habe ich es abgelehnt" (Gusenbauer, 19. NRSP, 113).

Der SPÖ-Chef spricht die Debatte über eine mögliche Beobachtung Österreichs durch den Europarat an, wobei er zwei Gruppen konstruiert: „Wir" – damit ist Österreich als Ganzes gemeint – und die Gruppe der „Anderen", zu welcher u. a. die Slowakei und Weißrussland gehören. Gusenbauer will mit diesen anderen nicht auf eine Stufe gestellt werden, denn Österreich ist „besser", so die Botschaft. Im Europarat kann bei Verdacht auf Verstoß gegen die Menschenrechtskonvention ein Monitoring-Verfahren eingeleitet werden; in der Vergangenheit war dies nur bei den „anderen" der Fall, zu denen Gusenbauer nicht gehören will.

Wer sind die „Anderen"? „Sicher gemeinsam ist diesen Ländern und ihren Bewohnerinnen und Bewohnern ein schlechtes Image, ein schlechter Ruf, der in Österreich Antipathie bis hin zu offener, rassistisch motivierter Ablehnung hervorruft. (...) Gemeinsame Bezeichnungen für diese Länder im öffentlichen und auch im Alltagsdiskurs sind ‚Reformstaaten', ‚ex-kommunistische' Staaten, ‚ost- und mitteleuropäische' (...) Länder" (WODAK 1998, 269). Obwohl im Europarat – als Gemeinschaft der Menschenrechte und Rechtsstaatlichkeit – dieselben Regeln für alle gelten, scheint Gusenbauer zwei Gruppen zu unterscheiden: Eine „Wir"-Gruppe, wahrscheinlich der ‚Westen' als Vorreiter, und eine Gruppe der „Anderen" – der

---

gehörigkeitsgefühls unter ihren Mitgliedern. Das Negativbild der Miranda (. . .) sind die Antimiranda, die das Bekämpfte, Verachtete nicht Wünschenswerte bezeichnen und von der konkurrierenden (. . .) (Gruppe, K. P.) vertreten werden (DIECKMANN 1975, 49).

‚Osten' plus Türkei, wo es noch zu Menschenrechtsverletzungen kommt; diese Staaten müssen in den Augen der „Wir"-Gemeinschaft noch „lernen". Durch ein Beobachtungsverfahren wäre Österreich „implizit" auf die „Stufe" der „Anderen" gestellt worden; davor will Gusenbauer Österreich „schützen" trotz heftiger Kritik an der Regierung und an der FPÖ.[105]

3.2.3 Die FPÖ

> „Das Zeitalter der rot-schwarzen Stillstandskoalition ist zu Ende, und heute präsentiert sich eine neue Reformregierung aus Volkspartei und FPÖ" (Westenthaler, 9. NRSP, 28).

Weitere positive Bezeichnungen für die ÖVP-FPÖ-Regierungskoalition sind „junge Erneuerungsregierung" oder auch „Reformpartnerschaft"; das Regierungsprogramm nennt er einen „(...) Vertrag mit den Österreichern und Österreicherinnen (...), einen Vertrag für eine bessere Zukunft für unser Land Österreich." (ebd., 29.)

Eine „Reformregierung" wird einer „Stillstandskoalition" gegenübergestellt: Allerdings kann nur die FPÖ selbst das „Neue" sein, da die ÖVP schon Teil der „Stillstandskoalition" war. Die Etikettierungen „jung" und „Reformpartnerschaft" implizieren, dass die rot-schwarze Regierung alt, verbraucht und zerstritten war. Und schließlich noch das Bild des „Vertrages" mit der Bevölkerung: Kennzeichen populistischer Politik ist die direkte Berufung auf „das" (ganze) Volk. Dadurch, dass man das tut, was anscheinend die Bevölkerung will – ein suggerierter Gemeinwille –, soll Kritik von vornherein abgeblockt werden, da „das" Volk als die letzte und einzige Legitimation für Populisten gilt.[106]

---

105 Eine ähnliche Strategie findet sich bei Khol: „‚Monitoring' heißt im Europarecht Albanien, Russland, Tschetschenien etcetera" (Khol, 22. NRSP, 18).

106 Ich erinnere an dieser Stelle, dass der jetzige Ministerpräsident Italiens, Silvio Berlusconi, unmittelbar vor den Wahlen im öffentlich-rechtlichen Fernsehen (RAI) einen „Vertrag" mit der Bevölkerung abgeschlossen hat: Sollte er bis zum Ende der Legislaturperiode nicht vier der fünf Punkte erfüllen, so will Berlusconi von selbst gehen.

Das „Neue“ wird durch den Kontrast zum „Alten“ verdeutlicht:

> „Sie haben uns einen Scherbenhaufen hinterlassen und weinen jetzt darüber, dass die Scherben da liegen, und zeigen mit dem Finger auf diejenigen, die diesen Scherbenhaufen wegräumen müssen" (Partik-Pablé, 9. NRSP, 79).

Keine Erfolgsgeschichte, sondern eine Katastrophengeschichte („Scherbenhaufen“), die die FPÖ hier malt. Der Vergangenheit kann die FPÖ – und hier in deutlichem Unterschied zur ÖVP – nichts Positives abgewinnen; die Schuld für den „Scherbenhaufen“ hat allerdings nur die SPÖ zu verantworten.

Das Argumentationsmuster des „Wir sind besser als die anderen“ soll Österreich durch den Vergleich in einem besseren Licht erscheinen lassen:

> „Österreich (ist) nicht nur ein unbestreitbar demokratisches Staatswesen, sondern im internationalen Vergleich so etwas wie ein Musterbeispiel für eine funktionierende Demokratie (Kurzmann, 36. NRSP, 150).

Tatsächlich lobt auch der Weisenbericht bestimmte Aspekte des Minderheitenschutzes, die über das sonst übliche „europäische“ Maß hinausgehen[107]. Durch diesen Vergleich wird dann oftmals eine Delegitimierung der Kritik der EU-14 abgeleitet, nicht nur von der FPÖ.[108]

Der Abgeordnete Jung leitet eine „Besserstellung“ Österreichs sogar aus der Geschichte ab:

> „Wir Österreicher (...) tragen eine besondere Verantwortung für diese Menschen (gemeint sind die Sudetendeutschen und Deutsch-Slowenen, K. P.). Zu Österreich gehörten sie seit Jahrhunderten oder wurden von Österreich, wie die Schwaben, gerufen, um in den Türkenkriegen verwüstete Gebiete wieder fruchtbar zu machen. Sie waren keine Kolonialisten, die ihr Vermögen

---

107 Vgl. Bericht von Martti Ahtissari/Jochen Frohwein/Marcelino Oreja 2000, Punkt 29.

108 Beispielsweise Schüssel: „Wer noch von den Kritikern in Europa kann eine derartige rechtliche Situation vorweisen“ (Schüssel, 19. NRSP, 106)?

> aus Sklavenfleiß oder der Vertreibung und Ermordung von Einheimischen gewonnen haben, wie das in britischen, belgischen oder französischen Kolonien geschehen ist, sondern sie haben es sich mit ihren Händen erarbeitet" (Jung, 22. NRSP, 147).

Dieses expandierte historische „Wir", das alle Deutschsprachigen zu Österreich zählt, nicht aber die anderen Bevölkerungsgruppen, die auch zum Habsburgerreich gehörten, soll aus der Geschichte eine „höhere Tugendhaftigkeit" herleiten. Dies geschieht im Gegensatz zu den ehemaligen Kolonialmächten Großbritannien, Belgien und Frankreich, wobei die beiden letzten wohl die prononciertesten Kritiker der schwarz-blauen Regierung waren. Die Sudetendeutschen – also Österreicher – haben hart gearbeitet und nicht „Sklaverei, Vertreibung oder Ermordung" begangen. Solches Unrecht verüben nur die „anderen", wie später auch an den Sudetendeutschen. Jung erwähnt mit keinem Wort, wie sich Österreich durch die Versklavung, Vertreibung und systematische Ermordung von Juden, Roma, Sinti, russischen Gefangenen und vielen anderen Opfern während der Naziherrschaft bereichert hat und wie es zur dramatischen Vertreibung der Sudetendeutschen nach dem 2. Weltkrieg kam.

„Besser als die anderen" ist Österreich auch in humanitären Angelegenheiten:

> „Österreich hat ja eine geradezu historische Rolle als Flüchtlings- und Aufnahmeland. Wir waren immer die Ersten, die Flüchtlinge aufgenommen haben, und wir waren auch immer diejenigen – abgesehen jetzt von Deutschland –, die die meisten Flüchtlinge aufgenommen haben. (…) Und darauf können wir stolz sein. Wir haben viele Milliarden Schillinge für Flüchtlinge aufgebraucht – und dafür muss man wirklich einmal allen Österreicherinnen und Österreichern Dankbarkeit zollen. Und Österreich wird das auch weiterhin so halten. (…) Die EU redet zwar immer sehr groß von einer Aufnahme von Flüchtlingen, bisher ist allerdings eine Ausgleichszahlung innerhalb der EU-Staaten, um eben jene Länder, die besonders viel für Flüchtlinge tun, finanziell zumindest etwas zu entschädigen, unterblieben" (Partik-Pablé, 9. NRSP, 81f.).

Partik-Pablé lobt zunächst die „historische Rolle" Österreichs in Bezug auf die Einwanderungs- und Asylpolitik und konstruiert eine „Wir"-Gruppe, zu der alle – auch die FPÖ – gehören. Dadurch soll das positive österreichische Image als „Flüchtlings- und Aufnahmenland" – auch angesichts der massiven Kritik an der FPÖ – auf die Partei abfärben. Doch schon im nächsten Satz wird dieses positive Bild relativiert, indem die Flüchtlinge nicht nur als finanzielle, sondern auch als „humane" Belastung dargestellt werden. Das lässt sich aus der Formulierung ableiten, dass es „zumindest" eine „finanzielle Entschädigung" von Seiten der EU geben sollte.

Deutlich wird dieses Topos der „Belastung" in den weiteren Ausführungen der FPÖ-Abgeordneten:

> „In den vergangen Jahren ist die Einwanderung zu sehr forciert worden, und das hat insbesondere in Wien zu riesigen Problemen geführt. Wir werden daher diese Politik nicht mehr fortführen, sondern Familienzusammenführung forcieren, Neueinwanderung jedoch reduzieren. Da war eine Korrektur absolut notwendig" (ebd., 82).

Neben dem Topos der finanziellen Belastung tritt das Topos der Zahl, d. h. ab einem bestimmten „Ausländeranteil" werden „die Fremden" zu einem Problem: Beide Topoi implizieren eine Einschränkung der Einwanderung. Obwohl Partik-Pablé anfangs „stolz" auf die humanitäre Tradition Österreichs ist, will sie diese nicht mehr fortführen? Das positive Bild Österreichs diente also nur zur Legitimation einer Einschränkung der Einwanderung und dazu, diese Forderung dadurch „humaner" erscheinen zu lassen, nach dem Motto: Österreich hat schon viel getan, aber jetzt ist Schluss.

3.2.4 Die Grünen

Für die Grünen ist die Situation, in die Österreich durch die Regierungsbildung gekommen ist „(...) die bedrohlichste Entwicklung (...) seit 1945" (Pilz, 9. NRSP, 65). Dadurch soll die Einmaligkeit der Bedrohung unterstrichen werden:

„Es handelt sich nicht um ‚Kleinigkeiten', wenn die Reputation Österreichs noch nie so gefährdet war wie heute, wenn unser Land seit 50 Jahren noch nie so polarisiert wurde wie heute" (Grünewald, 8. NRSP, 63).

„Noch nie" wurde das Ansehen Österreichs im Ausland, der soziale und politische Konsens in Österreich so gefährdet „wie heute". Die Grünen sind um die demokratische Kultur in diesem Lande besorgt, und anders als die SPÖ, steht dies nicht im Zusammenhang mit der Ausübung von Regierungstätigkeiten. Das Bedrohungstopos soll auf die Bewahrung Österreichs hinauslaufen. Aber welches Österreich? Österreich als „die Insel der Seligen"?

„Ich würde mir (...) wünschen, dass ein realistischeres Bild von Österreich entsteht (...)" (Lunacek, 22. NRSP, 131).

Die Grünen – obwohl um das Österreichbild besorgt – haben durchaus kritische Anmerkungen zum Bild, welches vor allem der Bundeskanzler von Österreich zeichnet. Das Bedrohungstopos ist zunächst an die Bevölkerung gerichtet: Durch die Diskussionen im Ausland ist „Made in Austria" nicht mehr ein Gütezeichen, sondern man muss Angst haben, dieses Label zu verwenden (vgl. Lunacek, 8. NRSP, 55). Dieser Versuch, das Ansehen Österreichs zu schützen, steht aber einer kritischen Auseinandersetzung mit eben diesem Bild nicht im Weg, im Gegenteil:

„Österreich ist eben nicht irgendein Land. Vielmehr werden gerade Deutschland und Österreich aufgrund der leidvollen historischen Erfahrungen, die wir gemacht haben, sehr genau beobachtet" (Van der Bellen, 8. NRSP, 33).

Zu einem realistischen Bild über Österreich gehören auch die „leidvollen historischen Erfahrungen", die nicht ausgeklammert werden dürfen und die besonders im Ausland zu mehr Sensibilität und Wachsamkeit gegenüber Österreich in Bezug auf Menschenrechte, Demokratie und Toleranz führen. Deshalb fragt Van der Bellen in Richtung Bundeskanzler:

„Wer ist diese Republik Österreich (von der Schüssel gesprochen hat, K. P.)? Ich kann mich sehr wohl daran erinnern, dass die Republik Österreich vor dem Europäischen Gerichtshof für Menschenrechte in Straßburg verurteilt wurde und dass mit dem Finger auf uns, auf die Republik Österreich gezeigt wurde, und zwar von ‚amnesty international', wegen diverser Übergriffe" (Van der Bellen, 9. NRSP, 34).

Bei allen rechtsstaatlichen Standards, die Österreich hat, gibt es trotzdem noch Fälle von Menschenrechtsverletzungen, die die Grünen nicht so einfach unter den Teppich kehren wollen.

Genauso wenig akzeptieren sie es, das grundsätzlich positive Österreichimage auch auf die FPÖ auszuweiten:

„‚Niemand soll daran zweifeln, dass wir uns glaubhaft zu Toleranz, Offenheit und zur Wahrung der Menschenrechte bekennen. ' – Wer ist ‚wir'? Herr Dr. Schüssel, Ihnen glaube ich das, absolut! Aber Sie haben einen Partner, der im Wiener Wahlkampf alles getan hat, damit man eben das nicht glaubt" (ebd.).

Die Grünen wollen differenzieren, nicht vereinheitlichen; das Österreichbild ist wesentlich komplexer als es so manche darstellen wollen, und jede Partei trägt durch ihre Politik dazu bei:

„Haben Sie auch vor, nachzufragen, woher denn dieses jetzige Image kommt? Haben Sie vor, nachzufragen, wie denn die NS-Verharmlosungen von mehreren FPÖ-Spitzenpolitikern in der Vergangenheit im Ausland gesehen wurden" (Lunacek, 22. NRSP, 130)?[109]

Wie von Lunacek angesprochen haben die NS-verharmlosenden Äußerungen von Seiten einiger FPÖ-Funktionäre Auswirkungen auf das Image Österreichs.

Für die Grünen ist Österreich hingegen

„(...) ein multikulturelles Land, dessen Identität eine multikulturelle ist" (Petrovic, 9. NRSP, 48).

Dieses positive Bild – welches bewahrt werden soll – ist gegen die Ausgrenzungspolitik der FPÖ gerichtet. Als Beweis zieht Petrovic „die Namen in diesem Haus"

109 Lunacek will wissen, welche Fragen die Regierung bei den Meinungsumfragen in den 14 EU-Ländern in Bezug auf das Österreichbild stellen will.

heran. Multikulturalität ist in Österreich ein Faktum; die FPÖ-Ausgrenzungsstrategie richtet sich somit gegen die österreichische Identität, wie sie von den Grünen gesehen wird.

3.2.5 Der Bundespräsident

Wenn es um Österreich als Ganzes geht, dann ist der Bundespräsident dazu berufen, für „sein" Land einzutreten. In seinen Reden nimmt daher Österreich am meisten Platz ein.

> „Österreich ist eine stabile Demokratie, ein funktionierender Rechtsstaat, der sich über Jahrzehnte Ansehen in der internationalen Staatengemeinschaft erworben hat. Jetzt gilt es, dieses Ansehen gemeinsam zu bewahren und zu fördern" (Klestil, Rede vom 04. 02. 2000).

Der Aufruf des Bundespräsidenten ergeht an alle; um das Österreichimage zu bewahren, sind Parteiinteressen hinten anzustellen (Gemeinschaftsappell)[110].

> „Als Bundespräsident bin ich aber auch fest entschlossen, ungerechtfertigte Kritik an Österreich und an seinen Menschen zurückzuweisen. Es ist in den vergangenen Tagen viel gesagt und viel geschrieben worden, das Österreich als Zerrbild und nicht den Tatsachen entsprechend darstellt – sei es aus Unkenntnis oder aus Oberflächlichkeit, aber da und dort auch aus Absicht" (Klestil, Rede vom 08. 03. 2000).

Für Österreich legt Klestil sein ganzes politisches Gewicht in die Waagschale („fest entschlossen"), ein Zerrbild über Österreich weist er entschieden zurück. Wieso es zu diesem Zerrbild kam, erwähnt er in einem Nebensatz und lässt dabei offen, wer

---

110 Daher äußert sich der Bundespräsident in Bezug auf die Wende auch „neutral", um alle anzusprechen: „Diese neue Regierung (. . .) bedeutet für Österreich eine große politische Veränderung, die von vielen gewünscht, bei vielen aber auch auf Skepsis oder gar Ablehnung stößt" (ebd.). Darin kann sich jeder und jede wiederfinden.

wie aus „Absicht" ungerechtfertigte Kritik an Österreich übte. Wichtig ist nur: Klestil stellt diesem Zerrbild das „wahre" Österreichbild gegenüber:

> „Ich werde mit Überzeugung vertreten, dass Österreich ein gutes Land ist, mit positiven Menschen und einer weltoffenen Zukunftsgeneration (...)" (Klestil, Rede, 04. 02. 2000).

Welches Bild von Österreich will der Bundespräsident bewahren? In seinen Reden finden sich viele typische Merkmale der Österreichidentität. Beginnen wir mit der Geschichte Österreichs:

> „Das heutige Österreich, das 1945 auf den Trümmern des Zweiten Weltkrieges wieder erstand, war das Werk einer Generation, die aus den furchtbaren Erfahrungen der ersten Hälfte des zwanzigsten Jahrhunderts die Lehren gezogen hatte (...) Die Zweite Republik war von Anfang an von einem starken Bekenntnis der Österreicher zu ihrem Staat geprägt und von ihrer Überzeugung getragen, sich nie wieder von Nationalismus, Extremismus und Xenophobie verführen zu lassen" (Klestil, Rede vom 12. 04. 2000).

Klestil bestätigt die These, dass das Österreichbewusstsein eng mit der Geschichte der Zweiten Republik zusammenhängt. Dafür bringt er einen verklärten Gründermythos und das Topos der „Geschichte als Lehrmeisterin"[111] vor. Denn das Geschichtsbild Klestils wirft etliche Zweifel auf: Viele Österreicher waren 1945 noch keine begeisterten Patrioten, sondern vielmehr der Meinung, sie hätten den Krieg verloren. Die Zweite Republik ist das Ergebnis des Sieges der Alliierten und in Folge der politischen Elite in Österreich. Bei manchen Biographien lässt sich ein nahtloser Übergang vom Nationalsozialismus zur Republik feststellen. Nach Ansicht Klestils waren die Österreicher nicht nur Opfer von „Nationalismus, Extremismus und

111 Zum verharmlosenden Charakter dieses Topos: „Durch den (. . .) eingesetzten Topos der Geschichte als Lehrmeisterin wird eine kollektive kognitiv-emotionale Pufferzone eingerichtet, in der die Konfrontation mit den grausamen Tatsachen der Vergangenheit leicht abgefedert werden kann. Dieser Topos mildert die Betroffenheit und ist insgesamt ein Hemmschuh auf der Verarbeitung negativer Aspekte der Vergangenheit" (WODAK u. a. 1998, 205).

Xenophobie" (sie wurden „verführt")[112], sondern die Österreicher hätten auch ihre Lehren gezogen. Österreicher waren aber maßgeblich Täter und die Lehren wurden – jedenfalls insgesamt gesehen – erst viel später gezogen. Bei der Gründergeneration herrschte z. T. der Antisemitismus – also Extremismus – bis in hinauf in die Regierung fort. Klestils mystisches Bild der Gründer meint eine Minderheit, sicher nicht die Bevölkerung schlechthin.

> „Die Zweite Republik ist der überzeugende Beweis, dass man sehr wohl aus der Geschichte lernen kann" (ebd.).

Dieser Beweis wurde teilweise erst sehr spät angetreten, wie der Umgang mit der eigenen Geschichte zeigt.

„Die Geschichte als Lehrmeisterin" soll auch die Toleranz in Österreich erklären:

> „Ich habe (...) auf die geschichtliche Erfahrung unseres Landes hingewiesen, der wir eine tiefe Abneigung gegen Nationalismus, Hass und Intoleranz verdanken, aber auch eine besondere Offenheit gegenüber größeren europäischen Strukturen" (Klestil, Rede vom 07. 04. 2000).

Aus der Geschichte eine „innewohnende" Toleranz abzuleiten, verharmlost vorhandene Fremdenfeindlichkeit und Antisemitismus. „Die Angst der Österreicher vor den ‚Anderen' ist (...) beträchtlich. Sie hängt freilich nicht unbedingt mit der realen Anwesenheit von ‚Fremden', Gastarbeitern oder Füchtlingen (sic!) zusammen. Die höchste Unterschriftenrate erzielte das Haider'sche Anti-Ausländer-Volksbegehren bekanntlich in Bundesländern bzw. Bezirken mit sehr geringem Ausländeranteil." (BRUCKMÜLLER 1994, 155) Und zum Antisemitismus schreibt der Autor: „Antisemitismus, genauer ausgedrückt Antijudaismus, ist eines der klassischen ‚inneren' Feindbilder der Österreicher" (ebd., 157). Es geht nicht darum, ganz Österreich als antisemitisch oder xenophob zu brandmarken; dennoch sollen solche rechtsextre-

---

112 Das bedeutet nicht, dass Klestil die Mittäterschaft Österreichs bestreitet: „Die Vorgeschichte dieses singulären Verbrechens reichen auch nach Österreich und Österreicher waren daran auch maßgeblich beteiligt." (Rede, 13. 03. 2000) Trotzdem können auch Täter „verführt" werden, wie auch eine Stelle in derselben Rede impliziert: „Heute wissen wir, dass damals jene vergiftete Saat auf fruchtbaren Boden fiel, die in letzter Konsequenz zur Shoah führte" (Klestil, Rede, 13. 03. 2000).

men Tendenzen in Österreich nicht geleugnet werden. Vielleicht trifft die Einschätzung Pelinkas den Punkt: „Die politische Elite (will)(...) mit der inneren Befindlichkeit der österreichischen Seele nichts zu tun haben. Fremdenfeindlichkeit, Rassismus? Das alles sollte, das alles durfte es nicht geben" (PELINKA 1990, 88). Die politische Elite hält ein anderes Österreichbild hoch, das nicht ganz der Stimmung der Bevölkerung entspricht. Auch der von Klestil angesprochenen Weltoffenheit entgegnet Bruckmüller: „‚Neutralität' ist daher schlicht und einfach ein Synonym für ‚Österreich' geworden, wie es ist: selbstbezogen, selbstzufrieden, eng" (BRUCKMÜLLER 1994, 135).

Und wie der Bundeskanzler, so listet auch der Bundespräsident die unleugbaren humanitären Leistungen der Jahre 1956 und 1968 auf:

> „Die österreichische Bevölkerung hat Hunderttausende Flüchtlinge und Verfolgte in einer Weise unterstützt, die international große Anerkennung gefunden hat. Auch heute ist diese Hilfsbereitschaft nicht abgerissen" (Klestil, Rede vom 07. 04. 2000).

Klestil versucht eine Kontinuität in der humanitären Tradition Österreichs zu erzeugen; trotzdem bleiben auch in diesem Fall die oben benannten Widersprüche zwischen politischer Elite und Bevölkerung bestehen.

Ein anderes beliebtes Bild über Österreich ist jenes der „Brücke", die Österreich auf Grund seiner Lage „in der Mitte des Kontinents" (Klestil, Rede 02. 10. 2000) bildet.

> „Allein durch seine geographische Lage und Geschichte ist Österreich nach der Erweiterung der Europäischen Union um unsere östlichen Nachbarn hervorragend geeignet, wieder zum Herzstück des größeren Europa zu werden" (Klestil, Rede vom 26. 10. 2000).

Und an anderer Stelle heißt es:

> „(...) Angesichts unseres jahrhundertelangen Zusammenlebens mit den Völkern in Zentral- und Südosteuropa verfügen wir auch über Erfahrungen, die heute für die Erweiterung der Europäischen Union von besonderem Nutzen sein können (...)" (Klestil, Rede vom12. 04. 2000).

Österreich soll eine Brücke zwischen der EU und den Beitrittskandidaten bilden. Durch seine geographische Lage wäre es dazu geeignet, aber noch mehr durch die Geschichte: Allerdings war dieses Zusammenleben geprägt von Konflikten, Ungleichbehandlung und Vorurteilen, die teilweise heute noch fortwirken, wie die Auseinandersetzungen um Temelin oder die Benesdekrete zeigen.

Die Affinität der Bundespräsidenten zu Großer Koalition und Sozialpartnerschaft – die auch Klestil bei der Regierungsbildung offen zeigte – unterstreicht folgendes Zitat:

> „Es war ein ‚Markenzeichen' der 2. Republik, dass Probleme, Meinungsverschiedenheiten und politische Differenzen immer in konstruktivem Geiste und im Wege des Dialogs gelöst worden sind. Dieses ‚Markenzeichen' darf auch in Zukunft nicht verloren gehen" (Klestil, Rede vom 26. 10. 2000).

Seine Bewahrungsstrategie – ausgedrückt durch das normativ-deontische „dürfen" – schließt auch die Konsensdemokratie mit ein.

4. Die EU zwischen den Fronten

4.1 Der umstrittene Weg Österreichs in die EU

Die Annäherung Österreichs an die E(W)G ist eine Geschichte, die sich durch die gesamte Zweite Republik zieht. Allerdings wurde der Beitritt zur EG erst in den achtziger Jahren, ausgelöst durch ökonomische Probleme (gebremstes Wirtschaftswachstum, steigende Arbeitslosigkeit, Krise der Verstaatlichten,...) und politische Krisen (Waldheimaffäre), für die neue Große Koalition zu einem vorrangigen Thema. Die ÖVP konnte sich schon in der Oppositionszeit als die Europapartei positionieren; 1985 scheiterte noch ihr „Europa-Antrag" im Nationalrat. Die ÖVP stand für eine deutlichere „Westorientierung" gegenüber der durch Kreisky geprägten „globalen" Außenpolitik.

In der SPÖ war zunächst nur eine Teilnahme am Binnenmarkt (europäischer Wirtschaftsraum) konsensfähig; die wohlwollende Stellungnahme der Sozialpartner schließlich brachte das „Ja" zum EG-Beitritt auch bei den Sozialdemokraten.

Die FPÖ war die Beitrittsbefürworterin der ersten Stunde; ein Beitritt galt als Ersatz für den nicht mehr realisierbaren „Anschluss" an Deutschland. Ab 1987 argumentierte man verstärkt mit Vorteilen am Binnenmarkt und vollen Mitbestimmungsmöglichkeiten (im Gegensatz zur Teilnahme am EWR); die FPÖ unterstützte daher 1989 den Beitrittsantrag der Regierung. Die Grünen waren seit 1987 die einzige Parlamentsfraktion, die einen EG-Beitritt ablehnte. Gründe dafür waren die Vormachtstellung der Wirtschaft in der EG gegenüber Sozial- und Umweltstandards, das Demokratiedefizit und die Unvereinbarkeit von EG-Mitgliedschaft und Neutralität.

Auf dem Weg zur EG-Vollmitgliedschaft wurde 1992 schon der EWR-Vertrag abgeschlossen; dieser verpflichtete Österreich bereits dazu 60% des EG-Gemeinschaftsrechts zu übernehmen. Trotzdem blieben für die Beitrittsverhandlungen ab 1993 noch schwierige Kapitel, wie Landwirtschaft, Transit und Umwelt ausständig, die nicht ohne Abstriche abgeschlossen werden konnten.[113] Die FPÖ schwenkte ab 1991/92 auf einen Anti-EG-Beitritt-Kurs um, weil man zwar den Binnenmarkt, nicht aber die durch Maastricht angestrebte politische Union befürwortete. Allerdings war die taktische Instrumentalisierung der EG-Kritik wohl der ausschlaggebende Grund für diesen Kurswechsel.

Die Fronten vor der obligatorisch abzuhaltenden Volksabstimmung verliefen also zwischen Regierung und Opposition, allein das LIF trat auch als Oppositionspartei für den Beitritt ein. Während SPÖ und FPÖ mit ökonomischen Vorteilen und besserer Sicherung österreichischer Interessen innerhalb der EU argumentierten, lehnten die Grünen die Transitregelung ab, die FPÖ propagierte den Wahlslogan „Österreich zuerst". (vgl. SCHALLER 1996, 17ff. ; SCHALLER 1997, 54ff.)

113 Die Laufzeit des Transitvertrages – schon bei den EWR-Verhandlungen ausverhandelt – wurde um ein Jahr gekürzt; die Anpassung an die EU-Agrarmarktordnung war sofort fällig.

Wichtig in den Kampagnen zum EU-Beitritt war auch die Frage nach der nationalen Identität. Im vorhergehenden Kapitel wurde über den schwierigen Weg zu einer mehrheitsfähigen österreichischen Identität gesprochen; war diese durch den EU-Beitritt nun in Gefahr? Die Diskursanalytiker um Ruth Wodak konnten drei Problemfelder ausmachen:

1. Die Spannung zwischen nationaler Identität und Gemeinschaftsbewusstsein wurde nicht aufgelöst, sondern blieb bestehen. Von den Befürwortern wurden die beiden Identitäten als vereinbar präsentiert.[114]

2. Die Eigenständigkeit Österreichs wurde sowohl bei Befürwortern als auch Gegnern besonders betont. „Damit stehen wir (...) vor dem Paradoxon, dass mit Symbolen der nationalen Identität für den Beitritt zu einer supranationalen Vereinigung geworben wurde." (WODAK u. a. 1998, 279)

3. Die Etablierung einer EU-Identifikation erfolgte vor allem über die Abgrenzung von anderen: einerseits von den Wirtschaftsmächten USA und Japan, aber vor allem von ärmeren Ländern, von denen viele Zuwanderer und Flüchtlinge kamen. Durch einen Beitritt könnte Österreich besser „geschützt" werden. (vgl. WODAK u. a. 1998, 258ff.)

Der große Erfolg bei der obligatorischen Volksabstimmung (66,6% stimmten mit „Ja") konnte nach dem Beitritt nicht dauerhaft in eine Pro-EU-Stimmung umgemünzt werden. Viele Erwartungen und Versprechungen blieben unerfüllt: ein sinkendes Preisniveau, Arbeitsplatzsicherung, keine Steuererhöhungen. Durch die gemeinsame Währungsunion wurde Österreich zur Budgetkonsolidierung verpflichtet, „Sparpakete" waren die Folge. Die FPÖ kritisierte diese Mehrbelastungen durch den EU-Beitritt und forderte eine Neuverhandlung der Beitragszahlungen. Während die FPÖ ihren Anti-EU-Kurs fortsetzte (z. B. auch das Schilling-Volksbegehren 1997), setzen die Grünen nach dem Beitritt auf eine Demokratisierung von innen her.

---

114 Ein Slogan der ÖVP lautete: „Wir sind Europäer. Österreicher bleiben wir." Jener der SPÖ: „Wiener bleiben. Europäer werden."

4.2 Die EU: „Wertegemeinschaft" vs. „Interessensgemeinschaft"

Die EU als Thema spielte natürlich eine Rolle, haben doch 14 Mitgliedsstaaten bilaterale diplomatische Maßnahmen gegen das 15. erlassen. Allerdings fällt dabei eine Ungleichgewichtung ins Auge: Die EU ist deutlich präsenter im Diskurs der Regierungsparteien. Diese unterschiedliche Häufigkeit in der Thematisierung ist darauf zurückzuführen, dass ÖVP und FPÖ durch die Solidarisierung, die sie bei der Bevölkerung erreichen wollten, ein mehr (FPÖ) oder weniger (ÖVP) ablehnendes Bild von der EU zeichneten. Identitäten werden ja wesentlich durch In- und Ausschließungen erzeugt. Die Diskursanalyse führte zu folgenden Kernthesen:

1. Die ÖVP als die Europapartei – eine gern verwendete Eigenbezeichnung – tut sich mit der EU durch die Sanktionen sichtlich schwer. Man ist grundsätzlich für die EU, aber „so" nicht. Zwischen Befürwortung und Kritik wird die Balance nicht immer leicht zu halten sein.
2. Die FPÖ hat es dabei leichter: Schon immer EU-kritisch (teilweise ablehnend) sieht sie sich durch die Sanktionen in ihren Befürchtungen bestätigt. Durch das Regierungsprogramm hat die FPÖ zwar ein EU-Bekenntnis abgelegt, trotzdem wird ihr genügend Spielraum für heftige Kritik bleiben.
3. SPÖ und Grüne thematisieren die EU – wie gesagt – deutlich weniger als ÖVP und FPÖ. Angesichts der Stimmungslage in der Bevölkerung ist es besser, dieses Thema zu vermeiden. In den wenigen Bezugnahmen versuchen die Oppositionsparteien allerdings ein positives (nicht restlos unkritisches) Bild von der EU zu vermitteln.
4. Der Bundespräsident, der selbst persönlich stark für den EU-Beitritt eingetreten war, wird eines seiner Herzensanliegen – die europäische Integration – weiterhin mit Überzeugung vertreten, ohne die belasteten Beziehungen zwischen Österreich und der EU durch die Sanktionen zu negieren.

Wichtig zu erwähnen ist noch, dass zur Zeit der Sanktionen eine Regierungskonferenz über die Reform der Union im Hinblick auf die Erweiterung stattfand (Ausweitung von Mehrheitsentscheidungen, Anzahl der Kommissionsmitglieder,...), die durch den Vertrag von Nizza ihren Abschluss fand.

4.2.1 Die ÖVP

Der Bundeskanzler hält zunächst fest:

> „(...) selbstverständlich ist, wann immer irgendwo in Europa eine Wahl stattfindet, innerhalb der Europäischen Familie immer wieder gefragt (worden)" (Schüssel, 8. NRSP, 38).

Die „europäische Familie" – diese selten so positive Bewertung der Gemeinschaft – hat das Recht zu fragen, wie es nach den Wahlen in einem Land weitergeht. In Familien interessiert man sich für die Entwicklungen der Mitglieder. Die Maßnahmen der EU-14 haben das Recht allerdings zu weit getrieben. Aus der Familie werden nun plötzlich „Herrn Europas" (Spindelegger, 8. NRSP, 57) die EU wird zur „sozialdemokratisch regierten EU-Mehrheit" oder auch zur „Sozialistische Internationalen", die Österreich etwas „vorschreiben" will (Kukacka, 8. NRSP, 72), zu einem Europa, das „zentralistisch" ist (Schüssel, 19. NRSP, 105), einem Europa, wo „die fünf Großen in Wirklichkeit das Sagen hätten" (Brinek, 19. NRSP, 125). Aus der europäischen Familie wurde schnell eine durch Partei- und Machtpolitik gespaltene Gemeinschaft – sofern man angesichts solcher Bezeichnungen noch davon sprechen kann.

Am besten kommt diese Diskrepanz zwischen „vorher" und „nachher" in einer Aussage Zernattos zum Ausdruck:

> „(...) Diesen Bürgern haben wir damals gesagt, gerade wir als kleines Land werden einen besonderen Nutzen daraus ziehen, dieses Europa letztendlich in einem Gesamtkontext mit den großen europäischen Staaten gemeinsam gestalten zu können. Wir haben die Ängste damals sehr ernst genommen und dahin gehend argumentiert, (...) dass es (...) zu (keiner) Infragestellung der Eigenständigkeit unseres Landes im Bereich der Mitgliedschaft bei der Europäischen

Union kommen werde (...). Die diffusen Ängste der Bevölkerung haben in diesen Sanktionen eine faktische Bestätigung gefunden" (Zernatto, 36. NRSP, 82).

Diese geradezu „(...) fast naive Betonung der Eigenständigkeit gegenüber den Ländern der EU (...)" (WODAK u. a. 1998, 280) wurde nun enttäuscht: Österreich ist nicht gleichberechtigt „mit den großen europäischen Staaten", die Bevölkerung hatte mit ihren Ängsten recht. Anstatt zu einer Neulancierung des europäischen Projekts, kommt es zu einer ernüchterten Beschreibung der EU, wie sie in der Bevölkerung vorherrschend ist. Das – nun mehr alte – EU-Bild der ÖVP, gibt Zernatto abschließend zu, hat „(...) der politischen Realität nicht standgehalten (...)" (ebd.) Die Aussagen führender ÖVP-Repräsentanten sind durchaus einer Destruktionsstrategie zuordenbar. Das „Schlechte-Welt-Topos" wird auf die EU bezogen.

Trotzdem ist der ÖVP klar:

> „Zum eingeschlagenen Weg der Integration in die Europäische Union gibt es keine Alternative" (Schüssel, 9. NRSP, 13)!

Aber die Konsequenz aus der Revision des EU-Bildes ist eine permanente Betonung und Hervorhebung Österreichs und österreichischer Interessen – wie teilweise auch schon beim EU-Beitritt. Österreich ist in der EU, diese Tatsache lässt sich nicht (und will man nicht) ändern; aber

> „(...) wir (sind) als Österreicher in dieser Union (...)" (13. NRSP, 20)

Und an anderer Stelle heißt es:

> „(...) und das sage ich als glühender Europäer, der von seiner Europabegeisterung nichts zurücknimmt, der aber jetzt mehr Wachsamkeit bei machen institutionellen Fragen walten lassen wird: Aufgrund dieser Dinge werden wir gemeinsam mit Zähnen und Klauen jedes unserer Rechte im Rahmen des Vertrages verteidigen. Wir werden bei der Regierungskonferenz mit Zähnen und Klauen darauf achten, dass jedes Land in jeder europäischen Institution vertreten bleibt" (Schüssel, 19. NRSP, 109).

Der Bundeskanzler konstruiert eine Verteidigungsgemeinschaft („wir gemeinsam") zur Wahrung österreichischer Interessen. Welche „Wir"-Gemeinschaft ist gemeint?

Das erste „Wir“ ist weiter gefasst als das zweite: Im ersten „Wir“ ist auch die Bevölkerung, ja sogar die Opposition eingeschlossen. Das zweite ist hörerexklusiv und bezieht sich nur auf die Regierungsparteien, die Österreich in der EU vertreten. Allerdings ist der Übergang von hörerinklusivem zu hörerexklusivem „Wir“ fließend, eine Solidarisierung dadurch erreicht. Die EU erscheint überhaupt nur mehr als Club von Staaten, wo es um die Interessendurchsetzung und den Interessenkampf (zweimal „mit Zähnen und Klauen“) geht. Die österreichischen Interessen stehen im Vordergrund; dass der Beitritt zur EU auch mit Abgabe von Rechten verbunden ist – um sie dann gemeinsam im globalen Kontext besser durchsetzen zu können – gerät hier (anders als noch bei der Debatte zum EU-Beitritt) völlig aus dem Blickwinkel. Die Gemeinschaft scheint es nicht mehr zu geben, obwohl Schüssel sich als „glühenden Europäer“ bezeichnet.

Dieses Europa wird allerdings nicht positiv besetzt:

> „Wir werden österreichische Interessen nicht opfern, niemandem opfern, wenn er glaubt, uns aus Berlin, Paris, Brüssel oder von sonst wo zurufen zu müssen, was zu geschehen hat. Österreichische Interessen sind wichtiger als so manches andere, das uns in den letzten Wochen zugerufen wurde“ (Schüssel, 36. NRSP, 42).

Österreichische Interessen aufzugeben bzw. an die supranationale Gemeinschaft abzutreten, wird als „Opfer“ gesehen. Wo bleiben die so genannten „europäischen Visionen“? In Bezug auf die Erweiterung heißt es:

> „Wir werden konsequent für österreichische Anliegen zum Schutze der Arbeitsplätze, der Landwirtschaft, der Umwelt eintreten“ (Schüssel, 9. NRSP, 13).

Wenn es um Europa, um die EU geht, dreht sich in erster Linie alles um Österreich. Was wurde Schüssel nun „zugerufen“? Es wurde oft von europäischen Werten gesprochen.

> „Eine exklusiv sozialdemokratische Wertegemeinschaft (...) werden wir nicht mittragen. Wir wollen nicht (...) nach dem rosaroten oder grün-roten Katechismus leben, sondern als Christdemokraten wollen wir am ehesten schon nach einem christlich-katholischen Katechismus leben“ (Kukacka, 8. NRSP, 72).

Zwietracht und Differenzen gibt es auch über den Inhalt der „europäischen Werte". Die 14 EU-Staaten haben sich bei ihrer Aktion auf so genannte „universelle Werte" berufen, die auch im Vertrag der Europäischen Union festgehalten sind. Für die ÖVP nur ein rot-grüner Wertekanon. Werte werden gegeneinander ausgespielt, als ob es auch dabei um Parteipolitik ginge. Die ÖVP sieht die Union nach Parteifarben gespalten. Allerdings gerät sie dabei selbst in die Falle, denn auch die ÖVP beruft sich gegebenenfalls auf „universelle Werte" (Selbstbestimmungsrecht, etc.), um die Unrechtmäßigkeit der Sanktionen anzuprangern. Nur: Wer zuvor Werte als parteipolitisch motiviert disqualifiziert, darf sich nicht wundern, wenn man selbst nicht gehört wird. „Offensichtlich ist die europäische Integration nicht das Allheilmittel gegen nationalistische Strömungen" (WODAK u. a. 1998, 277).

4.2.2 Die FPÖ

> „Man hat die EU als Gemeinschaft gleichberechtigter Staaten dargestellt, und nun plötzlich zeigt sich etwas anderes" (Jung, 36. NRSP, 93).

Auch die FPÖ hält fest, dass die EU keine „Gemeinschaft gleichberechtigter Staaten" ist, allerdings hat sie das auch nie geglaubt. Die EU wurde nur als eine solche Gemeinschaft „dargestellt". Dieses Passiv deutet darauf hin, dass vor allem andere die EU auf diese Weise beschrieben haben, nicht aber die FPÖ:

> „Die Sanktionen der Europäischen Union, der Partnerländer, wie sie auch genannt werden (...)" (Kurzmann, 22. NRSP, 155).

Von den anderen werden die Mitgliedsstaaten der EU auch „Partner" genannt, nicht aber von der FPÖ, denn:

> „Jörg Haider hat mit all seinen europapolitischen Einschätzungen der letzten Jahre recht gehabt" (Riess-Passer, Format, 12. 09. 2000, 49).

Welche Einschätzungen sind damit gemeint? Das gängige EU-Bild der FPÖ ist

„(...) ein Europa des Zentralismus, der Bürokratie, eines Direktoriums zweier großer Länder wie Frankreich und Deutschland (...)" (Westenthaler, 36. NRSP, 62).

Die FPÖ wünscht sich aber

„(...) ein Europa der Demokratie und der Bürger. Das ist unser Ziel (...)" (ebd., 63).

Die EU ist ein zentralistisches, bürokratisches „Verwaltungsmonster"[115], das alles bis in kleinste Detail regelt und wo kleine Staaten, wie Österreich, faktisch nichts mitzureden haben. Diese Anti-EU-Haltung kommt auch in einer eigenwilligen Zweiteilung zwischen EU und FPÖ zum Ausdruck:

„Wie schwach muss diese Europäische Union sein, wenn sie mit ihren 385 Millionen Menschen von 1,2, Millionen Wählern in einer Demokratie, die seit 50 Jahren existiert, aus den Angeln gehoben wird (... .)" (Haupt, 8. NRSP, 67).

Auf der einen Seite gibt es eine schwache EU, auf der anderen Seite die FPÖ und ihre 1,2 Millionen WählerInnen. Diese Konstruktion impliziert, dass die FPÖ sich nicht zur EU dazugehörig sieht; außerdem kommt in der Aussage – durch die genaue Zahlenangabe – wieder einmal das „David gegen Goliath"-Motiv vor; die FPÖ sieht sich gerne in der Rolle des Davids, der es mit verschiedenen, scheinbar übermächtigen Goliaths aufnimmt (in diesem Fall mit der EU).

„Man darf sich wirklich nicht wundern, dass die Menschen in Österreich und Europa das Gefühl haben, dass in Brüssel über ihre Köpfe hinweg entschieden wird" (Riess-Passer, 36. NRSP, 45).

Österreich scheint der EU ausgeliefert zu sein, scheint keine Mitspracherechte zu haben. Die EU erscheint als ein den Menschen ferner und nicht beeinflussbarer Machtapparat. Und etwas vorher in der Rede heißt es:

---

115 Jörg Haider über die EU in: HAIDER, Jörg, 1997, S. 206ff.

> „Wachsamkeit gegenüber zentralistischen Tendenzen der EU als Rückständigkeit zu bespötteln (...) ist grobe Fahrlässigkeit" (ebd., 44).

Die Gefahr des „Brüsseler Zentralismus" ist akut und ernsthaft. „(...) Mehr Realismus und vielleicht weniger Wunschdenken" (Jung, 36. NRSP, 94) ist das Motto der FPÖ in Bezug auf die EU.

Die EU wird daher in traditioneller FPÖ-Manier mit finanziellen Kosten in Verbindung gebracht, der ökonomische Nutzen der Mitgliedschaft scheint gering zu sein:

> „Vom EU-Austritt war nie die Rede, aber über die Höhe und die Bezahlung der Mitgliedsbeiträge darf durchaus diskutiert werden. Die Österreicher verstehen es nämlich nicht, dass wir einer Institution 30 Millionen Schilling überweisen sollen, die ungerechtfertigt Maßnahmen gegen Österreich ergreift" (Schweitzer, 19. NRSP, 121).

Der Abgeordnete Schweitzer beginnt mit einer „Ja-Aber-Figur", um seine Anti-EU-Kritik zu rechtfertigen: Wir wollen (oder können) nicht austreten, aber über das Bezahlen der Mitgliedsbeiträge an eine Institution – diese Anonymisierung soll noch mehr Entfremdung und Bürgerferne ausdrücken – darf diskutiert werden. Zudem hat dieser Aussage zufolge, die EU als EU Maßnahmen ergriffen: Diese Ungenauigkeit erweckt den Eindruck als zahle Österreich dafür, dass es mit Sanktionen belegt wird. Auch der FP-Mandatar Haigermoser verwendet eine ähnliche rhetorische Figur:

> „Es wird schon noch erlaubt sein (...), dass man sich über mögliche Probleme unterhält, zum Beispiel über den Euro, (...) ohne gleich ein Feind der gesamteuropäischen Entwicklung zu sein. (...) (In Schweden, K. P.) hat man auch darüber diskutiert, und ein nicht unbeträchtlicher Teil der schwedischen Sozialdemokraten hat gesagt, wir wollen bei diesem Schwindsucht-Programm eigentlich nicht dabei sein" (Haigermoser, 19. NRSP, 138).

Auch Haigermoser nimmt für sich in Anspruch, Kritik zu üben, ohne Gegner der Integration zu sein. Die Bezeichnung „Schwindsucht-Programm" für den Euro entlarvt allerdings sein Anliegen: Diese Diffamierung legt seine Anti-EU-Haltung bloß. Dadurch, dass er – Bezug nehmend auf die „Eurodebatte" in Schweden – den Sozialdemokraten diese Bezeichnung in den Mund legt, kann er seine Angriffe rechtfertigen. Die FPÖ-Argumentation verfolgt eine Strategie der Demontage: Die EU ist schlecht und voller Gefahren.

„Eines ist jedoch klar: Die Österreicher haben mehrheitlich für einen EU-Beitritt gestimmt. Jetzt sind wir gefordert, das Beste daraus zu machen" (Haider, Format, 29. 02. 2000, 25).

Was ist das Beste für Österreich? Natürlich die österreichischen Interessen mit Vehemenz zu vertreten:

„Wer aus wohlbegründetem Eigeninteresse (...) nein sagt und nicht alles hinnimmt, was Brüssel vorschreibt, ist deswegen kein schlechter Europäer" (Jung, 22. NRSP, 147).

Die EU schreibt Österreich vor, was zu tun ist – wieder erscheint die EU als Machtapparat der außerhalb der Einflussmöglichkeiten Österreichs steht. Die nationalen Interessen zu vertreten heißt nicht gegen zu Europa zu sein – ähnlich argumentiert auch die ÖVP.

Aber diese Art Europapolitik war nicht immer so:

„Ich glaube, dass dieses selbstbewusste Auftreten Österreichs überfällig war. Viel zu lange waren wir Musterschüler. Viel zu lange haben wir uns als Juniorpartner in dieser Gemeinschaft gefühlt und diese Rolle gespielt. Seit Beginn der Beitrittsverhandlungen hat sich die österreichische Bundesregierung immer wieder als Bittsteller nach Brüssel begeben, und das wäre nicht notwendig gewesen, Frau Bundesministerin! Von vielen berechtigten Forderungen wurde, wenn ich mich an die Beitrittsverhandlungen zurückerinnere, allzu schnell Abstand genommen (...)" (Schweitzer, 22. NRSP, 134).[116]

---

116 Dass auch die ÖVP ihre Meinung geändert hat, schreibt die FPÖ sich selbst als Erfolg zu: „Haider hat unseren Regierungspartner wachgerüttelt. Die ÖVP hat begonnen, darüber nachzudenken, eine sehr viel deutlichere Position gegenüber der EU einzunehmen" (Riess-Passer, Format, 03. 05. 2000, 49).

Jetzt kann die FPÖ endlich die Europapolitik durchsetzen, die sie für richtig hält. Schweitzer erinnert an die Beitrittsverhandlungen und an den Beitrittsvertrag, den die FPÖ abgelehnt hatte, weil von zu vielen „berechtigten Forderungen" abgegangen wurde. Durch diese Anspielung verbindet Schweitzer die aktuelle EU-Kritik mit der bisherigen Anti-EU-Politik der FPÖ und setzt dadurch bei den Anhängern Assoziationen frei. Österreich soll kein Musterschüler mehr sein, sondern „selbstbewusst auftreten" (ebd.). „Wir sind dazu da, die österreichischen Interessen zu wahren und nicht dazu da, brav zu sein" (Jung, 22. NRSP, 147).

„Daher werden wir (...) im Rahmen der Beitrittsverhandlungen besonders darauf zu achten haben, dass die österreichischen Interessen nicht zu kurz kommen, nämlich bezüglich Erhaltung der Souveränität des Landes, Schutz und Freiheit der Bürger und Sicherheit für die Bürger" (Schweitzer, 36. NRSP, 85f.).

Die Erweiterung der EU wird nicht als Friedens- und Einigungsprojekt, sondern als Kostenverursacher dargestellt: Neben den finanziellen Kosten – die Schweitzer in dieser Rede ebenfalls erwähnt – stellt die Erweiterung auch eine Gefahr für die Sicherheit dar. Wiederum wird das Gefahren- und Belastungstopos artikuliert. Dadurch werden die bereits vorhandenen Stereotype und Vorurteile gegenüber den Nachbarstaaten bestätigt und bekräftigt, denen erhöhte kriminelle Machenschaften („Ostmafia") in pauschaler Weise unterstellt wird. Gefahren dieser Art sah die FPÖ bereits im Zuge des Schengener Abkommens von den südlichen Mitgliedsstaaten ausgehen.[117]

4.2.3 Die SPÖ und die Grünen

Die Oppositionsparteien haben es schwer, ein positives Bild der EU zu vermitteln, da die Regierungsparteien über einen gemeinsamen „äußeren Feind" (die EU) einen Solidarisierungsschub bei der Bevölkerung zu erreichen versuchen. Und da SPÖ und Grüne ebenfalls versuchen, die Bevölkerung für sich und ihre Sichtweise zu den Sanktionen zu gewinnen – wie im Kapitel über die „Sanktionen" dargestellt wurde –, ist eine starke Pro-EU-Kampagne diesem Anliegen eher im Weg. Die Text-

117 vgl. nochmals: HAIDER, Jörg, 1997, S. 206ff.

stellen zur EU sind daher rar, ein Hinweis darauf, dass dieses Thema lieber umgangen wird.

Caspar Einem meint, dass nicht nur im Zuge der Sanktionen die EU negativ konnotiert wird, sondern dass dies generell zutrifft:

> „Die Bewertung der Union war in der Bevölkerung noch nie großartig. Das liegt unter anderem daran, dass sich fast alle inländischen Politiker an der EU abputzen. Alle wunderbaren Sachen hat man selbst gemacht, alle blöden kommen aus Brüssel" (Einem, Die Presse, 13. 06. 2000).

Einem spricht eine wichtige Rechtfertigungsstrategie an: Viele Politiker schreiben unpopuläre Maßnahmen der EU zu, die von den Mitgliedsstaaten solche Schritte verlangen, z. B. Kürzungen im Budget. Dadurch müssen diese Kürzungen nicht näher erklärt werden, sie müssen einfach vorgenommen werden. Einem gehört selbstredend nicht zu dieser Sorte von Politikern. Ulrike Lunacek verlangt daher – Bezug nehmend auf die Sanktionen – auch von der Regierung, sie solle „(...) nicht (...) der EU die Schuld in die Schuhe schieben" (Lunacek, 22. NRSP, 132).

Für die Oppositionsparteien ist die EU nicht „das Ausland" (Van der Bellen, 9. NRSP, 33), sondern ein „Partner" (Gusenbauer, 22. NRSP, 35).

> „Europa hat schon heute viel mehr Dimensionen als nur die wirtschaftliche (...). Europa wird immer mehr zu einer politischen Union (...)"[118]

Eine solche Dimension ist die Frage der gemeinsamen Grundwerte:

> „Er (Schüssel, K. P.) hat offensichtlich nicht damit gerechnet, dass diese Union – egal, ob von Christdemokraten, Sozialdemokraten oder von Grünen gesehen – eine Wertegemeinschaft der Menschenrechte und Demokratie ist (...), dass das (...) in Europa für alle gemeinsam, über die Parteigrenzen hinweg gilt (...)" (Pilz, 19. NRSP, 118).

118 Rede Gusenbauers auf dem SPÖ-Parteitag am 29. April 2000 unter URL: http://www.spoe.at/index.htm (02. 06. 2000)

Damit unterscheiden sich SPÖ und Grüne klar von der ÖVP-Linie: Es gibt nur eine Wertegemeinschaft in der EU, die für alle gilt. Und diese Wertegemeinschaft ist von der Parteizugehörigkeit unabhängig. Allerdings hüten sich die Oppositionsparteien auch davor, ein Schwarz-Weiß-Bild über die EU zu zeichnen:

> „Die Frage ist nun, ob es sich wirklich um Werte handelt und nicht um hintergründige Interessen, welche nur mit Werten ‚geschmückt' werden" (Einem[119]).

Einem verschweigt nicht, dass neben den europäischen Werten auch ganz handfeste Interessen eine gewichtige Rolle in der EU spielen; die Wertegemeinschaft muss sich erst bewähren:

> „Es stört mich, dass man nicht den Eindruck hat, dass die EU über die Dringlichkeit über den Anlassfall Österreich hinaus erkennt. Ist die EU etwa darauf vorbereitet, dass in Italien die Regierungsbeteiligung rechtsradikaler Parteien droht? Nein, das ist sie nicht, obwohl die Regierung dort jeden Tag stürzen kann" (Van der Bellen, News, 19. 05. 2000, 32).

Nun wird das EU-Bild der Opposition klarer: Die EU als Wertegemeinschaft ist eine Vision, die z. T. schon funktioniert, z. T. aber noch ihre Probleme hat. Die Konsequenz ist aber nicht die Ablehnung dieser Wertegemeinschaft, sondern eine Vertiefung und Verstärkung dieser „europäischen Werte":

> „Es geht aber nicht nur um die österreichische Situation, sondern auch um die Frage, welche grundsätzliche europäische Strategie man künftig gegen Fremdenfeindlichkeit und Rassismus wählt" (Gusenbauer, News, 19. 05. 2000, 31).

---

119 LANGER, Maria: „Österreich in Europa" in: Werkstattsblätter, Nr. 4, April 2000, Online im WWW unter URL: http://www.spoe.at/index.htm (02. 06. 2000)

4.2.4 Der Bundespräsident

Auch der Bundespräsident übt Kritik an dem EU-Diskurs der Regierungsparteien:

> „(...) Die EU wird zum gemeinsamen Feind der Regierung und Bevölkerung hochstilisiert. Das ist eine gefährliche Entwicklung, die en inneren Frieden gefährdet und uns in der EU schadet" (Klestil, News, 05. 05. 2000, 19).

Klestil hält dieser Entwicklung sein Bild von „Partnern in der Europäischen Union" (Rede, 04. 02. 2000) entgegen. Der Bundespräsident drückt auch „(...)die feste Verbundenheit Österreichs mit der Europäischen Union (...)" (Klestil, Rede vom 08. 03. 2000) aus.

„Als Positivum der europäischen Integration und im besonderen der Europäischen Union wird immer wieder die Überwindung von nationalistischen Strömungen und damit die friedenserhaltende Funktion hervorgehoben" (WODAK u. a. 1998, 271). Die Gründeridee beruht auf der Vorstellung, dass durch die ökonomische Verschränkung militärische Auseinandersetzungen in Zukunft vermieden werden. Klestil nimmt in seinem Diskurs immer wieder auf das Bild der EU als Friedensprojekt Bezug.

> „Mit dem Zusammenbruch des Kommunismus, dem Fall des Eisernen Vorhangs und dem Ende des Kalten Krieges haben wir Europäer in unserer langen und blutigen Geschichte die vielleicht einmalige historische Chance, das europäische Einigungswerk in Frieden und Freiheit zu vollenden" (Klestil, Rede vom 13. 03. 2000).

Klestil weist auf die Singularität dieses Einigungsprozesses hin; dabei konstruiert er eine Gemeinschaft von Europäern, zu denen auch die mittel- und osteuropäischen Staaten zählen. Allerdings lässt er offen, wo dieses Europa beginnt und wo es aufhört; bemerkenswert bleibt allerdings, dass er nicht nationalen Interessen den Vorrang einräumt, sondern die Gründeridee aktualisiert. In diese Vision Europas passt auch der Gründermythos:

> „Damals (während des Jugoslawienkonflikts, d. Verf.) begann eine bewusste Rückbesinnung auf die Anfänge des europäischen Friedens- und Einigungs-

werkes, das ja aus den entsetzlichen Erfahrungen der Weltkriege und des Massenmordes hervorgegangen war" (Klestil, Rede vom 07. 04. 2000).

Die Menschen haben aus den Fehlern der Geschichte gelernt (Topos der Geschichte als Lehrmeisterin). Wie schwierig allerdings der Gründungsprozess war, welches Misstrauen es noch zwischen Frankreich und Deutschland bzw. Frankreich und Großbritannien gab, davon ist nicht die Rede. Schwierigkeiten passen nicht in das etwas verklärte Bild der Gründer.

Ebenso auf die Geschichte bezugnehmend und eine Kontinuität konstruierend spricht Klestil von der „Wertegemeinschaft":

> „Die Europäische Union versteht sich auch heute – gerade im Hinblick auf die bevorstehende Erweiterung – als eine Gemeinschaft der Werte, deren geistige Wurzeln weit in die Geschichte Europas zurückreichen. Die Konzeption der Menschenrechte und die ihnen zu Grunde liegenden Ideen sind ganz wesentliche Elemente der intellektuellen und moralischen Identität Europas und der Geistesgeschichte unseres Kontinents (...)" (Klestil, Rede vom 07. 04. 2000).

Klestil sieht eine geschichtliche Entwicklungslinie der „Menschenrechte" von der Antike bis in unsere Zeit. Und die Geschichte der Unterdrückung, Ausbeutung, Knechtschaft und Sklaverei? Gehört die nicht zur Identität Europas? Und oft waren die Menschenrechte auch dort, wo es sie gab, eingeschränkt auf eine bestimmte Personengruppe (z. B. männliche, steuerzahlende Bürger). Der eingeschobene Satz „gerade im Hinblick auf die Erweiterung" legt den Schluss nahe, dass die Wertegemeinschaft durch die Erweiterung in Gefahr sein könnte. Und er legt auch den Schluss nahe, dass die mittel- und osteuropäischen Staaten nicht zu diesem historischen Erbe der europäischen Werte zählen. Dies würde alte Vorurteile bestätigen (der „Westen" als Wertegemeinschaft); Klestil bleibt eine Klarstellung schuldig.

Dieser „Vision Europa" als einer Gemeinschaft des Friedens und der Werte fügt Klestil noch ein „realistischeres" Bild der EU hinzu:

„In der Politik zählen Freundschaften weniger als Interessen. Nur mit konstruktiver Mitarbeit in den EU-Gremien und mit der Bildung von Sachallianzen zur Durchsetzung gemeinsamer Interessen wird eine völlige Normalisierung zu erreichen sein" (Klestil, profil, 18. 09. 2000, 24).

Diese EU ist eine EU der strategischen Allianzen zur Durchsetzung von Interessen, wie sie sich auch vielfach bei den EU-Gipfeln zeigt, keine EU der Partnerschaft. Die unterschiedlichen EU-Konzeptionen ergeben sich aus den verschiedenen Settings: Im „europäischen Rahmen" bemüht Klestil das Bild der Gemeinschaft, das zuletzt zitierte profil-Interview ist an die eigene Bevölkerung und Politiker gerichtet. Der Unterschied zum EU-Bild der Regierungsparteien ist dennoch, dass Klestil nicht von brachialen Alleingängen Österreichs ausgeht (Schüssels „mit Zähnen und Klauen"), sondern von gemeinsamer Kooperation mit der EU – oder einzelnen Mitgliedsstaaten – spricht. Hier kommt seine diplomatische Prägung zum Vorschein.

5. Die Diskursstränge revisited: Rück- und Ausblick

In diesem abschließenden Kapitel sollen die Ergebnisse der vorangegangenen Diskursanalyse zusammengefasst und interpretiert werden. Wie stellt sich beispielsweise der Diskurs über die FPÖ dar? Welche Strategien verfolgten die jeweiligen Akteure und auf welche Argumente stützten sie sich dabei? Die vielen zitierten Beispiele aus den Parlamentsdebatten, Interviews und Reden haben typische diskursive Handlungsmuster sichtbar gemacht; darunter verstehe ich die Art und Weise, wie die verschiedenen Akteure über die FPÖ, Österreich, die Sanktionen oder die EU redeten und dadurch eine bestimmte Perspektive prägten. In der Zusammenfassung soll nochmals der Kern der Strategien, Inhalte und Argumente in Bezug auf den jeweiligen Diskursstrang dargestellt werden.

In einem weiteren Schritt soll versucht werden, einzelne Aspekte des Akteursverhalten zu erklären, die Folgen, die ein solches Verhalten mit sich bringt, zu erläutern, aber auch Vergleiche mit vergangenen Ereignissen zu ziehen, bei denen sich ähnliche Verhaltensmuster manifestierten, bzw. Kontinuitäten im Verhalten der Akteure aufzuzeigen. Eine solche Interpretation ist wichtig, um von einer reinen Momentaufnahme, wie es Diskursanalyse zunächst notwendigerweise ist, zu einer komplexeren Betrachtung, die den größeren Kontext berücksichtigt, zu gelangen. Da dieser Kontext im Grunde die gesamte Genese der hier behandelten Themen mit einschließt, liegt es auf der Hand, dass nur bestimmte (und wenige) Aspekte meiner diskursanalytischen Ergebnisse unter dem Blickwinkel eines solchen größeren Kontextes, in dem die Diskursstränge eingebettet sind, beleuchtet werden können. Diese Bruchstückhaftigkeit der Interpretation ist mir durchaus bewusst.

Die interpretierenden Überlegungen zu ausgewählten Aspekten des Akteursverhaltens stützen sich – bis auf den Teil über Österreich – nicht auf diskursanalytische, sondern auf andere politikwissenschaftliche Arbeiten. Diese methodische Einschränkung gilt auch für den im nächsten Abschnitt folgenden Vergleich der Waldheimdebatte mit der Sanktionendebatte. Da zur Auseinandersetzung rund um Kurt Waldheim keine mir bekannte Arbeit vorliegt, die methodisch ähnlich vorgeht[120], ist ein Vergleich nicht unter denselben methodischen Voraussetzungen möglich. Trotzdem ist ein solcher Vergleich wichtig und unerlässlich, weil bei beiden Debatten ähnliche Muster in Bezug auf Strategien und Inhalten erkennbar sind. Eine diskursanalytische Untersuchung der Waldheimaffäre unter den in dieser Arbeit ausgesuchten Aspekten, würde die hier nur angedeuteten Parallelen zwischen beiden Debatten vermutlich bestätigen. Den Hinweis, dass die Affären der Jahre 1986 und 2000 zusammenhängen, liefern die beteiligten Akteure selbst, die einen Vergleich zwischen beiden Debatten ziehen.[121]

120 Die Arbeit von WODAK u. a. 1990 hat einen anderen Fokus und untersucht den Diskurs der Waldheimaffäre unter dem Aspekt des Antisemitismus.

121 Vgl. die Aussage des FPÖ-Abgeordneten Ofners zitiert auf Seite 95

5.1 1986-2000: Szenen eines bekannten Spiels?[122]

Ob Michael Gehler und Hubert Sickinger auch die durch die schwarz-blaue Regierung hervorgerufenen Maßnahmen der EU-14 in ihr Buch über „politische Affären und Skandale in Österreich“[123] aufgenommen hätten, kann nicht beantwortet werden. Sicher aber lässt sich deren Definition eines politischen Skandals auf die Regierungsbildung 2000 und die Sanktionen der restlichen EU-Partner anwenden: „Die Grundvoraussetzung jedes politischen Skandals ist somit ein zumindest von Teilen der Bevölkerung als anstößig empfundenes Verhalten, dessen Wahrnehmung stark zeitgebunden ist (…)“ (GEHLER/SICKINGER 1995, 11).

Der Eintritt der Freiheitlichen Partei in die Regierung im Jahr 2000 wurde von (Teilen) der Bevölkerung ebenso als Skandal oder Tabubruch empfunden wie die lückenhafte Darstellung seiner Vergangenheit zur Zeit des Nationalsozialismus von Seiten des Bundespräsidentschaftskandidaten und späteren Bundespräsidenten Kurt Waldheim im Jahr 1986. Die Gemeinsamkeiten zwischen beiden „Affären“ gehen aber über die der öffentlichen Empörung hinaus[124]:

1. Beide „Affären“ begannen mit Wahlen oder Wahlauseinandersetzungen: Bereits der enorme Stimmenzuwachs der FPÖ bei der Nationalratswahl 1999 und deren Positionierung als zweitstärkste Partei löste Fragen und heftige Debatten nach Ursachen und Folgen aus. 1986 war ebenfalls ein Wahljahr, das Amt des Bundespräsidenten musste neu besetzt werden. Bereits vor dem ersten Wahldurchgang kam es zu den ersten Enthüllungen über die Kriegsvergangenheit des von der ÖVP nominierten Präsidentschaftskandidaten Kurt Waldheim. In beiden Fällen stand also die Bekleidung höchster politischer Staatsämter durch umstrittene Personen bzw. Funktionäre einer umstrittenen Partei, der FPÖ, im Zentrum der Diskussion.

---

122 Dieses Kapitel ist auch als Zusammenfassung meiner Diskursanalyse zum Thema „Sanktionen“ zu verstehen.

123 GEHLER/ SICKINGER (1995)

124 zur Waldheim-Affäre siehe: DICKINGER 2001, 171ff., GEHLER 1995, 614ff. und WODAK u. a. 1990

2. Die Gründe für das „Skandalöse“ lagen 1986 hauptsächlich und 2000 zumindest teilweise im Umgang mit der eigenen bzw. österreichischen NS-Vergangenheit: Waldheim hatte seine Mitgliedschaft bei nationalsozialistischen Organisationen, wie dem Nationalsozialistischen Studentenbund und der SA verschwiegen, genauso wie seinen Militärdienst am Balkan: Obwohl er behauptet hatte, er sei nicht mehr „kriegsdienstverwendungsfähig“ gewesen, kamen Dokumente zu Tage, die nachwiesen, dass Waldheim an Kriegsschauplätzen tätig war, wo es zu Repressalien gegen die Zivilbevölkerung, gegen Partisanen und Juden kam.[125] Waldheim geriet in Erklärungsnot. Bei der FPÖ stand ihr – vor allem von Jörg Haider vertretenes – Geschichtsverständnis zur Diskussion: Beispiele dafür sind Haiders Äußerung 1988, die österreichische Nation sei eine „ideologische Missgeburt“, seine 1991 getätigte Äußerung über die „ordentliche Beschäftigungspolitik im Dritten Reich“, und 1995 das Lob für ehemalige SS-Offiziere wegen ihres „anständigen Charakters“, der Vorbildwirkung für die jüngere Generation haben sollte (vgl. DICKINGER 2001, 183ff.). Alle diese Äußerungen förderten Zweifel am Umgang der FPÖ mit dem Nationalsozialismus. „Dementsprechend schwere Konsequenzen zog dieser Skandal für Haider nach sich. Er stellte nicht zuletzt einen weiteren Markstein auf dem Weg zur internationalen Isolierung der FPÖ dar. (…) Mit dieser Äußerung“ (über die ‚ordentliche Beschäftigungspolitik‘, K. P.) „hatte Haider einen wichtigen Schritt zu seiner auch innenpolitischen Ausgrenzung gesetzt“ (BAILER 1995, 678).

3. Damit ist bereits die internationale Dimension beider „Affären“ angesprochen: US-Amerikanische Printmedien und der World Jewish Congress begannen sich nach den ersten Enthüllungen für Waldheim zu interessieren; eigene Recherchen wurden veröffentlicht. „Die Debatte erhielt dadurch in Kürze eine internationale Dimension, wobei Österreich, die Österreicher, der Nationalsozialismus und der Holocaust, sowie Kurt Waldheim in undifferenzierter Weise vermischt

125 Als besonders skandalös wurde die Aussage Waldheims empfunden, „(…) wonach er bei der Deutschen Wehrmacht als Soldat eingerückt war, ‚wie hunderttausende Österreicher auch, die ihre Pflicht erfüllt haben'“ (GEHLER 1995, 622). Damit verknüpft Waldheim seine Vergangenheit mit jener einer ganzen Generation und damit auch mit zahlreichen österreichischen Tabus und prekären Geschichtsinterpretationen, die auf Basis eines Stillschweigens und Vergessens beruhen.

wurden“ (GEHLER 1995, 626). Auch der Wahlerfolg der FPÖ und später die sich abzeichnende Regierungsbeteiligung der FPÖ lösten Berichte auf Titelseiten europäischer Printmedien aus. Österreich und seine Geschichte waren wieder in den Schlagzeilen.

4. In beiden Fällen gab es internationale Maßnahmen, die die Situation verschärften: Am 31. Jänner 2000 wurden von Seiten der portugiesischen Präsidentschaft im Namen der EU-14 bilaterale Maßnahmen im Falle des Regierungseintritts der FPÖ angedroht. Im Frühjahr 1987 setzte das State Department Kurt Waldheim als Privatperson auf die „Watchlist“, was auf ein Einreiseverbot in die USA hinauslief und weitere Empörung in Österreich auslöste[126]. Wichtig zu erwähnen sind auch die in beiden Fällen verschlechterten Beziehungen zu Israel: Beides Mal wurde der israelische Botschafter aus Wien abgezogen.

5. „Das Ausland mischt sich ein“: Sowohl 1986 als auch 2000 wurden die internationalen Diskussionen als „ungerechtfertigte Einmischung“ in österreichische Angelegenheiten und Politik empfunden und auch von den jeweiligen Verteidigern auf der Ebene der Parteien – interessanterweise in beiden Fällen ÖVP und FPÖ – so dargestellt. Das Feindbild „Ausland“ unterscheidet sich aber durch die historischen Umstände: Während bei der Waldheimdebatte antisemitische Argumentationsmuster zum Vorschein kamen[127], spielten im Jahr 2000 Ressentiments gegenüber der EU eine wesentliche Rolle. Österreich ist in dieser Argumentationslinie das unschuldige Opfer einer Verschwörung.

6. Obwohl in beiden Fällen einzelne Personen kritisiert wurden, kam es zu einer Verallgemeinerung der Kritik als Teil der Verteidigungsstrategie: „Die Kritik an Waldheim wurde von der ÖVP während des Wahlkampfes in eine Kritik an die ‚gesamte Kriegsgeneration‘ und zuletzt in eine Kritik an ganz Österreich umgemünzt. ‚Wir Österreicher wählen, wen wir wollen – jetzt erst recht Wald-

---

126 Wobei zu betonen ist, dass die Maßnahmen der 14 ungleich wichtiger für eine Anheizung der Diskussion waren, während in der Causa Waldheim die Debatte bereits vor der Watchlist-Entscheidung sehr polarisiert war.

127 Vgl. dazu WODAK u. a. 1990, 97ff.

heim' wurde damals auf gelbem Hintergrund affichiert" (DICKINGER 2001, 174f.). Rosenberger schreibt über die Ineinssetzung von Regierung und Bevölkerung im Jahr 2000: „Mit dieser Praxis wurde die Heterogenität in der Bevölkerung konsequent ausgeblendet und unterschiedliche Meinungen und Minderheitspositionen sind in der Mehrheitsposition verschwunden, die ihrerseits in eine Gesamtposition transportiert wurde" (ROSENBERGER 2001, 112). Kritik an Waldheim bzw. an der Regierung wurde zu Kritik an der Bevölkerung; interne KritikerInnen wurden verleumdet und als Vaterlandsverräter gebrandmarkt: Wer nicht (bedingungslos) für uns ist, ist gegen uns.

Die Opposition versuchte aber beide Male auf das „andere Österreich" und damit auf die zahlreichen außerparlamentarischen Protestgruppen aufmerksam zu machen, die in einer Tradition des Liberalismus, der Aufklärung und des Antifaschismus stehen[128] und gegen jede Form der Vereinnahmung durch die Kritisierten ablehnten.

7. Das diskursiv geprägte Bild einer „Schmutzkübel"- „Verleumdungs"- oder „Diffamierungskampagne" ist in beiden Kontexten anzutreffen, um die Kritiker zu delegitimieren. Und in beiden Fällen gelten die SPÖ – die „Sozialisten" – als „Brandstifter" und Drahtzieher, „(...) wofür keine Beweise vorliegen (...)" (DICKINGER 2001, 176). Der SPÖ wurde immer wieder die Verantwortung für die Isolation Österreichs zugeschoben.[129]

8. Die Isolation Österreichs hatte in beiden Fällen konkrete Auswirkungen: Die EU-14 vermieden in der Zeit der „Sanktionen" bilaterale Kontakte mit Mitgliedern der österreichischen Bundesregierung. Waldheim erhielt in seiner Amts-

128 Der Republikanische Klub, gegründet in Folge der Waldheimdebatte, war gerade auch bei der schwarz-blauen Regierungsbildung aktiv und protestierte gegen die freiheitliche Regierungsteilhabe.

129 Während Gehler in der Causa Waldheim durchaus Anzeichen für eine Kampagne erkennt, sehen Wodak u. a. dies als Etikettierung durch die Befürworter Waldheims. Ich schließe mich dieser letzteren Meinung an und habe schon in der Diskursanalyse versucht zu zeigen, wie durch das Bedrohungsbild der Kampagne die Kritik an der FPÖ vertuscht werden sollte. Meiner Meinung nach unterschätzt Gehler diesen Aspekt der erfolgreichen Begriffsbestimmung (vgl. GEHLER 1995, 619).

zeit weder eine Einladung in ein Land der „westlichen Wertegemeinschaft" noch einen Besuch in Wien von deren Repräsentanten. Die „Ächtung" dauerte in diesem Fall also sechs Jahre.

9. Kurt Waldheim und die FPÖ – als Teil der schwarz-blauen Koalition – mussten sich jeweils einer Kommission stellen, die die Vorwürfe prüfen sollte. In beiden Angelegenheiten waren die Berichte um Differenzierung bemüht; dennoch war auch Kritik enthalten. Die Historikerkommission, die Waldheims Vergangenheit auf Grund der vorliegenden Dokumente hinsichtlich individuellen schuldhaften Verhaltens prüfte, kam zu dem Schluss, dass Waldheim „konsultative Unterstützung von Unterdrückungsmaßnahmen"[130] leistete. Der Weisenbericht findet kritische Anmerkungen zur Sprache der FPÖ. Die Reaktionen der Beschuldigten sind nahezu identisch: Zunächst wurde die Bedeutung des Berichts schon vor dessen Fertigstellung relativiert, und sobald er fertig war, sieht man solange wie möglich die positiven Aspekte, um schlussendlich auch den Bericht als „Verleumdung" zu diskreditieren.

10. Erklärungen der Betroffenen änderten nichts an der Haltung der Kritiker: Waldheim versuchte durch eine Verurteilung des Holocaust und das Eingeständnis, dass Österreicher daran beteiligt waren, zu zeigen, wie er zum Nationalsozialismus stand. Auch die FPÖ wollte etwa durch die Regierungspräambel eine positive Wirkung in In- und Ausland erreichen. In beiden Fällen schien die Glaubwürdigkeit zu stark beschädigt zu sein. „Stets schwebte die Vermutung im Raum (...), nicht aus Überzeugung, sondern aus Berechnung und Opportunismus" (DICKINGER 2001, 181) würden solche Erklärungen abgegeben werden.

11. „Es handelte sich bei der Waldheim-Affäre zweifelsohne um eine schwere, wenn nicht die schwerste Krise für das Selbstverständnis Österreichs seit 1955" (GEHLER 1995, 664). Dasselbe gilt sicher auch für das Jahr 2000. Die Frage nach der Identität Österreich wurde in beiden Diskurssituationen angesichts einer außenpolitischen Krise gestellt.

---

130 Zitat in GEHLER 1995, 650

12. Gleichzeitig ging es um das Bild „von außen“, also das Image Österreichs im Ausland. Die Folgen für das außenpolitische Image wurden von Kritikern und Befürwortern erkannt, die Frage nach der Schuld beantworteten sie jedoch unterschiedlich: „Waldheims Gegner meinten, sein sorgloser Umgang mit seiner Vergangenheit schade Österreichs Ansehen. Waldheims Anhänger meinten, die Kritik an Waldheim schade dem Ansehen Österreichs“ (TIEFENBACHER 1996, 253). Dieselbe Situation gab es in abgewandelter Form auch während der „Sanktionendebatte“.

„Auf der Ebene der skandalisierten Sachverhalte fällt (…) eine manchmal frappierende Ähnlichkeit während des gesamten Zeitraums der Zweiten Republik auf: Die charakteristischen Problembereiche haben sich zumindest in ihren Grundzügen während dieses Zeitraums kaum gewandelt. Sehr wohl geändert haben sich aber die öffentliche Problemwahrnehmung (…) und die Konsequenzen politischer Skandale“ (SICKINGER 1995, 699). „Die Schatten der Vergangenheit“ ziehen sich tatsächlich durch die gesamte Zweite Republik: 1964/65 bei der Borodajkewycz-Affäre ging es noch um einen Hochschulprofessor der Geschichte, der offen und ohne Scheu Antisemitismus und Rassismus vertrat. Damals hatte dieser Professor noch Verteidiger bis in höchste Kreise der Politik. Dagegen scheint der Fall Waldheim „harmlos“, aber dessen Skandalisierung ist ein Zeichen für den Wandel im Umgang mit der Geschichte[131]. Die selektiv präsentierte Biographie Waldheims, das „Vergessen“, reichte 1986 schon für einen Skandal aus. Und auch die Krise im Jahr 2000 durch den Regierungseintritt der Freiheitlichen ist unter diesem Aspekt zu sehen: Die Debatte um Waldheim löste eine erneute Diskussion um die Zeit zwischen 1938-45 aus. Die Mittäterschaft Österreichs wurde nun erstmals breiter diskutiert. Die Aufarbeitung der NS-Vergangenheit bewirkte ein kritischeres Geschichtsbewusstsein, das verharmlosende Geschichtsbild der FPÖ war nun skandalös. Auch die persönlichen Konsequenzen für die unter Kritik geratenen Personen haben sich geändert: Waldheim wurde zwar noch Bundespräsident, Haider allerdings weder Vizekanzler noch Minister. Und auch zwei weitere Kandidaten der FPÖ disqualifi-

131 Allerdings ist auch zu betonen, dass Waldheim Bundespräsident war: Hohe politische Amtsträger müssen sich an anderen (ethischen) Kriterien messen lassen.

zierten sich durch ihren rassistisch geführten Wahlkampf für ein Ministeramt: Hilmar Kabas, Obmann der Wiener FPÖ und verantwortlich für Plakate wie „Stopp der Überfremdung", die auch vom Weisenbericht kritisiert wurden; und Thomas Prinzhorn, Spitzenkandidat der FPÖ bei der Nationalratswahl. Prinzhorn wurde allerdings mit den Stimmen der Koalitionsmehrheit zum zweiten Nationalratspräsidenten gewählt.

Bestimmte Argumentationsmuster und Strategien sind sowohl 1986 als auch 2000 vorzufinden (z. B. die Delegitimierung der Kritiker, Rechtfertigung für das eigene Handeln, „Jetzt erst recht"- Haltung,...). Unter ähnlichen Umständen konnte der Diskurs von 1986 wieder reaktualisiert werden. Dieselben Symbole hatten durch die Waldheimaffäre bereits eine Konnotation und Färbung erfahren (z. B. das Wort „Kampagne"); dadurch wurde bereits ein Assoziationsraum konstruiert, der durch die neuerliche Äußerung bei den Sympathisanten der Partei in Erinnerung gerufen wird. Diese sprachlichen Symbole werden – ausgehend von der historischen Prägung – bestätigt und verfestigt, eine Verbindung von damals zu heute diskursiv hergestellt. Allerdings gibt es zwischen beiden Debatten auch Unterschiede: 1986 war das Feindbild die „Ostküste" und das „Weltjudentum", verborgene antisemitische Klischees und Vorurteile kamen sowohl im Alltags- als auch medialen Diskurs zum Vorschein. Bei der Sanktionendebatte waren mit „Ausland" vor allem die EU und ihre Mitgliedsstaaten gemeint, die latente EU-kritische Haltung der Bevölkerung konnte sich nun deutlich manifestieren. Dieser Unterscheid zeigt, dass sich Feindbilder (das „Ausland") vor dem Hintergrund der jeweiligen Situation ohne weiteres adaptieren lassen.

5.2 Die FPÖ – (k)eine normale Partei

Die Diskursanalyse hat gezeigt, dass die Bewertung der FPÖ durch die anderen Parteien, den Bundespräsidenten und durch sich selbst sehr unterschiedlich ausfällt. Für die beiden Oppositionsparteien – die Grünen und die SPÖ – disqualifiziert sich die FPÖ durch ihre rechtsextreme Tradition für eine Regierungsbeteiligung. Um diese These zu stützen bedienen sich die beiden Parteien ähnlicher Argumentationsmuster: Eine davon ist die beispielhafte Argumentation, d. h. durch das Anführen von Beispielen, was die FPÖ getan oder gesagt hat, soll die rechtsextreme „Natur“ der FPÖ belegt werden. Am häufigsten genannt wurden die Aussage Haiders über „die ordentliche Beschäftigungspolitik im Dritten Reich“, Haiders Auftreten bei einem SS-Veteranentreffen, das er zum Anlass nahm, um deren „anständigen Charakter“ zu loben, aber auch die Äußerung des FPÖ Spitzenkandidaten für die Nationalratswahl, Thomas Prinzhorn, über die angebliche Gratis-Hormonbehandlung von Ausländern, um deren Fruchtbarkeit zu steigern und jene der FPÖ-Abgeordneten Partik-Pablé über die besondere Aggressivität bei Schwarzafrikanern. Solche Beispiele sind in den Augen der Opposition Ausdruck eines in Teilen der FPÖ vorhandenen rechtsextremen Gedankenguts. Und sowohl Grüne als auch SPÖ gehen davon aus, dass es solche Beispiele auch in Zukunft geben wird.

Besonders wirksam als Argumentationsmittel der Oppositionsparteien ist der Vergleich: Dieser dient dazu, die FPÖ in einem besonderen Blickwinkel erscheinen zu lassen. Dabei ist der Vergleich mit der Sprache oder den Inhalten des Nationalsozialismus am deutlichsten. Dadurch wird eine Bedrohung durch die Politik der FPÖ dramatisch vor Augen geführt. Würde eine solche Sichtweise mehrheitsfähig, dann wäre die FPÖ tatsächlich politisch im Out. Die Möglichkeiten einer Komparation reichen von einem umfassenden Vergleich der NSDAP mit der FPÖ, wie bei der Abgeordneten Elisabeth Pittermann, bis zu einem Vergleich, der sich nur auf bestimmte gemeinsame Aspekte der beiden Parteien bezieht. So etwa gesehen beim Abgeordneten Posch, der darauf aufmerksam machen wollte, dass auch die NSDAP demokratisch gewählt wurde, niemand aber deshalb auf die Idee kommen würde, die Nationalsozialisten als Demokraten zu bezeichnen.

Eine weitere Möglichkeit der Opposition, um die eigene Argumentation zu stützen, ist der Rückgriff auf sogenannte „Autoritäten“: Damit sind Personen oder Gruppen öffentlichen Lebens gemeint, die in der Gesellschaft Gehör finden. Oft zitierte Autoritäten sind JournalistInnen. Allerdings kann auch die Gegenseite sich auf solche Autoritäten berufen, da es auch unter diesen verschiedene Meinungen gibt. Die „drei Weisen“, die den Bericht über das Eintreten der österreichischen Regierung für gemeinsame Werte und zur politischen Natur der FPÖ im Auftrag der EU-14 verfassten, sind ein besonderer Fall, da sie von allen Parteien als Autorität anerkannt wurden. Ihr abschließendes Urteil von der FPÖ als „rechtspopulistische Partei mit extremistischer Ausdrucksweise" ist nicht so leicht zu entkräften.

Die FPÖ mit ihren Rechtfertigungs-, Relativierungs- und Delegitimierungstrategien versucht es trotzdem. Da die Äußerungen, die die Opposition immer wieder als Beispiele anführt, nicht mehr rückgängig gemacht werden können, müssen die FPÖ-Politiker es vermeiden, darauf einzugehen: Die Kritik der Opposition wird daher durch Kritik an der Opposition aufgerechnet; den Oppositionsparteien wird das Recht auf Kritik auf Grund von willkürlichen Unterstellungen (der Schuldenberg, verursacht durch die SPÖ, die Gewaltbereitschaft der Grünen) abgesprochen oder die Kritik wird insgesamt verharmlost. Dementsprechend fällt auch die Reaktion der FPÖ in Bezug auf den Weisenbericht aus: Die darin enthaltene Kritik an der FPÖ konnte nicht so schwerwiegend gewesen sein, sonst wären die Sanktionen nicht aufgehoben worden. Gerne schlüpft die FPÖ auch in die Rolle des Opfers: Die Kritik im Weisenbericht sieht man bloß als Zugeständnis an die innenpolitischen Kritiker, die die FPÖ seit Jahren politisch verfolgen.

Ein interessanter Befund der Diskursanalyse ist allerdings, dass auch die ÖVP seit ihrer Koalitionsvereinbarung mit der FPÖ damit begonnen hat, ähnliche Argumentationsstile wie die FPÖ zu übernehmen. So wird der Weisenbericht von der ÖVP in einseitig gewichteter Art und Weise gelesen, die positiven Aspekte des Berichts (z. B. der Minderheitenschutz in Österreich) besonders betont, die negativen Aspekte, die FPÖ betreffend, nur beiläufig erwähnt. Symptomatisch in diesem Zusammenhang ist die Wortmeldung von Andreas Khol: „Aber über allem" (dem Weisenbericht, K. P.), „meine Damen und Herren, steht Folgendes: Diese Bundesregierung verteidigt europäische Grundwerte. – Und darauf bin ich stolz" (Khol, 36. NRSP, 52). Kritik an der FPÖ beantwortet die ÖVP ebenfalls mit Kritik an SPÖ und Grünen, um einer eindeutigen Stellungnahme zu den Kritikpunkten zu entgehen. Wo früher Kritik an der FPÖ geübt wurde, spricht die ÖVP nun euphemistisch von „bestimmten Äußerungen".

Auch die häufig verwendete Ja-Aber-Figur gehört zu den Strategien der Verharmlosung. Dieses rhetorische Stilmittel ermöglicht es, Zugeständnisse an die Kritiker zu signalisieren, allerdings werden sie im nächsten Augenblick schon wieder eingeschränkt: Wir verstehen Euch, aber eigentlich ist Eure Sorge unbegründet. Der gesamte ÖVP-Diskurs über die FPÖ soll durch die Entschuldigung Haiders für frühere Aussagen und dessen Unterzeichnung der Präambel gestützt werden. Für die ÖVP ist die „FPÖ alt" unwichtig, da die Regierungsbeteiligung in ihren Augen eine Zäsur darstellt. Die ÖVP baut auf die Zukunft.

Ein besonderer Argumentationsstil, auf den vor allem Kanzler Schüssel zurückgreift, ist jener, den ich als Rechtsdiskurs bezeichnet habe: Die Kritik der Opposition an der FPÖ wird scheinbar dadurch entkräftet, indem Schüssel auf die Rechtslage (NS-Verbotsgesetz) in Österreich aufmerksam macht: Würden die Behauptungen von SPÖ und Grüne in Bezug auf die FPÖ zutreffen, die FPÖ wäre längst verurteilt worden.

Diese Strategien der Verharmlosung durch die ÖVP haben klar erkennbare Folgen: Sie führen nämlich dazu, dass die ÖVP bei neuerlichen umstrittenen Äußerungen der FPÖ bevorzugt schweigt – und so das Problem verharmlost. Als Haider im Zuge des Wiener Wahlkampfes im Frühjahr 2001 den Vorsitzenden der Israelitischen Kultusgemeinde durch ein antisemitisches Wortspiel lächerlich machte, sprach der Bundeskanzler von einem „Faschingsscherz". Eine klare und eindeutige Distanzierung wäre hier angebracht gewesen, stattdessen gab es ein euphemistisches Argument, das ganze nicht so ernst zu nehmen (vgl. DICKINGER 2001, 195). Ähnlich das Statement zur Pressekonferenz Haiders, bei der es um eine Verschärfung des Gelöbnisses für Parlamentsabgeordnete (republikschädigendes Verhalten soll strafrechtliche Konsequenzen nach sich ziehen[132]) ging. Schüssel hielt die Debatte damals für ein beginnendes Sommertheater.

Die Annäherung an die FPÖ scheint Verharmlosungstendenzen gegenüber dieser Partei Vorschub zu leisten: Auch die SPÖ, besonders Bruno Kreisky, kam schon in eine ähnliche Situation, u. z. 1975 als der damalige SPÖ-Vorsitzende und Bundeskanzler Bruno Kreisky den FPÖ-Obmann Friedrich Peter, ein ehemaliger SS-Offi-

132 Damit war klar, dass dieser Vorschlag darauf hinauslief, die Kritik der Opposition an der schwarz-blauen Koalition als Schaden für die Republik Österreich darzustellen.

zier, gegenüber den Anschuldigungen von Simon Wiesenthal verteidigte (Kreisky-Peter-Wiesenthal-Affäre).

Im Vorfeld der Nationalratswahlen 1975 war nämlich nicht klar, ob die SPÖ neuerlich die absolute Mehrheit erringen würde, eine Kleine Koalition zwischen SPÖ und FPÖ schien möglich. Simon Wiesenthal hatte bereits vor den Wahlen herausgefunden, dass Peter in einer Einheit gedient hatte, für die Dokumente über Erschießungen von Juden und Zivilisten existierten. Ein Vizekanzler Peter war dadurch unvorstellbar geworden. Wiesenthal wartete aber die Wahlen ab: Die SPÖ gewann neuerlich die Absolute, eine Koalition mit der FPÖ war nicht nötig. Wiesenthal veröffentlichte aber wenige Tage nach der Wahl seine Recherchen. In Folge dessen wurde Kreisky nun zum „Anwalt" Peters, obwohl dieser stets zugegeben hatte, freiwillig in die SS eingetreten zu sein. Kreisky griff Wiesenthal massiv an, wobei seine Kritik sich z. T. auch antisemitischer Klischees bediente (vgl. DICKINGER 2001, 69ff.).

25 Jahre später leistet die ÖVP in der Integration der FPÖ in Regierungsfunktion Pionierarbeit, und zwar insofern, als sie der Akzeptanz gegenüber bestimmten ideologischen Inhalten durch deren Relativierung Vorschub leistet und diese „normalisiert". Zukünftige Koalitionen mit der FPÖ – auch von Seiten der SPÖ – wären kein Tabubruch mehr, sollte sich dieser Verharmlosungsdiskurs durchsetzen.

Allerdings hat auch die Kritikerposition von SPÖ und Grünen etwas Ambivalentes an sich: Der Widerstand gegen die FPÖ ist nur solange notwendig, wie die FPÖ „gefährlich" oder „bedenklich" ist. Die FPÖ als Gegenüber ist unersetzbar für die Kritikerposition der beiden Parteien. Deshalb ist es auch notwendig, die „Gefahr", die von der FPÖ ausgeht, aufrechtzuerhalten, um die eigene Moralität besser darstellen zu können. „Wie lange kann man ausschließlich etwas fürchten, ohne dadurch Komplize des Gefürchteten zu werden? Wie lange kann man einen politischen Gegner herbeischreiben, mit dem Gestus, ihn verhindern zu wollen, und dabei hoffen, etwas anderes zu bewirken als das, was man nicht will" (MENASSE 1999, 22)?[133]

---

133 Dieser Gefahr ist sich auch die Autorin Brigitte Bailer-Galanda bewusst: „Wer, wie die Autorin des vorliegenden Beitrages schon mehrfach, über Haider schreibt, muss sich stets der Frage

Die FPÖ verdankt ihre Position im politischen System auch den heftigen Kritikern, denen sie ausgesetzt ist. Dabei geht es jetzt nicht darum, Kritik insgesamt zu diskreditieren (wie die ÖVP das tut), sondern ihre Wirkung im Diskurs zu thematisieren. KritikerInnen helfen der FPÖ ihr Profil zu konstruieren und zu festigen, ob sie das wollen oder nicht. Darin kommt der relationale Charakter der Macht (Foucault) zum Ausdruck. Dort, wo Kritik notwendig ist (vor allem, wenn es um die Würde von Menschen geht), ist Kritik angebracht, diese sollte aber in verantwortungsvoller Absicht und mit Zielwirkung auf den populistischen Diskurs vorgebracht werden, den es letztlich zu stören gilt. Simplifizierungen – wie der pauschale Faschismusvorwurf – liefern geradezu neue „Munition" für die Rhetorik der FPÖ, sie kann sich ungerecht behandelt und als Opfer fühlen. „Eine antifaschistisch intellektuelle Verhärtung hat (...) wenig Sensibilität für die Vielschichtigkeit des Phänomens Haider entwickelt" (HANISCH 1997, 24). Nur in wenigen Stellungnahmen von Politikern der Opposition wird der populistische Stil der FPÖ thematisiert. Allerdings wurde bereits darauf verwiesen, dass dieser Aspekt auf Grund mangelnder polarisierender Wirkung weniger relevant ist.

Der Bundespräsident nimmt in der Auseinandersetzung der Parteien um die FPÖ eine Mittelstellung ein. Zwar kritisiert auch Thomas Klestil jegliche ausländerfeindliche Äußerung von Seiten der FPÖ, allerdings tut er dies oft, ohne konkret die Akteure zu nennen, d. h. er spricht allgemein von einem Problem der zunehmenden Xenophobie. Diese Zurückhaltung in der Kritik hängt sicherlich auch damit zusammen, dass Klestil gegen die politische Ausgrenzung der FPÖ ist (vgl. DICKINGER 2000, 211ff.). Nicht zu vergessen ist allerdings, dass er sich weigerte, zwei FPÖ-Politiker zu Ministern zu ernennen, da sie sich im Wahlkampf ausländerfeindlicher Rhetorik bedienten.

aussetzen, inwieweit dieses Tun nicht wiederum Haiders Bekanntheitsgrad stützt als seinen politischen Höhenflug stutzt" (BAILER 1995, 666).

5.3 Österreich als umkämpftes Symbol

„Die Identität von Individuen, Gruppen und größeren Sozialgebilden wurde in der Geschichte wesentlich durch Symbole und symbolische Interaktionen zum Ausdruck gebracht, gefestigt und tradiert. Wenn man sich mit Fragen der nationalen Identität beschäftigt, muss man sich vor allem auch mit den Symbolwelten, ihren Strukturen, ihren Inhalten und Veränderungen auseinandersetzen" (BRUCKMÜLLER 1997, 9).

Die vorliegende Diskursanalyse hat versucht, die sprachlichen Auseinandersetzungen um das Symbol „Österreich" in einer Zeit der Krise und des Selbstzweifels nachzuzeichnen. Identitäten sind lebendige, symbolische Konstrukte, die der Bestärkung und Unterstützung bedürfen; Identitäten können sich aber auch ändern, sollten sie beispielsweise durch ein bestimmtes Ereignis in Frage gestellt werden. Auch die Debatte um die Kriegsvergangenheit Kurt Waldheims hat die österreichische Identität in Bezug auf das „kollektive Gedächtnis"[134] verändert: Sich Erinnern wurde nun Teil des politischen Pflichtenkatalogs.

Der Elitenkonsens bzw. die alle gesellschaftlichen Bereiche umschlingende Konkordanzdemokratie, die auch für die Herausbildung einer spezifischen Österreichidentität nach dem 2. Weltkrieg verantwortlich und entscheidend war, ist seit den 80er Jahren in Erosion, u. z. auch deshalb, weil sie so (wirtschaftlich, sozial, politisch,...) erfolgreich war: „Weil sie ihr wesentliches Ziel – die Stabilisierung des politischen Systems – erreicht hat, macht sie sich zunehmend selbst überflüssig." (PELINKA/ROSENJBERGER 2000, 63). Der zunehmende Dissens bei den Eliten – namentlich bei den Parteien – hat auch Auswirkungen auf die Vorstellungen über die österreichische Identität. Diese Pluralität der Meinungen in Bezug auf das Wesen der österreichischen Identität zeichnet sich schon seit den 80er Jahren ab (Waldheimaffäre,

---

134 „Diese Vorstellungen über die Vergangenheit, die bis hin zur Erzeugung historischer ‚Mythen' gehen kann, stellen einen zentralen Aspekt des Selbstverständnisses jeder Nation dar. ‚Kollektiv' werden sie genannt, weil sie in einem umfassenden Prozess der Diskussion und des ‚Aushandelns' zwischen verschiedenen gesellschaftlichen Eliten und Interessengruppen (. . .) entstehen, kontinuierlich weiterentwickelt und den Interessen der jeweiligen Epoche entsprechend umgedeutet werden" (HALLER/GRUBER 1996, 80).

Aufstieg der Haider-FPÖ und die Grünen als neue politische Kraft) und findet im untersuchten Diskursstrang ihre Bestätigung. Einer veränderten Regierungskonstellation geht also bereits eine Änderung in den Konzepten – auch bezüglich der Österreichidentität – voraus.

Der Bundespräsident unterstreicht seine Rolle als Krisenmanager auch während der Isolation Österreichs durch seine 14 EU-Partner: Für ihn hat das Bewahren des Ansehens Österreichs oberste Priorität. In gewohnter Weise appelliert er daher an alle politischen Kräfte, das Hick-Hack beiseite zu lassen und gemeinsam für Österreich einzutreten. Gleichzeitig steht der Bundespräsident für Kontinuität. Er ist auf sechs Jahre gewählt, mit der Möglichkeit – wie das bei Klestil der Fall ist – eine zweite Amtsperiode auszuüben. Allein in zeitlicher Perspektive also kann er aktuelle politische Auseinandersetzungen distanzierter verfolgen und daher wesentliche Fragen aufgreifen, wie eben auch das Selbstverständnis Österreichs. Überhastete Veränderungen liegen nicht im Amtsverständnis des Bundespräsidenten. Wie seine Amtsvorgänger so verteidigt auch Klestil den gesellschaftlichen Konsens als zentralen Stellenwert der politischen Kultur Österreichs und warnt vor politischer Polarisierung. Ruth Wodak u. a. (1998) charakterisieren in ihrer linguistischen Untersuchung der Reden anlässlich der Feierlichkeiten zum 50-jährigen Bestehen der Zweiten Republik im Jahr 1995 die Rolle des Bundespräsidenten folgendermaßen: „Der Bundespräsident ist als oberster Sprecher der Nation am stärksten von allen RednerInnen bemüht, nationale Identität zu konstruieren und zu stiften. Er rekurriert am häufigsten auf Unifikations- und Kohäsivierungsstrategien“ (WODAK u. a. 1998, 252).

Auch die SPÖ verfolgte und verfolgt eine Bewahrungsstrategie, aber aus anderen Gründen: „Je mehr die RednerInnen selbst für die gegenwärtige politische Großwetterlage verantwortlich und je mehr sie an der Bewahrung des Status quo interessiert sind, desto idyllischer und rosiger fällt das verbal verfertigte Bild aus“ (ebd., 226). Diesen Schluss ziehen bereits die AutorInnen im Zuge ihrer Diskursanalyse zu den Republiksfeiern von 1995: Auch damals kam in den Reden der SPÖ zum 50-jährigen Bestehen der Zweiten Republik eine Bewahrungsstrategie zum Ausdruck, da ihre Position als dominante Regierungspartei bereits gefährdet war: Die Wahlerfolge der FPÖ und die gleichzeitige persönliche Dauerkonfrontation zwischen Haider und Vranitzky, sowie das Abhandenkommen der ÖVP als selbstverständlichen Koalitionspartner brachten die SPÖ unter Druck. 1995 kam es nach den gescheiterten Budgetverhandlungen zwischen SPÖ und ÖVP zu vorgezogenen Neuwahlen. Die SPÖ begann daher ein positives Bild der „österreichischen Erfolgsstory", die wesentlich sozialdemokratisch geprägt ist, zu zeichnen. Diese Strategie hat sich im Jahr 2000 nicht verändert, sondern nur zugespitzt: Erstmals seit 30 Jahren war die SPÖ nicht in der Regierung vertreten. Die Diskursanalyse konnte zeigen, wie die SPÖ das Gefahrentopos beschwört und so vor Veränderungen warnt.

Dieser Diskurs der SPÖ hat sich also schon viel früher angekündigt, genauso wie jener der jetzigen Kanzlerpartei ÖVP: In den Reden von ÖVP-Exponenten ist die Transformationsstrategie klar erkennbar, deren Anfänge schon Jahre vorher zu sehen waren. Die ÖVP reagierte auf den Machtgewinn der FPÖ anders als die SPÖ, nicht mit Bewahrung, sondern mit Veränderung ihrer Positionen und ihres Politikangebotes: Wichtige Faktoren für diese inhaltlichen Änderungen sind das Ende des Ost-West-Konflikts und die Obmannschaft Wolfgang Schüssels, die sich durch das Offenhalten aller Koalitionsmöglichkeiten auszeichnet. Die Transformationsstrategie der ÖVP zielt auf wesentliche Merkmale der österreichischen Identität ab, aber nicht alle spielten im untersuchten Diskurs eine Rolle: Unter anderem betrifft sie die Neutralität – man plädiert mehr oder weniger offen für einen NATO-Beitritt – und die Sozialpartnerschaft. Die traditionell gewichtige Rolle der Sozialpartnerschaft soll, wie gesehen, deutlich marginalisiert werden. Auch die Budgetsanierung hat die ÖVP früher und stärker propagiert als die SPÖ (Man erinnere sich an den sogenannten Schüssel-Ditz-Kurs.). Und genauso ist die politische Öffnung gegenüber der FPÖ ein wichtiger Teil dieser Transformationsstrategie.

Noch einen Schritt weiter als die ÖVP geht die FPÖ, die „(...) eine Fundamentalopposition gegen die Zweite Republik" (betreibt, K. P.), „deren große Tabus bewusst verletzt: Österreichische Nation, Neutralität, Sozialpartnerschaft, ‚Lizenzparteien'..." (HANISCH 1997, 23). In Bezug auf die Demontage der österreichischen Identität – Haider sprach von einer „ideologischen Mißgeburt"[135] – musste die FPÖ bereits

135 Bailer-Galanda meint, dass dies eine bewusst kalkulierte Aussage Haiders gewesen sei, um Stimmen in extrem rechten Wählerschichten zu gewinnen, die er zuvor durch eine Abgrenzung

einen Rückzieher machen. Ansonsten ist die Rhetorik der FPÖ darauf ausgerichtet, Säulen der Österreichidentität zu diffamieren: Der soziale Friede und Konsens ist in den Augen der FPÖ bloß rot-schwarzer Proporz, der wirtschaftliche Wohlstand wird gegen die ökonomischen Mängel (hohe Steuerbelastung, Arbeitslosigkeit,...) aufgerechnet. Und auch die Angriffe Haiders auf Demokratie und Rechtsstaat unterstreichen den Charakter einer Anti-System-Rhetorik. In diesem Zusammenhang seien die ständigen Attacken Haiders auf die freien Medien im Zuge der Spitzelaffäre genannt, die in der Aussage gipfelten, diese Berichte seien nur „(...) in den kranken Gehirnen einiger Journalisten entstanden" (DICKINGER 2001, 199). Alle sozialdemokratischen – „sozialistischen" Errungenschaften – werden abgewertet. „Der österreichische Regierungspopulismus führt prototypisch (...) die Abberufung der bisherigen FunktionsträgerInnen (...) vor" (ROSENBERGER 2001, 106). Daher auch die Übernahmen der bisher „roten" Ministerien durch die FPÖ.

Die Grünen stellen sich gegen jede Form einer Mythologisierung Österreichs, besonders was die „Opferrolle" betrifft: Genauso wie sie einen differenzierten Umgang mit der Geschichte Österreichs im Nationalsozialismus einfordern, genauso fordern sie eine differenzierte Sichtweise auf die Sanktionen der EU-14 und auf das von der Regierung propagierte Österreichbild. Die Täter bzw. Urheber müssen als solche benannt werden. Die Grünen demontieren nicht wie die Freiheitlichen das ganze System, sondern machen auf Probleme aufmerksam (etwa die Verurteilungen Österreichs durch den Straßburger Gerichtshof für Menschenrechte) und wehren sich gegen ein Österreichbild als „Insel der Seligen". Aber sie stehen auch für Bewahrung, wenn es etwa um die Neutralität oder den sozialen Frieden geht. Für die Grünen steht eine Revitalisierung der Verfassung und der Demokratie im Mittelpunkt; eine Österreichidentität sollte wesentlich von Verfassungspatriotismus getragen werden.

Identitäten (oder Teile davon) ändern sich nicht kurzfristig: Aber die Strategien von ÖVP und FPÖ zielten schon vor dem Regierungswechsel auf Änderung und Transformation ab. Inwieweit es ihnen gelingen wird, bestimmte Aspekte der Österrei-

---

von Otto Scrinzi und Norbert Burger – zwei Protagonisten des rechtsextremen Lagers in Österreich – vor den Kopf gestoßen hatte (vgl. BAILER 1995, 668ff.).

chidentität zu transformieren, bleibt abzuwarten. Das „Nulldefizit" stößt bei der Bevölkerung zwar auf breites Verständnis, ob das allerdings Teil einer neuen Identität wird, ist auf Grund mangelnder emotionaler Bindungskraft zweifelhaft. Die Versuche, die Neutralität weiter abzutragen, sind bisher gescheitert.[136]

5.4 Die EU als innenpolitisches Thema

Die Thematisierung der EU hängt eng mit dem Diskursstrang über die Sanktionen zusammen: ÖVP und FPÖ, die die Sanktionen als ungerechtfertigte und überzogene Maßnahmen ablehnten, äußerten sich auch in demonstrativ kritisch-distanzierter (ÖVP) bis negativ-ablehnender Weise (FPÖ) über die EU. Sie wurde zum Feindbild der Regierungsparteien stilisiert, um einen innenpolitischen Solidarisierungsschub bei der Bevölkerung zu erreichen.

Diese Negativzeichnung der EU durch die ÖVP ist umso überraschender als gerade diese Partei lange Zeit als europafreundlich galt und sich selbst gerne als Europapartei präsentierte. Nun aber muss das positive EU-Bild einer „Österreich zuerst" – Diktion weichen: In einigen Äußerungen von ÖVP-Exponenten schreckt man auch nicht davor zurück, die EU als Verschwörungsgemeinschaft der Sozialistischen Internationale zu diffamieren. Die EU erscheint nicht mehr als Gemeinschaft von gleichberechtigten Staaten, sondern als Direktorium der großen Länder, die ihre Machtinteressen durchsetzen wollen. Die Berufung auf die EU-Wertegemeinschaft, um die Reaktion der 14 Mitgliedsstaaten zu rechtfertigen, ist in den Augen der ÖVP nichts als Mittel zum Zweck, um die Vormachtstellung einiger Staaten zu garantieren. Ich habe den Diskurs der ÖVP über die EU als Destruktionsstrategie bezeichnet, weil mit Hilfe des „Schlechte-Welt-Topos", die Reaktion der Regierungsparteien verständlich und legitim erscheinen soll: Weil die EU so „schlecht" ist, wie sie ist, werden wir österreichische Interessen mit Zähnen und Klauen verteidigen, wie es Kanzler Schüssel ein-

136 Bundeskanzler Wolfgang Schüssel bezeichnete in seiner Rede zum Nationalfeiertag die Neutralität – ebenso wie Mozartkugeln und Lipizzaner – als alte Schablonen, die im 21. Jahrhundert nicht mehr greifen würden. Die Äußerung rief heftige Kritik bei Bevölkerung und Opposition hervor (vgl. Der Standard am 27. 10. 2001).

mal ausdrückte. In der EU-Politik geht es nur mehr um die Durchsetzung nationaler Interessen.

Ein solches Bild der EU pflegt die FPÖ schon seit Beginn der 90iger Jahre. Im EU-Beitritt sehen die FPÖ-Exponenten nichts Positives, im Gegenteil: Schon bei den Beitrittsverhandlungen war die österreichische Regierung zu wenig hartnäckig, österreichische Interessen wurden geopfert und nun droht durch die EU-Osterweiterung Gefahr; Gefahr durch finanzielle Mehrbelastungen für das Budget und Gefahr durch die Öffnung der Grenzen, die die Arbeitsplätze und die Sicherheit der BürgerInnen Österreichs gefährden werden. Vorurteile und Ressentiments prägen den EU-Diskurs der FPÖ. Österreich muss seine Interessen endlich durchsetzen und nicht länger die Rolle des Musterschülers übernehmen. Aus dem Bedrohungsszenario folgt der Schluss: Österreich zuerst, denn die EU ist ein bürokratischer, bürgerferner Machtapparat.

Die beiden Oppositionsparteien – Grüne und SPÖ – geraten wie schon beim Thema „Sanktionen" in Bedrängnis. Dass die EU durch die Verhängung bilateraler Maßnahmen von 14 Mitgliedsstaaten nicht gerade auf Gegenliebe bei der Bevölkerung stoßt, ist u. a. auf die erfolgreiche Verteidigungsstrategie der Regierung zurückzuführen: Aus den Sanktionen der EU-14 gegen die österreichische Regierung werden Sanktionen der EU gegen Österreich. So haben SPÖ und Grüne keinen leichten Stand, um dieser Anti-EU-Stimmung entgegenzuwirken. Beide Parteien sehen in den EU-Mitgliedsstaaten Partner, die sich für die österreichische Politik interessieren. Sowohl die Grünen als auch die SPÖ zeigen politisch Verständnis für die Reaktion der EU-14. Sie wissen um die Bedeutung des EU-Beitritts, der auch Verpflichtungen in Bezug auf gemeinsame Werte mit sich brachte. Gleichzeitig verkennen sie aber nicht die Gefahr einer reinen Anlassreaktion in Bezug auf Österreich: Wünschenswert wäre eine Regelung, wie in ähnlichen Fällen vorgegangen werden sollte.

Auch der Bundespräsident sieht in der EU mehr als bloß einen Club zur Verteidigung nationaler Interessen, auch wenn er diesen Aspekt nicht leugnet. Dennoch kritisiert er die Anti-EU-Rhetorik der Regierungsparteien und setzt dieser seine Vision von Europa entgegen: die EU als Friedensgemeinschaft, als eine Wertegemeinschaft, wobei der Bundespräsident auch hier – wie beim Thema „Österreich" – zu Verklärung und Mythologisierung neigt. Dieses Bild der EU vertritt er vor allem im europäischen Kontext (EU-Parlament, EU-Kommission), während er in der Innenpolitik stärker die Wahrung österreichischer Interessen akzentuiert.

Auch während der Sanktionen der EU-14 gegen die österreichische Regierung war die EU ein innenpolitisches Thema. Ihre Bewertung durch die Bevölkerung hängt wesentlich mit der innenpolitischen Diskussion zusammen; aber die Akteure ändern ihre Position, wenn es politisch opportun ist. Die EU war und ist Spielball zwischen den Parteien. „Außenpolitik hört auf, ein besonders vom elitären Konsens getragener Bereich politischer Gemeinsamkeit zu sein; Außenpolitik wird zunehmend politisch normal. Außenpolitik wird ein politischer Alltagsbereich – wie andere Politikfelder auch" (PELINKA 1994, 26).

Schaller zeigt auf, welche innenpolitische Motive ausschlaggebend waren, damit die EU in den 80ern überhaupt auf die Agenda der heimischen Innenpolitik gesetzt wurde: Die ÖVP versuchte das von der SPÖ zunächst nicht beachtete EG-Thema für sich zu nutzen und dadurch ihr politisches Profil als Oppositionspartei zu schärfen. Erst später erkannte die SPÖ die Bedeutung dieses Themas und präsentierte sich als besonnenere „Europapartei", um mit der Volkspartei mitzuhalten. Ebenso innenpolitisch motiviert ist die ablehnende Haltung der FPÖ gegenüber der EU, da sie von ihrer wirtschaftsliberalen und ideologischen Ausrichtung her („Zusammenschluss" mit Deutschland) für einen EU-Beitritt sein müsste. Aber der Anti-EU-Kurs – als Teil der Ablehnung der Politik der Großen Koalition insgesamt – bringt wichtige Stimmen und innenpolitischen Machtgewinn (vgl. SCHALLER 1994, 152ff.). Das EU-Thema ist somit der innenpolitischen Lage und den Parteistrategien ausgesetzt.

Für die ÖVP war es in der Lage der Bedrängnis wichtig, das eigene Handeln zu rechtfertigen und die Schuld bei den anderen zu suchen. So kommt es, dass die ehemalige „Europapartei" ÖVP bereit ist, ihre EU-freundliche Politik zu revidieren (Betonung österreichischer Interessen), um den innenpolitischen Erfolg sicherzustellen. Caspar Einem sagte in einem Interview den bemerkenswerten Satz, dass alles Negative stets auf die EU geschoben wird. Dieser Opportunitätskurs kennzeichnet die Europapolitik vieler Akteure und ist sicherlich ein entscheidender Grund für die fehlende Verbreitung eines EU-Bewusstseins in der Bevölkerung.

V. Conclusio

Ziel der Diskursanalyse war es, bestimmte Themen auf der politischen Ebene der Parteien und des Bundespräsidenten zur Zeit der Sanktionen der EU-14 gegen die österreichische Bundesregierung zu analysieren. Die Arbeit rückte die sprachliche Konstruktion von Teilen der Wirklichkeit in den Mittelpunkt und griff daher als theoretische Basis auf den Konstruktivismus zurück. Dieser erkenntnistheoretische philosophische Ansatz geht davon aus, dass Wirklichkeit ein in komplexen sozialen Prozessen hergestellter oder ausgehandelter Entwurf ist. Da Menschen in unterschiedlichen sozialen Gruppen, d. h. Gesellschaften und Subgesellschaften leben, gibt es nicht nur eine Vorstellung über das, was Wirklichkeit ist, sondern mehrere solcher Realitätskonstrukte existieren nebeneinander. Auch politische Parteien bieten demnach Entwürfe über gesellschaftliche und politische Probleme und deren Lösung an; sie wetteifern um den „besten" Entwurf, der sich bei den WählerInnen durchsetzen soll.

Auch der Diskursbegriff von Michel Foucault geht der sozialen Konstruktion von Wirklichkeit nach. Er zeigt auf, wie zufällig sich bestimmte Diskurse in den Wissenschaften oder Diskurse über die Sexualität oder über die Delinquenz durchsetzen konnten. Es gibt keine objektiven – außerhalb des Diskurses existierenden – Gründe, die diese Hegemonie eines Diskurses erklären könnten. Der Diskurs, der sich durchsetzt, war letztlich erfolgreicher in der Machtauseinandersetzung.

Diskursanalyse kann also diskursive, d. h. über Sprache vorgenommene Verfestigung von bestimmten ausgewählten Themen aufzeigen. Die Untersuchung soll aufzeigen, mit welchen Inhalten, die politischen Akteure (die Parteien und der Bundespräsident) die Themen „FPÖ", „Sanktionen", „Österreich" und die „EU" besetzen, welche Argumente sie für ihre Konstruktion heranziehen und welche Strategien sie dabei verfolgen. Der Untersuchungszeitraum wurde auf die Zeit der Sanktionen (Februar bis September 2000) eingeschränkt. Diskursanalyse scheint daher ein bescheidenes wissenschaftliches Ziel vor Augen zu haben: Es liegt in einer quasi „positivistischen" Darstellung dessen, wie Akteure bei der sprachlichen Konstruktion bestimmter Phänomene verfahren. „Das sollte man nicht unterschätzen. Denn bereits die sachliche Beschreibung deckt Mystifizierungen auf, weist auf Widersprüche hin, legt Interessen bloß und Unterschiede frei zwischen z. B. Aussagen und in ihnen enthaltenen Nahelegungen, Implikationen etc." (JÄGER 1993, 221).

Für eine adäquate „Beschreibung" war es notwendig, den Kontext der Diskursstränge (FPÖ, Sanktionen, Österreich und EU) zu berücksichtigen. Diskurse finden nicht ort- oder zeitlos statt; der Kontext hat wesentlichen Einfluss auf den Verlauf eines Diskursstranges. Die politische Polarisierung, die die österreichische Gesellschaft nach dem 3. Oktober 1999, den aufreibenden Koalitionsverhandlungen und schließlich nach dem Regierungseintritt der FPÖ erfasste, ist der im Auge zu behaltende Hintergrund, vor dem sich die Diskursstränge entfalteten. Im Anschluss an die Analyse der Diskursstränge wurde versucht gleichzeitig mit einer zusammenfassenden Darstellung der einzelnen Themen auch Kontinuitäten, Parallelen oder Konsequenzen des Handelns der Akteure aufzuzeigen und so über eine Momentaufnahme des Diskurses zur Zeit der Sanktionen hinauszugehen.

Die Diskursstränge sind untereinander verwoben und verstärken sich gegenseitig, wie es Jägers Bild vom „Gewimmel der Diskurse" nahe legt. Für eine Analyse war es zunächst notwendig, dieses Gewimmel zu entwirren, aber schon dabei war es schwer, eine klare Abgrenzung zwischen den Themen vorzunehmen. Denn die Verteidigungs- und Rechtfertigungsstrategien der Regierungsparteien ÖVP und FPÖ in Bezug auf das eigene Handeln laufen auf eine Ablehnung der Sanktionen der EU-14 hinaus, was wiederum Auswirkungen auf den EU-Diskurs der beiden Parteien hat. Wenn das eigene Handeln für richtig empfunden wird – die FPÖ betreffend ihrer zahlreichen umstrittenen Äußerungen, die ÖVP betreffend ihrer Koalition mit der FPÖ – dann muss es andere Gründe für die Isolation Österreichs geben. Die EU wird daher zum Schuldigen auserkoren, als „Sozialistische Internationale" etikettiert und diffamiert, die eine „Kampagne gegen Österreich" betreibt, um die „Sozialisten" in Österreich an der Macht zu halten oder um von den eigenen Problemen mit Rassismus und Fremdenfeindlichkeit abzulenken. Die Sanktionen der EU-14 gegen die österreichische Bundesregierung werden so zu Sanktionen der EU gegen Österreich und dessen Bevölkerung. Unterschiede im Meinungsspektrum der Bevölkerung werden ausgeblendet: *Die* Bevölkerung ist von den Sanktionen betroffen, *die* Bevölkerung solidarisiert sich mit der Regierung und unterstützt sie im Kampf gegen diese Unrechtssanktionen. Wer gegen die Sanktionen ist, ist für die

Regierung, wer gegen die Regierung ist, ist für die Sanktionen. Dieser Argumentation folgend können die Oppositionsparteien – die von ihrer politischen Funktion her die Regierung kritisieren soll – im nächsten Schritt als schlechte Patrioten abgestempelt werden. Und das eigene Handeln wird als gut für Österreich dargestellt, weil es endlich zu einer „Wende“, zu notwendigen Reformen und Veränderungen kommt: Abbau der Staatsschulden, für die die SPÖ verantwortlich gemacht wird, Wandel zur Konfliktdemokratie, Änderungen in der Zuwanderungspolitik. Während die ÖVP an dem bisher Erreichten (Wirtschaftswachstum, sozialer Standard,...) anknüpft, sieht die FPÖ in der vergangenen Politik nur Negatives (Proporz, hohe Steuern, Arbeitslosigkeit,...).

Grüne und SPÖ richten ihre Kritik an den politischen Stil der FPÖ, sowie an die ÖVP, die durch ihre Koalitionsvereinbarung mit der FPÖ diese populistische, mit Ängsten und Vorurteilen agierende Politik salonfähig macht. Darin liegt auch der Grund für die Maßnahmen der EU-14, die sich entgegen der Behauptung der Regierungsparteien nicht an Österreich insgesamt richten, sondern an das schwarz-blaue Kabinett adressiert sind. Die Verschwörungstheorie der Regierung soll das Problem, das die Opposition und die EU-14 mit dieser Regierung haben, nur zudecken. Laut SPÖ und Grünen wird die gesamte Bevölkerung zu Unrecht von Seiten der Regierung für deren Zwecke vereinnahmt, denn das „andere Österreich“ hat sich durch Demonstrationen, Veranstaltungen und publizistischen Pamphleten deutlich sicht- und hörbar gemacht. Beide Oppositionsparteien zeigen Verständnis für die ergriffenen Maßnahmen der EU-14, die in Abgrenzung zu Schwarz-Blau explizit als Partner angesprochen werden. Sie werfen der Regierung vor, durch das Theater um die Sanktionen eine Debatte über die Regierungspolitik zu vermeiden. Denn für Österreich ist diese Regierung eine Gefahr; der soziale Friede und der gesellschaftliche Konsens, Basis für den bisherigen Erfolgskurs Österreichs, stehen auf dem Spiel. Dieses Bedrohungsszenario wird vor allem von der SPÖ zur Sprache gebracht, während die Grünen ein realistischeres Österreichbild einfordern: keine Glorifizierung der Vergangenheit oder der Zukunft.

Auch für den Bundespräsidenten lassen sich in Bezug auf alle vier Diskursstränge gemeinsame Schlussfolgerungen ziehen: Er übt die Rolle des Krisenmanagers, des Konsenserhalters und des Kontinuitätsstifters getreu dem traditionellen Amtsverständnis aus. In einer Zeit der internationalen Isolierung ist der Bundespräsident gefordert: Um die Sanktionen wegzubekommen, appellierte er an innere Geschlossenheit; dabei konstruierte er eine Solidargemeinschaft, die alle Österreicher mit einschließt und sprach daher auch von „Sanktionen gegen Österreich". Diesen Appell an Zusammenhalt kann er besser vertreten als der Kanzler dies tut, weil seine Rolle im politischen System überparteilich ist. Diese Überparteilichkeit offenbarte sich auch gegenüber der FPÖ: Nicht ohne die Kritik an Äußerungen der FPÖ zu verschleiern, ist die wesentliche Botschaft seiner Reden doch die, der FPÖ und der neuen Regierung eine Chance zu geben. Trotzdem ist er auf Kontinuität des österreichischen Weges bedacht und lobte daher die Konsensdemokratie. Von Österreich sprach er in den schillerndsten Tönen, das „Heile-Welt-Topos" verharmlost allerdings Aspekte der Vergangenheit und Probleme der Gegenwart. Seine Bemühungen um Bewahrung galten auch der EU: Obwohl er weiß, dass Interessen bei den EU-Räten im Vordergrund stehen, so vertritt er dennoch das Bild einer „Friedens- und Wertegemeinschaft".

Die Diskursanalyse sollte zeigen, wie politische Akteure bei der diskursiven Konstruktion bestimmter Themen verfahren. Dabei ist diese Untersuchung selbst Teil eines konstruktivistischen (wissenschaftlichen) Zugangs. In konstruktivistischer Hinsicht sollen Entwürfe über die Wirklichkeit helfen, eine bessere Orientierung in der Welt der Phänomene zu geben. Auch Wissenschaft soll dem besseren Verständnis bestimmter Phänomene dienen und wo möglich Erklärungen bieten. Diese vorliegende Diskursanalyse (re-)konstruiert die Konstrukte politischer Akteure in Bezug auf bestimmte Themen und versucht – zum besseren Verständnis – aufzuzeigen, wie und mit welcher Absicht sie handeln. Dabei kann kein „wahrer" Entwurf über die Welt ausfindig gemacht werden, denn Wahrheit wird von allen Beteiligten beansprucht. Auch diese Diskursanalyse kann nicht beanspruchen, die Wahrheit zu vertreten, denn die inhaltliche Fokussierung und methodische Einschränkung schließt andere Aspekte der „Wirklichkeit" von vornherein aus. Andere Arbeiten werden andere Aspekte zu Tage fördern.

Aber wenn es diese Arbeit schafft, einen kleinen Teil zum besseren Verstehen der Diskurse, ihrer Mechanismen und Wirkungsweisen beizutragen, dann ist ein erster, wichtiger Schritt erreicht. Die weiteren Schlussfolgerungen, die aus diesem möglichen Erkenntnisgewinn zu ziehen sind, können nicht wissenschaftsintern, sondern nur auf einer politisch-ethischen Ebene getroffen werden. Es geht letztlich um die Frage, welche Gesellschaft wir wollen, welche politische Kultur wir anstreben. Wollen wir – als demokratische Bürger und Bürgerinnen – Politiker, die sich hinter Verharmlosungsstrategien verstecken oder solche, die die Dinge beim Namen nennen? Wollen wir eine Politik, die Grundwerte verteidigt oder eine, die Grundwerte nur dann vertritt, wenn es opportun ist? Dieses Projekt einer Gesellschaft kann natürlich nur in demokratischer Form ausgehandelt werden. Und welchen Beitrag können die WissenschaftlerInnen dazu leisten?

> „Tatsächlich müssen wir als autonome Wissenschaftler nach den Regeln der scholarship arbeiten, um ein engagiertes Wissen aufbauen und entwickeln zu können, das heißt, wir brauchen *scholarship with commitment*" (Hervorhebung im Text). „Um ein wirklich engagierter, ein auf legitime Weise engagierter Wissenschaftler zu sein, muss man Wissen in engagiertes Wissen überführen. Und ein solches Wissen ist nicht anders zu erlangen als durch eine wissenschaftliche Arbeit, die sich an die Regeln und die Normen der Wissenschaften hält" (BOURDIEU 2002, 3).

Literaturverzeichnis

AKTIONSPROGRAMM der Bundesregierung zur Aufhebung der Sanktionen (2000). Online im WWW unter URL: http://www.bmaa.gv.at/oesterreich/index.html/de (18. 05. 2001)

BAILER, Brigitte (1995): „‚Ideologische Mißgeburt' und ‚ordentliche Beschäftigungspolitik' – Rechtspopulistische Skandale" in: GEHLER/SICKINGER (Hrsg.), S. 666-678

BAILER, Brigitte/NEUGEBAUER, Wolfgang/SCHIEDEL, Heribert (2000): „Die FPÖ auf dem Weg zur Regierungspartei. Zur Erfolgsgeschichte einer rechtsextremen Partei" in: SCHARSACH (Hrsg.), S. 105-127

BARBER, James (1979): "Economic sanctions as a policy instrument" in: International Affairs, Vol. 55, Nr. 3, 1979, S. 367-384

BERICHT von Martti Ahtisaari/Jochen Frowein/Marcelino Oreja (2000). Online im WWW unter URL: http://www.gruene.at/texte/dokument_815.rtf (18. 05. 2001)

BÖHM, Wolfgang/LAHODYNSKY, Otmar (2001): „Ein Komplex namens Österreich" in: Die Presse vom 20. /21. Jänner 2001, Sonderteil „Spectrum".

BOURDIEU, Pierre (1992): Die verborgenen Mechanismen der Macht. VSA-Verlag, Hamburg.

BOURDIEU, Pierre (2002): „Für eine engagierte Wissenschaft" in: Le Monde diplomatique. Deutsche Ausgabe. Februar 2002, S. 3

BREIER, Karl-Heinz (1992): Hannah Arendt. Eine Einführung. Junius-Verlag, Hamburg.

BREUSS, Susanne/LIEBHART, Karin/PRIBERSKY, Andreas (1995): Inszenierungen. Stichwörter zu Österreich. Sonderzahl-Verlag, Wien.

BRINKER, Klaus (1997): Linguistische Textanalyse. Eine Einführung in Grundbegriffe und Methoden. Erich Schmidt-Verlag, Berlin. (1. Auflage 1985)

BRUCKMÜLLER, Ernst (1994): Österreichbewusstsein im Wandel. Identität und Selbstverständnis in den 90er Jahren. Signum-Verlag, Wien.

BRUCKMÜLLER, Ernst (1997): Symbole österreichischer Identität. Zwischen Kakanien und Europa. Picus-Verlag, Wien.

BUBLITZ, Hannelore (u. a.) (1999): Das Wuchern der Diskurse. Perspektiven der Diskursanalyse Foucaults. Campus-Verlag, Frankfurt/Main.

BUBLITZ, Hannelore (1999): „Diskursanalyse als Gesellschafts-‚Theorie'" in: BUBLITZ (u. a.), S. 22-48

BÜHRMANN, Andrea Dorothea (1999): „Der Diskurs als Diskursgegenstand im Horizont der kritischen Ontologie der Gegenwart" in: BUBLITZ (u. a.), S. 49-62

BURKE, Peter (1993): Ludwig XIV. Die Inszenierung des Sonnenkönigs. Klaus Wagenbach-Verlag, Berlin.

CHARIM, Isolde/RABINOVICI, Doron (2000): Österreich. Berichte aus Quarantanien. Suhrkamp-Verlag, Frankfurt/Main.

DACHS, Herbert (u. a.) (Hrsg.) (1997): Handbuch des politischen Systems Österreichs. Die Zweite Republik. Manz-Verlag, Wien.

DIAZ-BONE, Rainer (1999): „Probleme und Strategien der Operationalsierung des Diskursmodells im Anschluss an Michel Foucault" in: BUBLITZ (u. a.), S. 119-135

DICKINGER, Christian (2000): Österreichs Präsidenten. Von Karl Renner bis Thomas Klestil. Überreuter-Verlag, Wien.

DICKINGER, Christian (2001): Die Skandale der Republik. Haider, Proksch und Co. Überreuter-Verlag, Wien.

DIECKMANN, Walther (1975): Sprache in der Politik. Winter-Verlag, Heidelberg.

DÖRNER, Andreas (1995): Politischer Mythos und symbolische Politik, Westdeutscher-Verlag, Opladen.

FLEISCHHACKER, Michael (2001): Wien, 4. Februar 2000 oder die Wende zur Hysterie. Czernin-Verlag, Wien.

FOUCAULT, Michel (1974): Die Ordnung des Diskurses. Carl Hanser-Verlag, München.

FOUCAULT, Michel (1976): Mikrophysik der Macht. Über Strafjustiz, Psychiatrie und Medizin. Merve-Verlag, Berlin.

FOUCAULT, Michel (1977): Der Wille zum Wissen. Sexualität und Wahrheit 1. Suhrkamp-Verlag, Frankfurt/Main.

FOUCAULT, Michel (1978) Dispositive der Macht. Über Sexualität, Wissen und Wahrheit. Merve-Verlag, Berlin.

FOUCAULT, Michel (1994): Überwachen und Strafen. Die Geburt des Gefängnisses. Suhrkamp, Frankfurt/Main.

FOUCAULT, Michel (1996): Diskurs und Wahrheit. Merve-Verlag, Berlin.

FUX, Beat (1991): „Argumentationsstrukturen im politischen Diskurs" in: OPP DE HIPT/LATNIAK (Hrsg.), S. 211-245

GALTUNG; Johan (1967):"On the effects of international economic sanctions. With examples from the case of Rhodesia" in: World Politics, Vol. 19, Nr. 3, 1967, S. 378-416

GEHLER, Michael/SICKINGER, Hubert (Hrsg.) (1995): Politische Affären und Skandale in Österreich. Von Mayerling bis Waldheim. Thaur-Verlagshaus, Wien, München.

GEHLER, Michael/SICKINGER Hubert (1995): „Politische Skandale als Forschungsgegenstand: Zur Konzeption des Sammelbandes" in: dieselben (Hrsg.), S. 9-18

GEHLER, Michael (1995): „„… eine grotesk überzogene Dämonisierung eines Mannes… ' Die Waldheimaffäre 1986-1992" in: GEHLER/SICKINGER (Hrsg.), S. 614-665

GERLICH, Peter (1997): „Politische Kultur der Subsysteme" in: DACHS u. a. (Hrsg.), S. 506-513

Von GLASERSFELD, Ernst (1985): „Konstruktion der Wirklichkeit und des Begriffs der Objektivität" in: GUMIN/MEIER, S. 9-40

Von GLASERSFELD, Ernst (1997): Radikaler Konstruktivismus. Suhrkamp, Frankfurt/Main.

GUMIN, Heinz/MEIER, Heinrich (1985): Einführung in den Konstruktivismus. Piper-Verlag, München-Zürich.

HAIDER, Jörg (1997): Befreite Zukunft jenseits von links und rechts. Menschliche Alternativen für eine Brücke ins neue Jahrtausend. Politica Edition Ibera und Molden, Wien

HALLER, Max (1996): Identität und Nationalstolz der Österreicher. Gesellschaftliche Ursachen und Funktionen. Herausbildung und Transformation seit 1945. Internationaler Vergleich. Böhlau-Verlag, Wien, Köln, Weimar.

HALLER, Max/GRUBER, Stefan (1996): „Die Österreicher und ihre Nation – Patrioten oder Chauvinisten? Gesellschaftliche Formen, Bedingungen und Funktionen nationaler Identität" in: HALLER, S. 62-147

HANISCH, Ernst (1997): „Periodisierungsversuche des 20. Jahrhunderts" in: DACHS (u. a.) (Hrsg.), S. 11-24

HEJL, Peter M. (1985): „Konstruktion der sozialen Konstruktion. Grundlinien einer konstruktivistischen Sozialtheorie" in: GUMIN/MEIER, S. 109-146

HERBIG, Albert F. (1992): Sie argumentieren scheinheilig. Sprach- und sprechwissenschaftliche Aspekte einer Stilistik des Argumentiernes. Peter Lang-Verlag, Franfurt/Main.

HOMBACH, Bodo (1991): „Semantik und Politik" in: LIEDTKE (u. a.), S. 34-43

JÄGER, Siegfried (1993): Kritische Diskursanalyse. Eine Einführung. DISS-Studien, Duisburg.

JÄGER; Siegfried (1999): „Einen Königsweg gibt es nicht. Bemerkungen zur Durchführung von Diskursanalysen" in: BUBLITZ (u. a.), S. 136-147

JANUSCHEK, Franz (Hrsg.) (1992): Rechtspopulismus und NS-Anspielungen am Beispiel des österreichischen Politikers Jörg Haider. DISS-Studien, Duisburg.

KALIVODA, Gregor (1988): „Stilistik der politischen Ausgrenzung. Diskursstilistische Untersuchung am Beispiel der Sozialistengesetzdebatte des Deutschen Reichstags von 1878" in: SANDIG (Hrsg.), S. 87-101

KLEIN, Josef (1991): „Begriffe besetzen" in: LIEDTKE (u. a.), S. 44-69

KLEINING, Gerhard: „Das qualitativheuristische Verfahren der Textanalyse" in: OPP DE HIPT/LATNIAK (Hrsg.), S. 246-277

KOPEINIG, Margaretha/KOTANKO, Christoph (2000): Eine europäische Affäre. Der Weisen-Bericht und die Sanktionen gegen Österreich. Czernin-Verlag, Wien.

KREISSLER, Felix (1984): Der Österreicher und seine Nation. Ein Lernprozess mit Hindernissen. Böhlau-Verlag, Wien, Köln, Graz.

LANGER, Maria (2000): „Österreich in Europa" in: Werkstattsblätter, Nr. 4, April 2000, Online im WWW unter: http://www.spoe.at/index.htm (02. 06. 2001)

LIEDTKE, Frank/WENGELER, Martin/BÖKE, Karin (1991): Begriffe besetzen. Strategien des Sprachgebrauchs in der Politik. Westdeutscher-Verlag, Opladen.

LINK, Jürgen (1999): „Diskursive Ereignisse, Diskurse, Interdiskurse: Sieben Thesen zur Operativität der Diskursanalyse, am Beispiel des Normalismus" in: BUBLITZ (u. a.), S. 148-161

LOREY, Isabell (1999): „Macht und Diskurs bei Foucault" in: BUBLITZ (u. a.), S. 87-96

LÜBBE, Hermann (1967): Der Streit um Worte. Sprache und Politik. Ferdinand Kamp-Verlag, Bochum.

LUTHER, Kurt Richard: „Die Freiheitlichen" in : DACHS (u. a.) (Hrsg.), S. 286-303

MAAS, Utz (1984): Als der Geist des Nationalsozialismus seine Sprache fand. Westdeutscher-Verlag, Opladen.

MARKOVITS, Andrei S. /ROSENBERGER, Sieglinde K. (Hrsg.) (2001): Demokratie. Modus und Telos. Böhlau-Verlag, Wien-Köln-Weimar.

MENASSE, Robert (1993): Das Land ohne Eigenschaften. Essay zur österreichischen Identität. Sonderzahl-Verlag, Wien.

MENASSE, Robert (1999): Erklär mir Österreich. Suhrkamp-Verlag, Frankfurt/M.

MERSCH, Dieter (1999): „Anderes Denken. Michel Foucaults ‚performativer' Diskurs" in: BUBLITZ (u. a.), S. 162-176

MÜLLER, Wolfgang C. (1997a): „Der Bundespräsident" in: DACHS (u. a.) (Hrsg.), S. 138-147

MÜLLER, Wolfgang C. (1997b): „Das Parteiensystem" in DACHS (u. a.) (Hrsg.), S. 215-234

NÖTH, Winfried (2000): Handbuch der Semiotik, Metzler-Verlag, Stuttgart.

OPP DE HIPT, Manfred/LATNIAK, Erich (Hrsg.) (1991): Sprache statt Politik? Politikwissenschaftliche Semantik- und Rhetorikforschung. Westdeutscher-Verlag, Opladen.

ÖTSCH, Walter (2000): Haider light. Handbuch für Demagogie. Czernin-Verlag, Wien.

PELINKA, Anton (Hrsg.) (1987): Populismus in Österreich. Junius-Verlag, Wien.

PELINKA, Anton (1990): Zur österreichischen Identität. Überreuter-Verlag, Wien.

PELINKA, Anton/SCHALLER, Christian/LUIF, Paul (1994): Ausweg EU? Innenpolitische Motive einer außenpolitischen Umorientierung. Böhlau-Verlag Wien, Graz, Köln.

PELINKA, Anton (1994): „Europäische Integration und politische Kultur“ in: PELINKA/SCHALLER/LUIF (1994), S. 11-26

PELINKA, Anton (2000): „Die rechte Versuchung. SPÖ, ÖVP und die Folgen eines falschen Tabus“ in: SCHARSACH (Hrsg.), S. 46-65

PELINKA, Anton/ROSENBERGER, Sieglinde K. (2000): Österreichische Politik. Grundlagen, Strukturen, Trends. WUV-Universitätsverlag, Wien.

PETTER, Yvonne (1988): „Argumentationsstrategien“ in: SANDIG (Hrsg.), S. 103-120

PLASSER, Fritz/ULRAM, Peter (2000): „Protest ohne Parteibindung. Die Wählerschaft der FPÖ“ in: SCHARSACH (Hrsg.), S. 128-143

PORTUGIESISCHE PRÄSIDENTSCHAFT (2000): Gemeinsame Reaktion von 14 Mitgliedsstaaten der Europäischen Union im Falle der Bildung einer Regierung in Österreich unter Einbeziehung der FPÖ (31. 01. 2000)

RORTY, Richard (1989): Kontingenz, Ironie und Solidarität. Suhrkamp-Verlag, Franfurt/Main.

ROSENBERGER, Sieglinde K. (2001): „Demokratie und/versus Populismus“ in: MARKOVITS/ROSENBERGER (Hrsg.), S. 101-116

ULRAM, Peter/GfK (2000): Entwicklung des Nationalbewusstseins 1964-2000, unveröffentlichtes Papier

SANDIG, Barbara (Hrsg.) (1988): Stilistisch-rhetorische Diskursanalyse. Gunter Narr-Verlag, Tübingen.

SCHALLER, Christian (1994): „Die innenpolitische EG-Diskussion seit den 80er Jahren“ in: PELINKA/SCHALLER/LUIF (1994), S. 27-269

SCHALLER, Christian (1996): „Zur Diskussion um den österreichischen EU-Beitritt.“ in: TÁLOS/FALKNER (Hrsg.), S. 17-31

SCHALLER, Christian (1997): „Österreichs Weg in die Europäische Union – E(W)G/EU-Diskurs in Österreich.“ in: DACHS (u. a.) (Hrsg.), S. 53-62

SCHARSACH, Hans-Henning (Hrsg.) (2000): Haider-Österreich und die rechte Versuchung. Rowohlt Taschenbuch-Verlag, Reinbek bei Hamburg.

SCHLÜTER, Hermann (1974): Grundkurs der Rhetorik. DTV-Verlag, München.

SEIER, Andrea (1999): „Kategorien der Entzifferung: Macht und Diskurs als Analyseraster" in: BUBLITZ (u. a.), S. 75-86

SICKINGER, Hubert (1995): „Von der ‚Insel der Seligen' zur ‚Skandalrepublik'? Politische Skandale der Zweiten Republik" in: GEHLER/SICKINGER (Hrsg.) (1995), S. 698-743

SPERL, Gerfried (2000): Der Machtwechsel. Österreichs politische Krise zu Beginn des 3. Jahrtausends. Molden-Verlag, Wien.

TÀLOS, Emmerich/FALKNER, Gerda (Hrsg.) (1997): EU-Mitglied Österreich. Manz-Verlag, Wien.

TIEFENBACHER, Peter (1996): „Die Ausformung der österreichischen Identität während kritischer, zeithistorischer Ereignisse 1945-1996" in: HALLER, S. 210-270

TITSCHER, Stefan/WODAK, Ruth/MEYER, Michael/VETTER, Eva (1998): Methoden der Textanalyse. Leitfaden und Überblick. Westdeutscher-Verlag, Opladen/Wiesbaden.

VISKER, Rudi (1991): Michel Foucault. Genealogie als Kritik. Wilhelm Fink-Verlag, München.

VOLMERT, Johannes (1989): Politikerrede als kommunikatives Handlungsspiel. Wilhelm Fink-Verlag, München

WATZIN, Klaus (1998): Politiker im Spiegel-Gespräch. Peter Lang-Verlag, Franfurt/Main.

WEISS, Thomas G. (1999):"Sanctions as a foreign policy tool: Weighing Humanitarian Impulses" in: Journal of Peace Research, Vol. 36, Nr. 5, S. 499-509

WELAN, Manfried (1992): Der Bundespräsident. Kein Kaiser in der Republik. Böhlau-Verlag, Wien-Köln-Graz.

WELAN, Manfried (1999): Demokratie auf österreichisch oder die erstarrte Republik. Czernin-Verlag, Wien.

WELAN, Manfried (2000): Regierungsbildung, insbesondere 1999/2000. Institut für Wirtschaft, Politik und Recht, Wien.

WELLNER, Karsten (1991): Wirtschaftssanktionen als Mittel der internationalen Politik. Peter Lang-Verlag, Franfurt/Main-Bern-New York-Paris.

WHORF, Benjamin Lee (1999): Sprache-Denken-Wirklichkeit. Rowohlt Taschenbuch-Verlag, Reinbek bei Hamburg.

WODAK, Ruth (u. a.) (1990): „Wir sind alle unschuldige Täter". Diskurshistorische Studien zum Nachkriegsantisemitismus. Suhrkamp, Frankfurt/Main.

WODAK, Ruth (u. a.) (1998): Zur diskursiven Konstruktion nationaler Identität. Suhrkamp, Frankfurt/Main.

WODAK, Ruth (2000): „‚Echt, anständig und ordentlich'. Wie Jörg Haider und die FPÖ Österreichs Vergangenheit, Gegenwart und Zukunft beurteilen." in: SCHARSACH (Hrsg.), S. 180-187

WODAK, Ruth (2001): „Politikwissenschaft und Diskursanalyse" in: MARKOVITS/ROSENBERGER (Hrsg.), S. 75-100

Internet

Stenographische Protokolle des Nationalrates (21. Legislaturperiode) unter:

http://www.parlament.gv.at/pd/pm/XXI/NRSP/NSRP_gm. html

8. Nationalratssitzung:

http://www.parlament.gv.at/pd/pm/XXI/NRSP/NSRP_008/NRSP_008.doc

9. Nationalratssitzung:

http://www.parlament.gv.at/pd/pm/XXI/NRSP/NSRP_009/NRSP_009.doc

19. Nationalratssitzung:

http://www.parlament.gv.at/pd/pm/XXI/NRSP/NSRP_019/NRSP_019.doc

22. Nationalratssitzung:

http://www.parlament.gv.at/pd/pm/XXI/NRSP/NSRP_022/NRSP_022.doc

36. Nationalratssitzung:

http://www.parlament.gv.at/pd/pm/XXI/NRSP/NSRP_036/NRSP_036.doc

Reden des Bundespräsidenten unter: http://www.hofburg.at/de/index.htm

- TV-Rede von Bundespräsident Dr. Thomas Klestil am 4. Februar 2000 im Wortlaut
- Einführende Erklärung des Herrn Bundespräsidenten anlässlich seines Besuches bei der Europäischen Kommission am 8. März in Brüssel

- Eröffnungsansprache von Bundespräsident Dr. Thomas Klestil anlässlich des dritten Internationalen Theodor Herzl-Symposiums am Montag, dem 13. März 2000
- Rede von Bundespräsident Dr. Thomas Klestil anlässlich der Eröffnung der Europäischen Stelle zur Beobachtung von Rassismus und Fremdenfeindlichkeit am 7. April 2000 in Wien
- Ansprache von Bundespräsident Dr. Thomas Klestil vor dem Europäischen Parlament am 12. April 2000 in Straßburg
- Ansprache von Bundespräsident Thomas Klestil anlässlich des „Verfassungstages 2000" am 2. Oktober 2000
- Rede des Bundespräsidenten zum Nationalfeiertag am 26. Oktober 2000

Interviews in Tageszeitungen und Zeitschriften:

1. FORMAT

„Wir sind nicht Serbien", Interview mit Wolfgang Schüssel (07. 02. 2000)

„Fischler exekutiert Negatives", Interview mit Jörg Haider (29. 02. 2000)

„Zahlen und getreten werden", Interview mit Michael Schmid (14. 03. 2000)

„Van der Bellen auf Goodwillmission", Interview mit Alexander Van der Bellen (10. 04. 2000)

„Größte Herausforderung meines Lebens", Interview mit Susanne Riess-Passer (03. 05. 2000)

„Das war Chiracs Waterloo", Interview mit Jörg Haider (12. 09. 2000)

2. NEWS

„Klestil: Seine Abrechnung", Interview mit Thomas Klestil (03. 02. 2000)

„Keine Klage vor dem EUGH", Interview mit Thomas Klestil (05. 05. 2000)

„Österreichs Politik hinter einer Nebelwand", Interview mit Thomas Klestil (07. 09. 2000)

3. DIE PRESSE

„‚Probleme, die man uns anhängt, nicht da'“, Interview mit Benita Ferrero-Waldner (05. 02. 2000)

„Busek rät Jungen: ‚Geht in die Politik – jetzt'“, Interview mit Erhard Busek (08. 02. 2000)

„‚EU-Sanktionen sind überzogen'“, Interview mit Peter Schieder (21. 02. 2000)

„‚Die größte Gefahr für uns ist, dass Gras über die EU-Sanktionen wächst.'“, Interview mit Wolfgang Schüssel (19. 04. 2000)

„Riess-Passer bindet sich an ÖVP: ‚Mit dieser SPÖ nicht'“, Interview mit Susanne Riess-Passer (05. 05. 2000)

„Caspar Einem: Sanktionen haben Effekt wie bei Slobodan Milosevic“, Interview mit Caspar Einem (13. 06. 2000)

„‚Die Minimierung nach unten darf nicht unser Ziel sein'“, Interview mit Elisabeth Gehrer (05. 08. 2000)

4. PROFIL

„Es steht nicht das ganze Land am Heldenplatz“, Interview mit Susanne Riess-Passer (29. 02. 2000)

„Stilles Dulden ist vorbei“, Interview mit Andreas Khol (09. 05. 2000)

„Gnadenfrist bis Oktober: ‚Kriechen nicht zu Kreuze'“, Interview mit Hubert Gorbach (03. 07. 2000)

„Kleiner Mann ganz groß, Interview: ‚Kritik der Weisen ernst nehmen'“, Interview mit Thomas Klestil (12. 09. 2000)

5. DER STANDARD

„Sendepause für Sprücheklopfer“, Interview mit Elisabeth Gehrer (08. 05. 2000)

„Molterer: Wichtigste Aufgabe der Regierung sei es, klar Linie zu halten“, Interview mit Wilhelm Molterer (13. 03. 2000)

„‚Alles hat seine Zeit' Pühringer mahnt FPÖ: ‚Zukunft nicht aus der Vergangenheit schöpfen'“, Interview mit Josef Pühringer (09. 06. 2000)

„Kein Anschein der Befangenheit“, Interview mit Susanne Riess-Passer (18. 09. 2000)

Politik und Demokratie
Reihe des Wiener Instituts für Politikwissenschaft

Herausgegeben von Prof. Dr. Helmut Kramer und Prof. Dr. Eva Kreisky

Band 1 Christiane Prorok: Ibrahim Rugovas Leadership. Eine Analyse der Politik des kosovarischen Präsidenten. 2004.

Band 2 Georg Bacher: Der Beitrag von Wahrheitskommissionen zur Friedenskonsolidierung und dauerhaften Versöhnung. Das Beispiel Südafrika. 2004.

Band 3 Gottfried Fritzl: Adolf Kozlik. Ein sozialistischer Ökonom, Emigrant und Rebell. Leben und Werk eines österreichischen Wissenschaftlers und Intellektuellen. 2004.

Band 4 Marion Knapp: Österreichische Kulturpolitik und das Bild der *Kulturnation*. Kontinuität und Diskontinuität in der Kulturpolitik des Bundes seit 1945. 2005.

Band 5 Georg Spitaler: *Authentischer* Sport – inszenierte Politik? Zum Verhältnis von Mediensport, Symbolischer Politik und Populismus in Österreich. 2005.

Band 6 Tamara Ehs: Helvetisches Europa – Europäische Schweiz. Der Beitrag der Schweiz an der europäischen Einigungsidee im Kontext schweizerischer Staats- und Nationswerdung. 2005.

Band 7 Philipp Kainz: Als Österreich isoliert war. Eine Untersuchung zum politischen Diskurs während der EU-14-Sanktionen. 2006.

www.peterlang.de

FSC
www.fsc.org
MIX
Papier | Fördert
gute Waldnutzung
FSC® C083411

Kolibri 360 GmbH
Ferdinand-Jühlke-Straße 7
99095 Erfurt, Deutschland
produktsicherheit@kolibri360.de

Druck:
CPI Druckdienstleistungen GmbH
im Auftrag der
Kolibri 360 GmbH
Ferdinand-Jühlke-Str. 7
99095 Erfurt